鄂尔多斯统计年鉴

ORDOS STATISTICAL YEARBOOK

2015

中国统计出版社
China Statistics Press

图书在版编目（CIP）数据

鄂尔多斯统计年鉴. 2015 / 鄂尔多斯市统计局编
— 北京：中国统计出版社, 2015.10
ISBN 978-7-5037-7636-6

Ⅰ. ①鄂…
Ⅱ. ①鄂…
Ⅲ. ①统计资料 – 鄂尔多斯市 – 2015 – 年鉴
Ⅳ. ①C832.263-54

中国版本图书馆CIP数据核字（2015）第217387号

鄂尔多斯统计年鉴-2015

作　　者	鄂尔多斯市统计局
责任编辑	陈越月
装帧设计	内蒙古翰墨传媒（0477）8345975
出版发行	中国统计出版社
地　　址	北京市丰台区西三环南路甲6号　邮政编码/100073
电　　话	邮购（010）63376909　书店（010）68783171
网　　址	http://csp.stats.gov.cn
印　　刷	鄂尔多斯市桥头堡印刷有限责任公司（0477）8321097
经　　销	新华书店
开　　本	880mm × 1230mm　1/16
字　　数	627千字
印　　张	24.75张
版　　别	2015年10月第1版
版　　次	2015年10月第1次印刷
书　　号	ISBN 978-7-5037-7636-6
定　　价	280元

如有印装差错，由本社发行部调换。

《鄂尔多斯统计年鉴》编辑委员会

编辑说明

一、《鄂尔多斯统计年鉴—2015》收录了鄂尔多斯市2014年度经济社会各方面的统计信息资料，是一部全面反映全市国民经济和社会发展成果及市情市力的大型资料工具书。

二、本《年鉴》内容分两部分。第一部分为特载，载入了鄂尔多斯市市委书记白玉刚同志讲话、鄂尔多斯市人民政府市长廉素同志讲话及鄂尔多斯市2014年国民经济和社会发展统计公报。第二部分为统计资料，分为22个细目：1.行政区划和自然资源；2.综合；3.国民经济核算；4.人口；5.就业人员和职工工资；6.固定资产投资；7.工业企业能源购进、消费及库存；8.财政；9.物价指数；10.人民生活；11.城镇概况；12.农牧业；13.工业；14.建筑业；15.交通运输和邮电；16.国内贸易；17.对外经济贸易和旅游；18.金融和保险；19.教育、科技和文化；20.体育、卫生、社会福利、环境保护和其他；21.旗县（区）资料；22.盟市资料。

三、本《年鉴》统计数据，均为正式统计年报数，此前公布的数据与本年鉴有出入的，均以本《年鉴》为准。

四、统计数据大部分来自政府统计部门和业务部门的年度统计报表，一部分来自抽样调查。

五、统计数据的范围、口径、计算方法，见主要统计指标解释和表末注解。统计表内“空格”表示不足本表最小单位数，数据不详或无该数据；“…”表示数据不足的最小单位；“#”表示其中的主要项。

六、部分数据由于计算单位取舍不同，产生的计算误差未作机械调整。

七、在编辑过程中曾得到多方面的大力支持和帮助，在此深表谢意。

八、限于编辑水平，对于本《年鉴》存在的差错和缺点，敬请广大读者和统计战线上的各位同仁提出宝贵意见。

编　者

二〇一五年八月

目　录

第一部分　特　载

第二部分　统计数据

一、行政区划和自然资源

二、综　合

三、国民经济核算

四、人　口

五、就业人员和职工工资

六、固定资产投资

七、工业企业能源购进、消费及库存

八、财　政

九、物价指数

十、人民生活

十一、城镇概况

十二、农牧业

十三、工　业

十四、建筑业

十五、交通运输和邮电

十六、国内贸易

十七、对外经济贸易和旅游

十八、金融和保险

十九、教育、科技和文化

二十、体育、卫生、社会福利、环境保护和其他

二十一、旗县(区)资料

二十二、盟市资料

第一部分
特 载

在市委三届六次全委会议暨全市经济工作会议上的讲话

白玉刚

（2015 年 1 月 14 日）

这次市委三届六次全委会议暨全市经济工作会议的主要任务是，全面贯彻落实党的十八届三中、四中全会、中央经济工作会议和自治区党委九届十二次全委(扩大)会议、十三次全委会议暨全区经济工作会议精神，报告市委常委会一年来的工作，研究部署法治鄂尔多斯建设和 2015 年全市经济社会发展工作，动员全市广大党员干部群众，进一步统一思想，坚定信心，主动作为，奋发有为，努力开创全市新常态下转型发展新局面。

一、过去一年主要工作

2014 年，面对严峻经济下行形势和艰巨繁重改革发展稳定任务，在自治区党委正确领导下，市委常委会团结带领全市各级党组织和广大干部群众，全面贯彻落实中央和自治区重大决策部署，牢牢把握稳中求进工作总基调，攻坚克难，砥砺奋进，全市经济稳健增长、社会和谐稳定、各项事业稳步发展。一年来，我们主要抓了以下工作：

*（一）深入学习贯彻习近平总书记系列重要讲话和考察内蒙古重要讲话精神，扎实谋划和推动鄂尔多斯转型发展。*始终把学习贯彻党的十八大、十八届三中、四中全会精神，习近平总书记系列讲话特别是考察内蒙古重要讲话精神和自治区党委九届十一、十二、十三次全委(扩大)会议精神、自治区“8337”发展思路作为重大政治任务，原原本本学习宣传，着力推动贯彻落实。针对鄂尔多斯改革发展稳定工作中存在的思想认识等问题，在深入调研、集中各方智慧基础上，市委召开三届五次全委(扩大)会议，确立了“凝心聚力、转型发展、创新创业、再铸辉煌，把鄂尔多斯建成祖国北疆亮丽风景线上的璀璨明珠”的总要求，提出了转型发展七项重点任务，有力提振了全市上下发展信心，初步凝聚起攻坚克难、转型发展的强大合力。进一步强化市级班子工作调度，强化对各旗区和部门工作督查，强化对重点工作的推动落实，全市上下形成了奋发有为抓落实的良好氛围。

*（二）扎实开展党的群众路线教育实践活动，党群干群关系更加密切。*强化学习教育、自我剖析、专题民主生活会和组织生活会，全体党员干部特别是党员领导干部经历了一次严格的理想信念和党性修养锻炼。围绕“四风”、损害群众切身利益、联系服务群众“最后一公里”三大问题，结合中央八项规定贯彻落实，分阶段、抓重点、出重拳开展专项整治，机关和干部作风明显转变，服务群众质量不断提升。在加强党员干部管理、基层组织建设等方面制定和修订了一批制度规定，有力保证了服务群众工作有效落实。

*（三）统筹稳增长与调结构，全市经济实现稳中有进、稳中向好。*围绕稳增长，突出保煤炭，着力扶企业，重点抓投资，主动加强与央企和其他各类市场主体对接，一企一策，精准发力，预计完成地区生产总值 4215 亿元，增长 8%；公共财政预算收入 430 亿元，同比下降 2.3%；完成固定资产投资 3422 亿元，增长

15.5%；规模以上工业增加值增长11.1%；社会消费品零售总额完成610亿元，增长10.1%，实现了经济平稳运行。立足调结构，加强协调调度和要素保障，推动转型发展重大项目落地，新获核准项目21个，汇能煤制气、富士康精密电子构件等25个重点工业项目建成投产；一二三产联动发展，投资结构、产业结构、企业组织结构得到优化，民间投资同比增长15.6%，非煤产业投资占工业投资总量的80%，非煤产业增加值占规模以上工业增加值的42%，同比增长15.7%。统筹组织财政收入，在确保过好日子的前提下尽可能为企业发展腾挪空间。着眼防风险，下大气力协调国家银监会和自治区出台支持鄂尔多斯转型发展的金融政策，加强对重点项目、重点企业扶持，有效帮助重点企业渡难关，在统筹解决政府性债务、民间借贷、信贷融资等问题上取得新进展。

（四）保基本、兜底线，着力保障和改善民生。全市各级财政投入442亿元用于民生社会事业，占公共财政预算支出的81.6%；城乡居民人均可支配收入分别增长8.5%和10%，农牧民收入增长快于城镇居民收入增长，城乡居民收入增速高于经济增长速度。把“十个全覆盖”工程作为推进农村牧区工作的有效抓手，与现代农牧业、扶贫攻坚、乡风文明、文化旅游、乡村公路建设“六位一体”、统筹推进、同步考核，开局之年成效明显，受到自治区和广大受益群众好评。大力推进创业就业，城镇登记失业率控制在2.61%；坚持精准扶贫，实现2.6万贫困人口脱贫；全面完成自治区下达保障性住房建设任务。高度关注困难群众生产生活问题，推动民生工作重点向弱势困难群体和农村牧区倾斜，提高城乡低保标准，为每个低收入农牧户发放一吨取暖煤补贴，为每个低保家庭大学生发放一万元就学补助，惠及30万户农牧民、982名大学生。

（五）加强文化和社会建设，社会大局保持和谐稳定。高度重视意识形态和宣传思想文化工作，认真培育和践行社会主义核心价值观，用“爱我鄂尔多斯”发展旗帜弘扬主旋律，凝聚正能量，传承弘扬“开放包容、诚信友善、不屈不挠、拼搏创新、艰苦奋斗、不断进取”的鄂尔多斯优秀精神品质，为转型发展提供了强大精神动力。更加注重教育的普惠性、均衡性、优质性，新建了一批中小学、幼儿园。进一步完善城乡医疗卫生服务体系和运行机制，医疗服务保障水平不断提升。推动文化事业和文化产业发展，大力支持文化旅游融合发展，加快实施文化惠民工程，被文化部列为全国公共文化服务标准化建设试点地区，两部作品荣获全国“五个一”工程奖。强化各级党委安全生产、维护稳定第一责任，严格落实“党政同责、一岗双责”要求，狠抓重点地区、重点行业、重点企业安全生产监管和安全隐患整治，强化食品药品安全工作，安全生产形势总体平稳；开展领导干部“大接访”行动和涉法涉诉信访改革，持续排查化解社会矛盾纠纷，信访积案得到有效化解；深入推进平安鄂尔多斯建设，切实加强社会治安综合治理，严厉打击各种违法犯罪活动，进一步巩固了和谐稳定良好局面。

（六）坚守环保底线，生态文明建设取得新成效。始终把生态建设作为鄂尔多斯最大的基本建设，坚持城乡生态共建，组织实施了京津风沙源治理等一批重点生态工程，推动重点区域绿化，全市森林覆盖率达到25.8%。集中开展环保专项行动、大气污染防治、矿区环境综合整治，限期整改环境隐患和突出问题，主要污染物减排任务全面完成。推进资源综合利用和清洁生产，加快重点行业、重点企业节能降耗技术改造，万元GDP能耗下降3.2%，巩固和扩大了生态文明建设成果。

（七）推动全面深化改革稳步开局，体制机制创新显现活力。认真落实中央和自治区党委各项改革决策部署，上下联动抓改革，按时间表和路线图扎实推进各项工作。在简政放权、城乡统筹发展、创新社会治理体制等方面取得积极进展，行政审批事项全区最少，新增各类企业和工商户2.8万户，有效激发了市场活力。积极争取国家和自治区在我市开展改革试点，努力获取政策支持，被国家确定为资源型经济创新发展综合改革试点、全国首批生态文明先行示范区，被自治区确定为主要污染物排污权有偿使用和交易试点。

（八）聚精会神抓党的建设，用党建引领和推动各项工作更好落实。严格落实从严治党责任，分战线、分领域、分环节落实党建工作主体责任，组织开展抓党建述职评议工作，提高党建工作考核权重，有效传导了工作压力、促进了责任落实。加强领导班子和干部队伍建设。对各级领导干部提出“尽责、实干，学习、创新，团结、依法，廉洁、奉献”的具体要求，对苏木乡镇提出突出抓好八项重点工作。按照习近平总书记提出的好干部标准，细化为“五看”，定标准、定机制、定考核，各级干部奋发有为、真抓实干精神和干劲进一步增强。深入实施“人才鄂尔多斯”战略，招才引智工作有新进展。着力抓基层夯基础。加快推动苏木乡镇和街道“去机关化”，全面开展“三到两强”工作，市旗两级8600多名干部与1万多个贫困户结对帮扶；从严整顿软弱涣散基层党组织，有效发挥了战斗堡垒作用。深入推进反腐倡廉建设。出台落实党风廉政建设党委主体责任和纪委监督责任、开展党风廉政建设社会评价实施意见以及党政领导干部问责办法，严肃查处违纪违法案件，全市各级纪检监察机关共立案194件，给予党纪政纪处分228人，保持了惩治腐败高压态势。

面对巨大经济下行压力，取得这样的成绩实属不易，是全市上下、社会各界团结奋斗、共同奋斗、不懈奋斗的结果。一年来的实践充分说明，只要我们坚定信心，奋发作为，就没有迈不过去的坎；只要我们团结一致，凝心聚力，就没有闯不过去的关；只要我们深怀“爱我鄂尔多斯”情怀，尽心尽责履职，实实在在干事，就一定能够取得新发展，再铸鄂尔多斯新辉煌。

二、深刻认识和准确把握当前形势，不断增强新常态下鄂尔多斯持续发展动力、活力和竞争力

在前不久召开的中央经济工作会议上，习近平总书记系统阐述了我国经济发展新常态带来的“九个趋势性”变化，指出：“我国经济发展进入新常态，是我国经济发展阶段性特征的必然反映，是不以人的意志为转移的。认识新常态，适应新常态，引领新常态，是当前和今后一个时期我国经济发展的大逻辑。”

总书记从全国角度分析的新常态趋势性特征，在鄂尔多斯也有不同程度显现，有的甚至更加突出和明显。主要有以下几个方面：一是经济增速步入新区间。从1991年开始全市经济进入两位数高速增长，2005年达到最高值37%，之后一直持续两位数的高速增长，从2010年开始呈逐年下降趋势，到2013年进入个位数增长，可以预见，8%左右的增速将成为我市发展常态。与此相适应，主要工业品价格回落，利润空间收窄，企业暴利时代结束，其中一些企业还面临生产、劳动力、财务成本迅速抬升、利润急剧下滑的艰难困境。投资拉动的关键作用继续有力发挥，但投资强度趋于减弱，结构开始优化，更多投向产业实体、转化增值和转型发展项目。我市人口基数小，消费拉动增长的能力较弱，出口拉动增长远没有形成，新常态下需要通过吸纳外来人口拉动消费，需要大力培育和发展面向国际市场的外向型企业和产品。二是要素制约面临新瓶颈。特别是工业用水指标紧缺，环境容量指标有限，用地审批难度加大，各类建设、生产资金紧张，自主核心技术和产业发展中高端人才短缺，对稳定经济增长、推动产业转型产生明显制约。只有采取更有针对性的措施办法，破解瓶颈制约，才能实现稳中求进和转型发展。三是矛盾风险带来新挑战。过去的高速增长掩盖了发展中的一些矛盾问题，随着经济下行和进入新常态，这些矛盾问题逐步显现，特别是政府性债务、企业金融风险等需要我们高度重视，逐一施策，对症下药，用发展的办法逐一化解，通过延长处理时间减少一次性风险冲击力度。四是深化转型需要新突破。转型发展刚刚起步，调结构、促转型道路充满艰辛。过去，挖煤卖煤、建房卖房的暴利时代，许多市场主体无暇也无心未雨绸缪探索实施转型；现在，既要应对经济下行，又被新常态倒逼转型，双向夹击，本身是一个痛苦和艰难的过程。市委三届五次全委（扩大）会议确立的转型发展总要求，得到了全社会广泛认同，但具体到某一个产业、某一个企业，实施转型升级又遇到了这样那样的具体问题，实质性进展不快、成效不大。同时，技术创新、管理创新、人才创新远远没有变成政府、企业、社会全面系统扎实的实际行动，创新驱动真正成为鄂尔多斯转型发展的原动力，还有漫长的路要走。

总书记指出，我国经济发展进入新常态，“增长速度正从10%左右的高速增长转向7%左右的中高速增长，经济发展方式正从规模速度型粗放增长转向质量效率型集约增长，结构调整正从增量扩能为主转向调整存量、做优增量并举的深度调整，经济发展动力正从传统增长点转向新的增长点”。结合上述分析来看，总书记提出的“四转”，正切中了鄂尔多斯当前发展的要害，也充分说明，市委三届五次全委（扩大）会议提出的转型发展要求和七项重点转型工作任务，符合中央和自治区党委精神，符合鄂尔多斯发展实际，必须一以贯之抓好落实。

正确认识新常态、主动适应新常态、积极引领新常态，就鄂尔多斯而言，最根本的是牢牢抓住新常态下持续发展的“牛鼻子”，着力解决好发展的动力、活力和竞争力问题。

——从推动发展的动力来看，转型就是发展的动力。具体讲，首先要继续发挥好投资的关键作用。对我们这样一个地区来说，在很长一个发展周期内，还是要用投资来夯实产业基础、形成发展实力、推动转型发展，可以说，没有投资一切无从谈起。新常态下，不是不要投资的力度和强度，而是要着力改变投资的结构，往产业的中高端、产品的终端化、高质化投，着力提高投资效率。其次，在抓好工业这一强市根本的同时，还要大力推动现代服务业和现代农牧业发展，充分吸附旅游人口和外来人口，扩大消费增长，进而推动一二三产联动互动发展，形成新的经济增长点，形成多元发展、多极支撑的格局，形成新的发展动力。再次，要围绕技术、人才、管理推进创新，用国内国际高端新技术引导产业企业新发展，建设高新技术研发利用示范基地，形成推动转型发展的高地，把创新驱动真正变成发展的动力。

——从推动发展的活力来看，在市场经济条件下，无论过去、现在和将来，经济发展的活力都在企业、在市场主体、在社会。鄂尔多斯改革开放30多年来的快速发展，靠的就是大中小微各类企业活力，靠的就是企业家才能和全社会的创新创业。如果说第一次创业我们实现了由农牧业经济为主导向以工业经济为主导的历史性转变，第二次创业实现了从全区后列地区到全区排头兵和综合经济实力居全国地级市前列的历史性跨越，那么今天的第三次创业，就是要通过进一步全面深化改革，更好地激发企业创造的活力，更好地形成尊重、爱护、支持企业家发展的氛围，更好地培育、提升、释放企业家才能；就是要动员和号召全社会理性看待过去，主动适应新常态，在牢牢把握市场需求的前提下，投入到第三次创业大潮中，在创新创业中凤凰涅槃，在奋发有为中创造价值，再铸鄂尔多斯新辉煌。

——从推动发展的竞争力来看，正如总书记所讲的：“过去，主要是数量扩张和价格竞争，现在，正逐步转向质量型、差异化为主的竞争，消费者更加注重品质和个性化，竞争必须把握市场潜在需求，通过供给创新满足需求。”应当看到，“鄂尔多斯出产”，比如原煤、天然气、煤化工、电力等主要工业品具有新常态下市场竞争的独特优势；城市品位、生态环境、天蓝气清是吸引许多城市居民休闲度假、养生养老的独特优势；草原、土壤洁净度高、处于北纬40°农牧业养殖黄金地带，也让我们的农畜土特产品拥有天然的独特优势。只要我们从现在做起，牢固树立市场需求至上的理念，牢固树立质量第一、品质优先、诚信为本、依法办事的理念，全力打造人无我有、人有我优、人优我特、人特我廉的特色产业和高品质产品，就一定能够彰显独特优势、占领国内国际市场，成为新常态下极具市场竞争力的地区。

综上所述，正确认识新常态，就是既要看到面临的严峻挑战，更要看到新常态下鄂尔多斯发展的新机遇。主动适应新常态，就是要主动寻找商机，下功夫抢占商机，在适应中闯难关、过险滩，实现增长和发展。积极引领新常态，就是要从政府做起，从企业做起，从人人做起，从现在做起，切实增强推动持续发展的动力活力竞争力，再造鄂尔多斯发展新优势。

三、坚持稳中求进，确保经济社会平稳健康发展

2015年是全面深化改革的关键之年，是全面推进依法治市的开局之年，是全面完成“十二五”规划的收官之年，是新常态下推动鄂尔多斯转型发展的攻坚之年，做好今年经济社会发展工作意义重大。全市经济工作的总体要求是：深入贯彻中央和自治区党委决策部署，全面落实“8337”发展思路，坚持稳中求进工作总基调，坚持以提高经济发展质量和效益为中心，主动适应经济发展新常态，强化持续发展、转型发展、协调发展、和谐发展理念，着力稳增长，着力促转型，着力攻改革，着力防风险，着力惠民生，不断增强鄂尔多斯持续发展动力、活力和竞争力，推动经济社会平稳健康发展。

主要预期目标是：地区生产总值增长8%左右，固定资产投资增长13%以上，规模以上工业增加值增长11%左右，公共财政预算收入增长3%，社会消费品零售总额增长11%左右，城乡居民人均可支配收入分别增长9%和10%以上。

把今年经济增长预期目标确定为8%左右，是充分考虑我市经济发展新常态、权衡各种因素作出的。经济发展处于增长速度换挡期、结构调整阵痛期、前期刺激政策消化期“三期叠加”阶段，决不是不要速度，而是要把速度稳定在合理区间。把经济增速稳定在8%左右，具有项目投资和存量支撑的扎实基础，符合鄂尔多斯发展实际。同时我们也必须保持这样一个增长速度，才能为下一步发展奠定坚实基础，才能有能力化解前期刺激政策累积的矛盾和问题，才能为转型发展腾出时间和空间。但是我们要的这个速度，又必须是有质量、有效益的增长，必须是以比较充分就业和提高劳动生产率、投资回报率、资源配置效率为支撑的发展。当然，这样一个有质量、有效益的速度，也不是轻轻松松就能实现的，而是必须经过全市上下艰苦努力才能完成。各地区各部门要坚持发展第一要务不动摇，把“稳”的重点放在稳住经济运行上，确保金融社会领域风险可管可控；把“进”的重点放在调整经济结构和深化改革开放上，确保转型发展和深化改革开放取得新成效。

重点抓好以下几个方面工作：

第一，全力扩投资、保运行、防风险，努力实现经济稳定增长。

一是更好地发挥投资和项目的关键作用。要全力保持项目建设的力度和投资的强度，更加注重投资的经济效益，以投资拉动、项目带动夯实稳增长基础。要强化存量项目投资。确保在建项目完成年度投资，计划完工项目年内建成，已核准项目及早开工并实现有效投资，上报项目尽快获批并开工建设，推动投资稳定增长。要大力拓展投资来源。紧紧盯住国家和自治区政策扶持导向，在“三农三牧”、市政基础设施特别是地下管网建设、服务业发展、产业转型发展、能源外送和交通运输通道、生态环保等领域争取项目和扩大投资，力争新增投资规模超过上年。要多措并举筹集资金。强化市场主体投资，推动有关企业加大在建项目投资力度，积极协调金融机构为项目建设提供多种方式融资，全力支持企业上市融资。发挥政府资金引导作用，有效撬动社会资本参与投资。各部门都要积极争取上级对口项目和资金支持。要进一步加强对旗区和部门项目建设、投资完成的调度、督查和考核。

二是全力以赴保持经济平稳运行。着力保持煤炭行业平稳增长。原煤生产和销售对于保持我市经济平稳增长具有基础性作用，也为我市转型发展起着巨大的回旋和托底作用，在当前形势下，必须全力保障煤炭行业平稳发展，主要做好“三篇文章”。一要“保价”。协调对接大型煤企及周边产煤地区联合，保持煤炭市场价格平稳，用稳价稳增长。二要“保量”。我市的煤质比较好，在“限量”中具有稳和增的空间。要进一步深化煤炭企业与煤炭消费地区、大型发电企业对接合作，充分发挥煤炭交易平台作用，扩大煤炭市场销售，确保全市煤炭销量不低于上年。三要“保质”。不断提高我市煤的品质，是保价保量的根本。要加紧采取更加务实管用的措施，按市场和政策要求提高煤炭品质，在全国市场主打“鄂尔多斯煤”品牌，以优质煤抢占市场、提升竞争力。同时,做好市场、政策、企业调研,适时精准发力,支持煤炭企业更好发展。全力扶持重点企业。把市场前景好、发展潜力大、带动就业多、财税贡献高的企业作为扶持重点。坚持“一企一策”,着力帮助企业降低生产成本、融资成本、运营成本,提高产品质量和市场竞争力。推动正常生产企业满负荷生产,停产半停产企业恢复生产,有市场空间但缺乏竞争力企业扩大盈利空间,有困难企业及早走出困境。抓好惠企政策落实。着力落实好国家、自治区和市级各类优惠政策及减轻企业负担政策,严格落实电价、油品等补贴资金。结合国家推进煤炭资源税改革和取消、停征、免征行政事业性收费,对涉企行政事业性收费和经营服务性收费项目进行全面清理,坚决取消不合理收费,坚决查处乱收费。强化经济运行调度。分地区、分领域、分行业、分企业强化日常调度和服务,着力解决经济运行中突出问题,解决企业生产经营中困难问题。把保运行任务分解到旗区和部门,加强督查落实和责任考核,保障重点行业和企业平稳运行。

三是统筹防范化解金融社会领域风险。加强企业金融风险防范。进一步强化政、银、企联扶、联防、联控工作机制,继续确定更多银行重点帮扶企业和重点支持项目名单,落实重点项目建设资金,对暂时存在困难的企业,协调金融机构对到期贷款展期、续贷、降息,缓解还贷压力。严厉打击恶意拖欠和逃废银行债务行为,优化金融生态环境。推进金融改革,丰富金融工具和产品,增加供给,降低风险。加大政府性债务化解力度。严格落实国家和自治区有关政策,对新增债务严格管控,对存量债务通过预算安排、股权合作、处置闲置国有资产等多种方式进行化解。开展政府投资建设工程竣工结算审计,有计划逐步解决政府拖欠工程款问题。债务化解要列入对旗区领导班子实绩考核内容,强化化债责任落实。严格依法解决民间借贷问题。坚持用法治思维、法治方式解决民间借贷问题,司法机关、政府部门、有关单位要密切配合,妥善化解民间借贷债务纠纷,切实维护群众合法权益。保持房地产行业平稳发展。以组织团购促销房地产,以棚改回购拉动房地产,以旅游度假、健康休闲产业促动房地产,以交通、商业、公共服务溢出效应助推房地产,推动楼宇经济发展,确保房地产市场稳定。

四是以新的增长点稳定经济增长。着力推动已建成项目稳产达产。全力帮助企业落实生产条件,确保2013-2014年建成投产项目全部达产达效、试生产项目尽快投产,力争今年计划建成试产的30个项目按时完成试生产,尽快形成新的现实增长点。着力在文化旅游、现代物流、健康养生产业发展上有新突破。培育壮大文化旅游、现代物流、健康养生产业,既是结构调整、转型发展的要求,也是聚人气、扩消费、稳增长的现实需要。要集中精力、下大气力,以东胜为龙头,东胜、达旗、康巴什、伊旗联手联动,率先在“隔夜游”、增加物流量和降低短途物流成本、培育健康养生示范点上取得突破;其他旗区要应势而动、主动作为,力求这方面取得明显进展,用增人气、增物流来拉动消费、推动增长。着力挖掘现代农牧业增长潜力。新常态下鄂尔多斯现代农牧业大有作为,关键看产品有没有质量的优势、规模的优势、品牌的优势,有没有市场竞争力和影响力。要围绕打造全产业链,畅通种养加销各环节,促进农牧业增效、农牧民增收。优化区域布局,在两河流域推进“种养结合”大农业发展模式,在西部牧区发展生态效益型现代草原畜牧业,在禁止开发区打造扶贫开发型高效益产业,突出抓好种养大户、家庭农牧场、专业合作社,突出抓好龙头企业引进和带动,突出抓好质量和品牌建设,突出抓好农牧民收入的有效增长。着力发展电子商务。电子商务已经成为大众消费的基本模式和市场销售的新模式,对于拉动消费,特别是对于偏远内陆地区外销产品具有巨大推动作用。要主动顺应这一趋势,把电子商务作为“鄂尔多斯产品”与国际国内市场对接的最有效载体,吸引国内知名专业电商企业入驻我市,通过阿里巴巴、京东等电子商务平台,强化专门人才培训和诚信体系建设,建立鄂尔多斯土特产交易平台、以“鄂尔多斯”品牌为主的绒纺产品交易平台、面向全国或全球的民族商品交易平台,大力推动建立煤炭和煤化工大宗商品交易平台，把鄂尔多斯建成西部电子商务中心，把鄂尔多斯各类产品销往全国乃至全球，把各类市场主体特别是中小微企业、个体工商户创新创业带起来。要围绕发展电子商务，搭建完整的电子商务服务业产业链条，完善物流配送体系，拉动物流业发展。加快保税区审批，推动鄂尔多斯产品网上境外交易。各旗区、各有关部门都要研究推动电子商务发展，都要成为利用电子商务销售鄂尔多斯产品的行家里手。着力推进基础设施互联互通。围绕“补欠”，加大公路、铁路等基础设施投资建设力度。加快推进呼准鄂、蒙华、大马等一批铁路、高速公路和乡村道路建设，以基础设施互联互通拉动经济增长。积极谋划推动鄂尔多斯连接北京、西安高铁，争取纳入“十三五”规划盘子，为鄂尔多斯融入京津冀经济圈、“丝绸之路”经济带夯实基础。着力优化税源结构。各旗区、各部门都要更加注重税源结构分析，从增强地方财力入手构筑项目、招商引资、支持企业、发展产业，不做“亏本生意”，促进财政与产业互动发展，以税源结构调整和建设来形成新的经济增长点。

第二，加快调结构、促转型，不断增强发展动力。关于转型发展，市委三届五次全委（扩大）会议已作全面部署，这里着重强调以下六个方面问题。

一是关于煤化工和清洁能源基地建设问题。一段时间以来，由于煤化工产业高煤耗、高水耗、高碳排放的“三高”特征，特别是受当前国际油价变动、国家资源环境政策从紧的影响，国内外对煤化工产业发展有不少议论。对此，我们要冷静思考、认真对待。在去年中央财经领导小组第六次会议上，习近平总书记对做好煤炭这篇文章做了精辟论述，是指导今后煤炭深加工的基本要求。鄂尔多斯的煤炭具有国内其他一些地区无法比拟的优质性和区位优势，是国家确定的清洁能源输出主力基地、现代煤化工生产示范基地，我们要坚定信心，明确路径，加快在建和已批项目建设进度，加快推进煤制气等项目尽快核准，尽快形成产能规模，这是发展和竞争的基本前提。与此同时，必须在做精做优煤化工产业上下更大功夫，努力在鄂尔多斯走出一条中国煤化工转型发展、深度发展的科学路子。首先要引导企业想方设法在解决“三高”问题上求突破，同步解决降低成本的问题，这是煤化工产业持续发展的核心。要设立煤化工技术突破扶持基金，帮助和扶持企业主体、科研机构共同开展技术研发，把鄂尔多斯首先建成拥有自主核心技术的煤化工技术示范基地。其次是想方设法延伸煤化工产业链，控制单纯煤制甲醇发展规模，全力推动向下游产业链延伸，着力引导企业发展乙烯、丙烯、甲苯、二甲苯、聚甲氧基二甲醚等下游产品，建设国家级煤化工中高端产业生产示范基地。第三是想方设法推进清洁能源示范项目建设。推动蒙西至天津南、上海庙至山东输电通道及其配套电源点等项目全面开工建设，认真抓好风能、太阳能布局和项目建设，加快形成生产规模，推动常规天然气扩大产能，建设国家清洁能源输出主力基地。围绕技术突破、拉长链条、清洁能源，旗区和有关部门今年要选定重点企业、重点项目组织重点突破，力争早出成果、早出示范。

二是关于几个产业的发展问题。装备制造业和电子信息产业，我们已经开始起步，但规模和集约集聚效应远没有形成，这个时候只有坚定不移往大做、往强做，久久为功，才能形成气候。前一段时间，鄂尔多斯江苏工业园建设已经自治区和江苏省同意，为我们承接产业转移、发展壮大装备制造业又提供了重要契机。要继续下大气力抓好装备制造业和电子信息产业，着力在扩大规模、聚集产业、配套完善、引进高新技术上下功夫、见实效。江苏工业园项目引进今年要有实质突破。为大企业大项目发展中小型配套企业，这个题到目前我们还没有很好地破，必须尽快做起来，招商引资的重点要往这儿放。要围绕大企业、大项目搞配套，推动产业链往下游延伸，提高产品附加值。各旗区、各有关部门在这个问题上，今年必须拿出具体办法和措施，力求取得突破。绒纺业是鄂尔多斯现代工业的摇篮，从 1979 年补偿贸易开始做起，一直到“鄂尔多斯温暖全世界”，形成了完整的产业链和良好的品牌。绒纺产业作为鄂尔多斯的地方特色产业和民族工业品牌，在我们这一代人手上只能继续加强，不能弱化丧失，这既是我们应对经济下行、调整产业结构的重要任务，也是维护好民族品牌的基本责任。市旗两级要与鄂尔多斯集团联手制定推进绒纺产业进一步发展壮大的意见，集中布局，从源头抓起，向国际国内绒纺中高端市场发展，为全市经济转型作贡献、为促进就业作贡献、为提升鄂尔多斯知名度作贡献。三是关于要素制约问题。水、环境容量、土地、资金、人才和技术等要素制约问题，是鄂尔多斯转型发展中无法回避的重大问题。这些问题得不到实质性突破和解决，转型发展难度将持续增大。要围绕这六个方面要素制约问题，成立专项工作小组，集中各方面智慧，努力寻求解决问题的途径和办法。要坚持把重大、关键技术突破作为根本途径，推进节能降耗技术研发和使用，大力度减少水耗、土地用量和污染物排放量，努力走出一条节约高效的路子。要强化与国家、自治区有关部门协调沟通，争取更多的政策支持，缓解要素制约。要研究确定几个改革专题，以体制和机制改革的突破，赢得破解要素制约的红利。要充分发挥市场主体作用，出台更具针对性、导向性、激励性的政策，引导和激励企业主动建立示范性项目，有效破解要素制约。

四是关于中心城区一体化问题。经过这些年的建设与发展，东、阿、康三大组团基础设施、基本公共服务初步形成，一个现代化城市雏形已经展现在世人面前。中心城区现在和将来都是鄂尔多斯面向国内国际的主要窗口、形象和品牌，但是目前三个组团分割态势还没有打破，产业发展、产城融合任重道远，居民生活成本依然较高，推进一体化发展是大势所趋。必须把推进中心城区一体化发展作为全市转型发展重大任务来集中抓好，尽快成立推进中心城区一体化发展领导小组，制定中心城区一体化发展规划、方案和具体推进措施，从市级层面来统筹运作，充分调动有关旗区推动一体化工作积极性，创造条件，先易后难，加紧推动，取得实效。要尽快制定户籍制度改革方案，推进同城待遇，吸引更多人口到中心城区创业就业、移居养生。

五是关于企业整合重组问题。习近平总书记指出，经济发展新常态下，企业兼并重组、生产相对集中不可避免。市委三届五次全委（扩大）会议提出企业要走整合发展、转型发展、创新发展的路子，一些企业已开始积极探索。全市各类企业特别是中小微企业要更加清醒把握当前形势，敢于放下身段主动同其他企业兼并整合，提高抗风险能力和转型发展能力。要积极推动本土企业与央企、非公企业与国企的整合重组，形成更强市场竞争优势。各级党委、政府及有关部门要按照市场需求，坚持依法、自愿、有序，创造条件引导企业整合重组，推动生产相对集中，化解各类风险，增强发展实力。对一些亏损严重、资不抵债、难以生存的企业，要依法有序实施破产，关键是解决好带来的连锁问题。

六是关于转型发展政府扶持问题。市委政府决定，设立专门的转型发展基金，今年要多方筹措落实30亿左右的资金用于推动转型发展。其中，中小微企业10亿元，高新技术产业、现代农牧业、文化旅游、现代物流业各5亿元。要在财政统一管理下，建立统一的资金池，采取财政资金金融化方式，将转型资金放大增效，根据各个产业不同特点，分门别类支持各类市场主体转型发展。要想方设法提高财政资金引导效益，做好对产业扶持的事前事中事后评估，做到精准发力。要在转型发展基金中设立科技创新基金，促进企业研发更多自主核心技术；设立风险投资基金，对大学生和其他市场主体创新创业予以风险投资保障。要适应国家清理地方优惠政策的新形势，进一步完善现有招商引资政策，加大招商引资力度。要坚持招商引资与招才引智相结合，着力引进延伸产业链条项目、为大项目配套的中小项目、现代服务业和现代农牧业项目，引进人才团队和先进技术，推动转型发展。要创新招商方式，采取定向招商、产业配套招商、以商招商、派出小分队招商、开展项目推介等方式持续引进项目和投资，取得更好招商引资效益。要进一步明确园区由属地旗区党委政府领导管理的职责，强化园区服务企业、招商引资引智、安全生产、环境保护及社会稳定等基本职能，优化园区布局，强化精准考核，推动园区有序健康发展。

第三，更加注重保基本、兜底线，切实保障民生，维护社会稳定。新常态下更要高度关注和保障好民生。要全力完成“十个全覆盖”攻坚年各项工作任务。“十个全覆盖”是当前改善农牧民生产生活条件的重大民生工程、民心工程，是民生保障方面最大的政治任务，必须按时保质保量完成好，让广大农牧民及早享受到新变化，感受到党的温暖。要按照全市和各旗区既定的“十个全覆盖”年度计划，统筹推进“六位一体”，同步抓好村庄绿化、村集体经济和基层组织“三项建设”，市直部门的联系村要建成“六位一体”和“三项建设”示范村。今年六七月份要召开“十个全覆盖”现场观摩会，现场看、现场评、现场督，抓一批示范典型，推动攻坚年任务全面完成。要大力推进重点民生工程。突出抓好零就业家庭就业，保持动态清零。深入实施好十万大学生鄂尔多斯创业就业圆梦行动。深化职业教育改革，全面加强对未就业大中专毕业生、进城农牧民和职业农牧民的职业培训，为他们提供可靠的就业保障。针对具体对象实行精准扶贫，确保扶贫质量，年内实现2.4万贫困人口稳定脱贫。认真落实好自治区低保家庭大学生资助和农村牧区低收入家庭取暖煤补贴资金政策。继续争取政策扶持，加快城市棚户区改造步伐，扎实推进百姓安居工程。着力推动义务教育均衡发展，让鄂尔多斯所有孩子都能接受公平、良好的教育，割断贫困人口的代际传递。大力推进医疗卫生、文化等社会事业发展，不断提高公共服务均等化水平。要更加关注困难群体，切实抓好兜底保障。高度关注困难和弱势群体遇到的生产生活难题，更多地去做雪中送炭的工作。旗、乡、村三级都要建立困难家庭和群众动态台账，在城乡普遍建立一对一帮扶机制，列入对机关事业单位和党员干部日常考核，拿出更多有针对性的措施，真正让他们生活有保障、子女教育有保障、看病治病有保障、劳动力就业有保障。坚持从发展实际和民生需要出发，更好地谋划民生保障工作；对过去出台的民生政策进行梳理规范、切实保障，新的普惠性政策由市级统筹安排。要着力维护社会稳定。加快推进平安创建工程，严厉打击各种违法犯罪活动，确保“五个不发生”。发挥好基层社会服务管理工作平台效能，认真开展领导干部“大接访”行动，深入推进矛盾排查化解。强化安全生产监督检查，深入开展化工行业专家巡查和分级分类监管工作，切实抓好煤矿、化工等重点领域专项整治，确保安全生产指标控制在自治区要求范围内。全面推进食品安全质量可追溯体系建设，建设更高质量的“食品药品安全城市”。

第四，深化改革攻坚，推动创新创业，更好地激发地区转型发展的活力。一是要在政府行政改革上迈出更大步伐。按照中央和自治区要求，大幅度清理和减少行政审批。着力转变审批方式，大力推行网上便民审批，为市场主体和老百姓办事提供更加便利的条件。科学界定政府与市场的边界，厘清政府与企业的关系，全面推行权力清单、负面清单、责任清单三单管理，面向社会公开，接受社会监督。把政府工作着力点更多地放到为各类市场主体和人民群众提供更具体到位的服务上，建设政务效率最高、成本最低、服务最优城市。二是要结合地区实际深化改革。全面完成中央和自治区年度改革任务，紧紧围绕资源型经济创新、生态文明建设示范、农村牧区土地产权流转、公立医院改革、政府购买公共服务和PPP融资模式等关键性改革，尽快形成一批特色改革举措，为新常态下稳增长、促转型提供服务。三是有效推进技术管理人才创新。支持企业主动与科研院所、高等院校、国内外先进企业联合成立创新联盟，深入开展技术、管理、人才等方面交流合作，建设创新发展高地。依托市高新技术园区等创新载体，发挥国家级孵化器、国家级能源研发中心的品牌优势和带动效应，探索技术转移与协同创新服务平台科学高效的运营模式，提升集聚创新和技术要素能力。四是着力营造创新创业良好氛围。大力培育和弘扬“勇于创新、敢于担当、追求卓越、诚信为本、服务社会”的鄂尔多斯企业家精神，更好地发挥企业家才能。出台具体意见和计划，扶持骨干企业做优做强，培育中小微企业创新发展，支持央企、其他入驻我市各类企业更好发展。每年召开一次非公经济创新创业大会，表彰大中小微企业、个体工商户、大学生、普通群众在创新创业中作出的业绩，推动在全市不断形成大众创业、市场主体创新的良好氛围。

第五，把生态环境摆在更加突出位置，以更大力度推进生态文明建设。要最大限度增加生态资产。毫不动摇落实“三区”规划和禁休轮牧制度，严格禁止草原开荒。着力推进重点区域绿化，加大生态脆弱地区生态修复力度，突出抓好公路铁路沿线、旅游景区、村庄周边、城镇生态建设，建设国家生态园林城市和国家森林城市。实施更加严格的生态保护考核办法，对因管理不当造成生态退化或恶化的地区，严肃追究当地一把手和相关责任人的责任。要最大限度减少环境负债。严格按照中央和自治区要求，尽快出台加强环境保护意见和环境综合整治三年行动方案，全面开展环境综合整治，对重点区域、重点领域、重点企业、重点节点进行集中重点整治，确保不发生重大环境问题。严格执行新环保法和大气污染防治法，落实企业主体责任，引导企业按照环保新标准实施技术改造。建立环境保护高门槛严标准，新建项目必须严格执行国家标准，确保在持续发展的同时，给鄂尔多斯子孙后代留下蓝的天、净的水、清洁的空气。要切实加强生态文明制度建设。积极推进生态文明体制机制改革，建立健全符合生态文明要求的评价体系、目标体系、政策体系，使保护生态环境成为全体干部群众的自觉行动。推进自治区排污权有偿使用和交易试点建设，建立污染物总量控制制度。加强专业化队伍建设，提升环境保护和生态文明建设专业化能力。

第六，举全市之力办好第十届民族运动会，展示鄂尔多斯良好形象。今年8月9日至17日，第十届全国少数民族传统体育运动会将在我市举行，现在到开幕有效时间也就5个月左右，各项筹备任务艰巨而繁重。全国少数民族运动会在地级城市举办在全国尚属首次，办好办成功是中央和自治区党委对我们的要求，是必须完成的政治任务。我们既然作出了庄严承诺，就必须办成一届高质量高水平的民族体育盛会。我们要充分利用这个大好时机，更好地向国内国际展示鄂尔多斯发展成就、综合实力，展示鄂尔多斯人良好形象，有力回击和改变外界对鄂尔多斯和鄂尔多斯人的不实炒作，为内蒙古增光添彩。一要严格按照进度安排做好各项筹备工作，执委会各部室负责人要切实担负领导责任，充分发挥统筹调度作用，逐项落实责任，确保所有场馆和基础设施建设5月底前完工并完成各项验收，确保安全保卫隐患事故降到最低，确保各项工作特别是开闭幕式、赛事活动、接待保障、新闻宣传等不出纰漏，把第十届民族运动会办成安全、团结、节俭、热烈的盛会。二要围绕民族运动会各个重要节点、路线，全面完成周边各类楼宇立面建设，从春季开始集中开展环境综合整治和绿化、美化、亮化工程；完善供水、供气、电力、通讯、交通、餐饮、食宿等各类服务和便民保障，充分展示鄂尔多斯城市品质和形象。领导小组要针对以上工作重点，专门制定工作方案，把任务逐一分解落实到有关旗区和部门，确保春节一过，各项工作有条不紊展开，确保7月中旬之前全面完成。三要广泛动员全市广大干部群众主动积极投身到各项筹备工作当中来，进一步提升文明素质，开展文明创建，争当志愿者，展示文明形象。要把民族运动会与“凝心聚力、转型发展、创新创业、再铸辉煌”有机结合起来，在各行各业全面开展“爱我鄂尔多斯”主题实践活动，弘扬“开放包容、诚信友善、不屈不挠、拼搏创新、艰苦奋斗、不断进取”的鄂尔多斯优秀精神品质，引领广大干部群众全身心投入到鄂尔多斯转型发展、创新创业大潮中，展示新风彩，做出新贡献。四要系统谋划，综合运用报纸、广播、电视等传统媒体，有效运用微博、微信、移动客户端等新媒体，调动国内外名人、友人积极性，统筹区内、各省区、中央媒体和境外媒体，全面加强宣传宣介，大范围、立体式、不间断宣传民族运动会，宣传鄂尔多斯，大力提升鄂尔多斯对外美誉度和影响力。

四、深入学习贯彻党的十八届四中全会和自治区

党委九届十二次全委(扩大)会议精神,扎实推进法治鄂尔多斯建设进程

党的十八届四中全会,是在我国全面建成小康社会决定性阶段、全面深化改革关键时期召开的一次具有里程碑意义的重要会议。全会通过的《中共中央关于全面推进依法治国若干重大问题的决定》,是我们党历史上第一个加强法治建设的专门决定,是指导新形势下全面推进依法治国的纲领性文件。自治区党委九届十二次全委(扩大)会议,全面贯彻落实党的十八届四中全会精神,对推进依法治区、加快建设法治内蒙古作出了全面部署。全市各级党组织和广大党员干部要切实把思想行动统一到中央和自治区党委关于法治建设重大决策部署上来,紧密结合鄂尔多斯实际,扎实抓好科学立法、严格执法、公正司法、全民守法各项工作,全面建设法治鄂尔多斯。

第一,科学立法,扎实推进地方立法工作。法律是治国的重器,良法是善治的前提。要坚决维护宪法和法律权威。始终以宪法为根本活动准则,自觉维护宪法尊严、保证宪法实施,落实宪法宣誓制度,对所有规范性文件进行合法性审查。要科学推进地方立法工作。做好地方立法各方面准备工作,为立法实施奠定坚实基础和条件。抓紧开展立法调研,制定立法规划。根据鄂尔多斯实际,适时制定出台地方性法规,为鄂尔多斯经济、政治、文化、社会、生态文明建设提供地方法规保障。要加强党对立法工作的领导。凡是涉及重大体制和重大政策调整的立法工作,必须报市委讨论决定;涉及法规制定和修改的重大问题,由市人大常委会党组向市委报告。

第二,严格执法,大力推进法治政府建设。各级政府作为执法主体,必须始终坚持在党的领导下、在法治轨道上开展工作,着力解决执法领域存在的突出问题,加快建设职能科学、权责法定、执法严明、公开公正、廉洁高效、守法诚信的法治政府。要依法全面履行政府职能。各级行政机关要坚持法定职责必须为、法无授权不可为,完善行政组织和行政程序,推进各级政府机构、职能、权限、程序和责任的法定化和事权规范化。大力推进综合执法,不断完善市旗两级政府行政执法管理。要健全依法决策机制。把公众参与、专家论证、风险评估、合法性审查、集体讨论决定确定为重大行政决策的法定程序,建立行政机关内部重大决策合法性审查机制,推行政府法律顾问制度,建立重大决策终身责任追究制度和责任倒查机制。要坚持严格规范公正文明执法。加大关系群众切身利益重点领域的执法力度,依法惩处各类违法行为。完善执法程序,严格执行重大执法决定法制审核制度。全面落实行政执法责任制。要强化对行政权力的制约和监督。重点加强对政府内部权力的制约,对财政资金分配使用、国有资产监管、政府投资、政府采购、公共资源转让、公共工程建设等权力集中的部门和岗位,实行分事行权、分岗设权、分级授权,实行定期轮岗,强化内部流程控制。要从市直重点部门做起,年内就行政权力制约和监督形成规范性制度。要全面推进政务公开。各级政府及其工作部门都要坚持以公开为常态、不公开为例外的原则,依据权力清单,全面公开职责权限、监督方式等事项,公开财政预算、公共资源配置、重大建设项目批准和实施、社会公益事业建设等信息,公开决策、执行、管理、服务、结果等情况,让权力在阳光下运行,使行政接受全民的监督。

第三,公正司法,维护社会公平正义。公正是法治的生命线,要筑牢维护社会公平正义的最后一道防线,让人民群众在每一个司法案件中都能感受到公平正义。要完善确保依法独立公正行使审判权和检察权的制度,建立领导干部干预司法活动、插手具体案件处理的记录制度、通报制度和责任追究制度。各级党组织和领导干部都要旗帜鲜明地支持司法机关依法独立行使职权。要推进严格司法,实行办案质量终身负责制和错案责任倒查问责制,确保案件处理经得起法律和历史的检验。要保障人民群众参与司法,推进审判公开、检务公开、警务公开,加快实现生效法律文书统一上网和公开查询,切实在司法调解、司法听证、涉诉信访等司法活动中保障人民群众参与。要加强人权司法保障,强化诉讼知情权、陈述权、辩护辩论权、申请权、申诉权的制度保障，加大解决执行难问题的力度，落实终审和诉讼终结制度。要加强对司法活动的监督，完善检察机关行使监督权的法律制度，加强对刑事诉讼、民事诉讼、行政诉讼的法律监督。

第四，全民守法，努力建设法治社会。要推动全社会树立法治意识，把全民普法和守法作为长期的基础性工作，推动法治教育全覆盖、无死角，重点推动进学校、进机关、进企业、进城镇社区、进农村牧区，教育引导各族干部群众切实做到自觉守法、遇事找法、解决问题靠法。要抓住领导干部带头学法、模范守法这个关键，完善国家工作人员学法用法制度，把宪法法律列入各级党委（党组）中心组学习的重要内容，列为各级党校、行政学院的必修课程，各级领导干部要做学法尊法守法用法的表率。要推进多层次多领域依法治理，深化基层组织和部门、行业依法治理，支持各类社会主体自我约束、自我管理，发挥市民公约、乡规民约等社会规范在社会治理中的积极作用，发挥人民团体和社会组织在法治社会建设中的积极作用。要建设完备的法律服务体系，完善法律援助制度，健全司法救助体系，保证人民群众能够获得及时有效的法律帮助。要健全依法维权和化解纠纷机制，建立健全社会矛盾预警机制、协商沟通机制、救济救助机制，畅通群众利益协调、权益保障的法律渠道，把信访工作纳入法治化轨道，引导和支持人们理性表达诉求、依法维护权益。要建设德才兼备的高素质法治工作队伍，加强立法、执法、司法机关各级领导班子建设，增强法治专门队伍的生机和活力；加强律师、公证员、基层法律服务工作者、人民调解员等队伍建设。

五、进一步加强和改进党的领导，为推动鄂尔多斯转型发展提供坚强政治和组织保证

当前，全市改革发展稳定任务十分艰巨繁重。要在经济发展新常态下，应对挑战、主动作为，抢抓机遇、奋发有为，保持全市经济社会持续健康发展，必须切实加强和改进党的领导，全面提高党的建设科学化水平。

第一，牢牢把握党对经济工作的领导权和主动权。各级党组织要准确理解把握中央和自治区党委对经济发展进入新常态的重大战略判断，切实把好经济工作的正确方向。一要谋全局。要树立战略思维，科学把握经济规律、社会规律、自然规律，既要立足当前统筹谋划改革发展稳定问题，又要放眼鄂尔多斯未来和后劲，解决长远发展、持续发展问题，始终把握转型发展、推进工作的主动权。要树立系统思维，认真学习吃透中央和自治区精神，深入调研吃透鄂尔多斯发展市情、旗情，更加有针对性地领导和指导经济工作，做好意识形态工作和民族宗教工作，统筹推进经济、政治、文化、社会、生态文明和党的建设。要树立辩证思维，用马克思主义唯物辩证法立场观点方法分析看待和解决所面临的问题和矛盾，既要抓好稳增长，又要抓好调结构、促改革、惠民生、防风险、保稳定等各项工作，推动经济社会全面协调可持续发展。二要抓大事。善于把握经济社会发展中的主要矛盾和矛盾的主要方面，紧紧抓住事关全局发展的重点工作、重大项目和民生实事，抓住难点热点和薄弱环节，精准发力，集中攻坚，重点突破，取得牵一发而动全身的功效，带动各项事业整体推进。三要抓落实。严明执行责任，把会议确定的各项工作目标任务逐一分解落实到市几大班子党组、各旗区党委和市直各部门党委（党组），党委（党组）书记是第一责任人，分管领导是具体责任人，市委定期调度督查，确保各项工作都能取得实实在在成效。按照中央和自治区统一部署，“十三五”规划编制工作将全面启动，各有关部门和旗区都要认真总结“十二五”工作，全面深入开展调研，广泛听取意见和组织论证，准确把握发展趋势，高质量完成“十三五”规划编制工作。

第二，切实提高领导新常态下转型发展的专业化能力和法治化水平。一要强化创新思维。推动工作理念创新、方式创新和管理创新，用创新的思路办法解决新常态和转型发展中的难点热点重点问题。二要强化法治思维。带头学习法律、遵守法律，带头依法履职、依法办事，自觉运用法治思维和法治方式来深化改革、推动发展、化解矛盾、维护稳定。三要强化底线思维。从最坏处着想，往最好处努力，牢固树立长期过紧日子的思想，以更加尽责实干的态度、作风和行动，完成好全年各项目标任务，开创鄂尔多斯转型发展新局面。

第三，切实用党建工作新成效推动鄂尔多斯转型发展取得新成效。要严格落实从严治党责任。切实明责知责，认真履责尽责，严格考责问责，从严思想教育、从严作风整治、从严执纪监督、从严党内生活、从严干部管理，始终把握正确用人导向，以从严治党的新成效为鄂尔多斯在新常态下推动转型发展提供坚强组织保证。要在各级党员领导干部中深入开展“三严三实”主题实践活动。全面贯彻中央和自治区党委部署，认真落实习近平总书记“三严三实”要求，严以修身、严以用权、严以律己，谋事要实、创业要实、做人要实，严守政治纪律、政治规矩，始终在思想上政治上行动上同党中央保持高度一致，为全市党员干部和全社会做出表率。要在各级党组织中深入开展“为基层办实事、为百姓服好务”主题实践活动。巩固拓展党的群众路线教育实践活动成果，进一步深化“三到两强”制度落实，强化全市各级党组织服务意识，建设服务型党组织，进一步解决“四风”问题、损害群众切身利益问题和联系服务群众“最后一公里”问题，推动形成为民务实清廉的作风常态，以优良党风政风凝聚党心民心。要全面深入推进反腐倡廉建设。严格落实党风廉政建设党委（党组）主体责任、书记第一责任、班子成员“一岗双责”责任“三个责任”，严肃追究主体责任不明责、不履责、不担责的行为。支持各级纪检监察机关切实履行监督责任，推动“三转”落实到位，建设政治、业务、作风“三过硬”纪检监察干部队伍。要有力有效传导压力，持续加大腐败案件查处力度，以零容忍态度严惩腐败，保持反腐败高压态势，营造风清气正发展环境。

同志们，经济发展进入新常态，既有新挑战，更有新机遇。让我们更加紧密地团结起来，坚定信心，凝心聚力，奋发有为，真抓实干，全面完成经济社会各项目标任务，奋力开创全市新常态下转型发展的新局面！

鄂尔多斯市2015年政府工作报告

——廉素在鄂尔多斯市第三届人民代表大会第三次会议上

（2015年2月4日）

刚才，白书记站在全局和战略的高度作了重要讲话，全面客观地总结了2014年市委常委会的主要工作，明确提出了今年全市工作的总体要求、主要目标和重点任务，并对法治鄂尔多斯建设作出了安排部署，符合中央和自治区一系列重要会议精神，符合鄂尔多斯实际，具有很强的思想性、指导性和可操作性。我们要认真学习领会，抓好贯彻落实。

下面，我就2014年经济运行情况和2015年经济工作安排，讲几点意见。

一、关于2014年经济工作

刚刚过去的2014年，是我市发展中遇到困难比较多的一年。面对复杂严峻的经济形势，全市上下认真贯彻落实中央、自治区的各项决策部署和市委三届五次全委（扩大）会议精神，牢牢把握稳中求进的工作总基调，统筹稳增长、调结构、促改革、惠民生、防风险，整体经济实现了稳中有进。

（一）经济运行平稳。预计全市地区生产总值突破4000亿元大关，达到4215亿元，增长8%；规模以上工业增加值突破2000亿元，达到2050亿元，增长11.1%；固定资产投资突破3000亿元，达到3422亿元，增长15.5%；公共财政预算收入完成430亿元，负增长2.3%；社会消费品零售总额完成610亿元，增长10.1%。

（二）结构调整步伐加快。工业经济内部结构调整取得重大进展，非煤产业完成投资1988亿元，占工业总投资的80%；完成增加值869亿元，占规模以上工业增加值的42%，较上年提高6.2个百分点。现代农牧业、现代服务业发展取得新成效。

（三）发展后劲进一步增强。重大项目建设稳步推进，全市获得国家和自治区批复或出具“路条”项目21项，总投资1400多亿元。开复工亿元以上项目175个，建成投产25个。基础条件继续改善，新增高等级公路73公里、铁路运营里程126公里。生态建设力度持续加大，完成林业生态建设150万亩。环境治理强力推进，制定出台了更加严格的环保措施，对全市环境隐患问题进行了大排查、大整治，可持续发展能力进一步增强。

（四）改革活力逐步显现。积极推进经济体制和生态文明体制改革，财税体制、行政审批制度、工商登记制度、公共资源交易配置市场化、国有企业、农村牧区等领域改革取得积极进展。市本级清理下放行政审批事项202项。全市新增各类企业和工商户2.8万户，营业收入超百亿元非公有制企业达到16户。我市被国家发改委确定为资源型经济创新发展综合改革试点，成为全国首批生态文明建设先行示范区。

（五）民生持续改善。在财政收支矛盾十分突出的情况下，大力压缩“三公”经费和一般性支出，全力保障民生。各级财政完成民生社会事业投入442亿元，占到财政总支出的81.6%。年初确定的十个方面惠民实事有效落实。新增城镇就业3.4万人，城镇登记失业率为2.61%。城乡低保、医保和“五保”集中供养标准进一步提高。认真落实农村牧区低收入家庭冬季取暖用煤补贴、低保家庭大学生入学资助政策，30万农牧户、982名低保家庭大学生受益。精准式扶贫扎实推进，2.6万贫困人口实现稳定脱贫。农村牧区“十个全覆盖”工程完成投资19.2亿元，启动实施了一批基础设施和公益性建设项目。新开工建设中小学、幼儿园17所，教育教学条件进一步改善。深入推进医药卫生体制改革,基本药物制度实现全覆盖。文化事业繁荣发展,成为全国公共文化服务标准化试点地区。回购和新建各类保障性住房 12934 套。人民群众生活水平有了新的提高,预计城镇常住居民人均可支配收入完成 34822 元,增长 8.5%;农村牧区常住居民人均可支配收入完成 13318 元,增长 10%。

(六)社会大局保持稳定。争取自治区出台了银行业支持鄂尔多斯转型发展的政策措施,全年新增融资规模 760.8 亿元。制定出台了《规范政府性债务管理办法》,净化解政府性债务 165.9 亿元。解决了涉及 30 多亿元的民间借贷纠纷问题,消化了 294 万平方米存量商品房。信访总量和安全生产事故起数同比分别下降 24.5%和 44.9%。加强社会治安综合治理,刑事案件数量下降 6.8%。

总的看,去年在极其复杂严峻的形势下,能够取得这样的成绩,确实来之不易。全市上下为之付出了艰辛努力,同心同德,凝心聚力,共同克服和化解发展中遇到的困难和问题。实践证明,市委三届五次全委会议确定的发展思路、工作举措是完全符合中央、自治区要求和我市实际的,各旗区、各部门要继续贯彻落实好。

同时,我们也要清醒地看到,受宏观经济形势影响,我市当前发展中还面临着一些突出的困难和问题:受市场需求不振等影响,工业经济和固定资产投资增速都在回落,煤炭价格仍在低位运行,甲醇等其他工业产品价格也在明显下降,房地产市场持续低迷,企业生产经营困难,整体经济下行压力仍然较大;财政收支矛盾突出,项目建设资金短缺,社会资金流动性严重不足;要素制约进一步加剧,重大项目建设用水、环境容量、能耗等指标约束越来越突出;金融、政府性债务、民间借贷、房地产等领域的风险仍然存在。这些问题有前些年我市快速发展中积累的问题,也是经济新常态增速换档、结构调整的阵痛表现,也反映出我市发展中产业结构单一、产业链条短等深层次问题。在今年的工作中,我们要采取切实有效措施,全力破解。

二、主动适应经济发展新常态,努力开创 2015 年经济工作新局面

如何认识新常态、适应新常态、引领新常态以及新常态下我市需要把握的重大问题和重点工作,白书记在讲话中作了系统阐述,并提出了 2015 年全市经济工作的总体要求、预期目标和主要任务。今年全市经济工作的总体要求是:深入贯彻中央和自治区党委决策部署,全面落实"8337"发展思路,坚持稳中求进工作总基调,坚持以提高经济发展质量和效益为中心,主动适应经济发展新常态,强化持续发展、转型发展、协调发展、和谐发展理念,着力稳增长,着力促转型,着力攻改革,着力防风险,着力惠民生,不断增强鄂尔多斯发展动力、活力和竞争力,推动经济社会平稳健康发展。

我们一定要深刻领会、准确把握,切实把思想和行动统一到市委的总体要求上来,进一步凝聚和激发持续发展的动力、活力和竞争力,站在新的历史起点上,投入到第三次创业的大潮中,再铸鄂尔多斯发展新辉煌。

总的看,经济新常态下,今年我市经济发展既面临着不少挑战,也面临着新的机遇和有利条件。从挑战看,今年宏观经济形势依然复杂严峻。世界经济虽有复苏迹象,但总体疲弱态势难有明显改观,全球总需求不振,特别是去年下半年以来国际原油价格持续下跌,这将对我们的煤化工产业发展带来较大冲击,面临着重新洗牌的选择,随着新技术、新工艺的突破,一体化、链条化、高端化发展将成为煤化工产业新的竞争特点。从国内来看,国家治理大气污染、淘汰落后产能,特别是严格限制煤炭消费,将进一步压缩煤炭市场空间,要求我们更加注重品质提升和清洁化生产,深度加工转化将成为煤炭产业发展的必然选择。国家加强政府性债务管理、清理各类优惠政策,将对地方政府融资、化解政府性债务和推进招商引资带来一定影响,创新投融资、政府性债务化解和招商引资方式已势在必行。这几个方面的挑战,是全国普遍面临的问题。在应对这些挑战中,我们有比其他地区更为有利的条件和坚实的基础,我们要坚定信心,因势利导,扬长避短,全力应对。

从机遇看，新常态蕴含着新机遇。一是产业结构调整的机遇。结构调整是新常态的重要特征。现在，市场需求、供给、增长动力、环境约束、市场竞争方式等正在发生重大变化，倒逼我们加快调整产业结构、转变发展方式，同时也为我们推进产业转型升级提供了市场动力。如果我们不调整结构、不转变方式，就难以适应经济新常态，就会在新常态下的竞争中被淘汰。二是全面深化改革的机遇。今年中央和自治区将以更大的力度推进改革，特别是加快推进财税、金融、资源管理、电力、生态环保、投融资体制等领域的改革，这将使得我们在资源型经济创新发展综合改革试点和生态文明先行示范区建设中获得更大的改革红利，赢得更大的发展空间。三是国家鼓励发展清洁能源的机遇。国家为治理大气污染、保障能源安全，正在全力推进煤炭清洁开发利用，大力发展煤基清洁能源产业，这为我市发展煤电、煤制油、煤制气等产业提供了广阔的空间。我市已经被国家能源局确定为国家清洁能源发展战略重点地区，国家级煤电基地建设规划前期工作取得突破性进展，一批新的煤转电、煤制油、煤制气项目正在启动建设。四是国家实施积极财政政策的机遇。今年国家将加大积极的财政政策实施力度，在中西部地区开工建设一批重大交通、水利、网络通信工程、粮食仓储设施、农村危房改造等项目，加大对中西部、农村和老少边穷地区的扶持力度，等等。这些政策措施，将为我市发展带来实实在在的机遇。总之，我们要辩证看待、正确把握当前经济形势，既要看到发展中面临的困难和问题，保持清醒头脑，增强忧患意识，同时也要看到经济新常态给我市带来的发展机遇，看到我们自身的发展基础和条件，坚定信心，振奋精神，扎实做好各项工作。

综合考虑新常态下各方面趋势性变化，我市确定今年地区生产总值增长8%左右，这既考虑了新常态的阶段性特征，又体现了中央和自治区稳中求进的工作总要求，也考虑了我市的发展实际，把握了稳增长与调结构之间的平衡点。总体上看，目前我市还是一个欠发达地区，没有一定的经济增长速度，就业就会受到影响，保民生就缺乏物质基础，调结构、转方式的回旋空间也将受到制约。确定规模以上工业增加值增长11%左右，主要是考虑到工业占到全市经济总量的近60%，为保证GDP增长8%，规模以上工业增加值增速需要高于GDP增速3个以上百分点。确定固定资产投资增长13%以上，主要考虑到目前投资对全市经济增长的贡献率在80%左右，拉动经济增长主要还是靠投资，GDP要完成增长8%的目标，投资必须保持一定的增长速度。确定城乡居民收入增长9%和10%以上，高于GDP增速，主要目的是让经济发展成果更多地惠及老百姓。这几个指标增速大体上与全区增速保持一致，也与我市“十二五”发展目标相衔接。确定公共财政预算收入增长3%，主要考虑到今年企业生产经营仍然困难，煤炭市场难以明显回升，新的增收因素还不明朗。总的看，这些指标符合中央、自治区要求和我市发展实际，也符合经济发展规律，是积极稳妥的，完成这些目标也需要付出很大的努力。在这里特别强调，在实际运行中一定要更加注重经济增长的质量和效益，更加注重提高就业率、劳动生产率、投资回报率和资源配置效率，提升整体发展水平。当然，这些指标只是全市的一个平均水平，各旗区要结合实际对各自的发展目标进行深入系统地研究，科学合理确定，与全市指标相衔接。

关于今年的重点任务，白书记提出了明确要求。下面，我讲几项具体工作：

（一）全力保持经济稳定增长。今年，中央继续把稳增长作为宏观调控的重点。对我市来说，稳增长的压力更大，必须积极进取，主动作为，有针对性地做好工作。

首先，要全力以赴抓项目、抓投资。中央强调要继续发挥好投资对经济增长的关键作用。抓投资必须抓项目。现在看，制约我们项目建设的因素，既有资金不足的问题，也有要素保障不力的问题，还有工作不到位的问题。在今年的项目建设中，一要千方百计筹集落实建设资金。对已经确定的产业项目，要抓紧与项目业主对接，及早落实建设资金，同时要鼓励民间资本发起设立产业投资和股权投资基金，引导这些资金尽快进入产业领域。今年工业固定资产投资要完成

2690 亿元,增长 13%以上。对重大基础设施和其他公益性项目,一方面要积极争取国家和自治区有关部门的支持,另一方面要通过贷款贴息、特许经营等办法广泛吸纳社会资金参与,或者以 PPP 模式合作建设。今年重大基础设施和公益性项目要完成投资 600 亿元以上。要认真落实自治区银行业支持鄂尔多斯转型发展的政策措施,争取各大金融机构更多的信贷支持,新增融资规模 500 亿元以上。要加大金融改革创新力度,积极参与自治区资产管理公司组建,争取设立 1 家地方民营银行。二要着力突破项目建设要素制约。用水、环保指标不足不仅制约着现有项目建设,对后续项目建设制约将更为突出。我们一方面要加大争取力度,千方百计增加指标总量;另一方面要以改革的办法和举措破解这些难题,积极推动跨盟市水权转让二期工程,切实做好矿井疏干水、中水回收利用工作,开展排污权有偿使用和交易试点建设,有效增加用水、环保指标。同时,要积极引进节能、节水、环保新技术、新工艺、新设备,节约工业用水,降低能耗和排放,腾出更多的指标保障发展。要对闲置的用水、环保等指标进行全面清理,尽快收回重新配置,优先保障已开工项目建设需求。三要建立强有力的项目推进机制。各级各部门要把主要精力放到抓项目上,大中小项目、一二三产项目、资源类和非资源类项目、高新技术和劳动密集型项目都要并重齐抓。要强化项目建设工作机制,全市上下联动、密切配合,全力突破制约项目建设的关键环节,今年安排的 192 个亿元以上项目要尽快完善前期手续,争取 3 月底、4 月初全部开工建设。要对已经上报到国家和自治区的项目跟踪盯办,争取尽快获批。要创新招商引资方式,培育新的引资优势,掀起新一轮招商热潮,今年引资规模争取突破 700 亿元。

其次,要千方百计稳工业、扶企业。工业经济是我市的主导产业,稳增长关键是要稳工业。要突出抓好工业经济运行调度。这里,重点强调一下稳定煤炭产销和煤炭价格问题。去年国家的煤炭限产保价措施实施效果比较明显,今年国家将进一步限制煤炭进口,同时还积极鼓励煤炭出口,这对我们来说是利好消息。各有关旗区和部门要积极谋划好今年的煤炭生产销售工作。在当前市场环境下,稳定煤炭销售需要在用足用活现有营销平台、渠道、措施的基础上,积极开辟新的营销方式。一个是要抓紧建立煤炭标准化质量体系,组建地方大型煤炭销售集团,集中打造“鄂尔多斯煤”国优品牌,依托品牌开拓市场、提高竞争力;另一个是要加大原煤洗选配力度,通过科学搭配煤种、清洁化输出等措施,提高煤炭产业附加值,今年力争把煤炭洗选率提高到 90%以上;再一个是要继续加强与中央企业、周边地区的协调联动,通过区域联动稳定市场、稳定价格。要全力保障新投产项目稳定运行,对去年投产的 25 个项目进行跟踪服务,落实好生产运行条件,确保这些项目稳定生产。要对计划投产的 30 个项目要提前做好投产准备工作,确保按期投产。今年新增工业增加值 170 亿元以上。要把扶持企业发展作为稳增长的重中之重。目前,全市还有 90 户规模以上企业处于停产半停产状态,还有一部分企业生产经营非常困难。对于这些企业,我们要逐户摸排、逐户制定扶持办法,确定专人跟踪落实,争取尽快恢复生产。要完善和创新财政与金融联动工作机制,进一步放大财政资金撬动效应,千方百计帮助企业解决资金不足问题。要进一步清理涉企收费,落实好减税降费政策,积极推动大用户直供电和电力多边交易,降低企业生产成本。要落实好稳定岗位补贴政策,对不裁员、少裁员的困难企业给予缴纳社会保险费、转岗培训、技能提升培训补贴,稳定企业生产经营。要利用市场倒逼机制,鼓励和引导企业进行技术改造和整合重组,通过技术升级和资源、资产整合,激发活力、稳定生产、提升竞争力。

第三,要想尽一切办法抓增收、节支出。今年的财政形势不容乐观,一方面持续增收难度进一步加大,前两年的欠税已经基本清缴完毕,新的税收政策调整给我市带来许多不确定因素;另一方面支出任务极为艰巨,化解政府性债务、推进重点项目建设、保障民生等刚性支出增大,财政收支矛盾更加突出。各旗区、各部门一定要充分认识我市财政形势的严峻性,切实增强做好财政工作的紧迫感和责任感。要全力抓增收,认真落实好煤炭资源税从价计征、“营改增”扩大实施范围等政策，深入挖掘资源清理、煤炭运销、油气输送、中央企业属地注册等领域的税收增长潜力，确保应收尽收。要精心谋划和培育新的税源，根据新的财税体制改革方向，把企业所得税、个人所得税和房地产税及消费环节税收作为税源培植主攻方向，尽快做大税基，形成新的财源增长点。要坚持节支也是增收的理念，牢固树立长期过紧日子的思想，大力压缩“三公”经费和政府投资类项目规模，大幅压缩常规性支出。今年，除民生项目外，仍不开工建设新的政府投资类项目，续建项目也要保重点。大力压缩行政成本，勤俭办一切事业，集中有限的财力保重点、保民生、保化债。今年“三公”经费支出要在去年基础上再压缩5%以上。

（二）加快推进产业转型升级。转型发展是新常态的一个核心要求，更是我市推动新一轮发展的必然选择。习近平总书记在中央经济工作会议上指出：“经济结构调整是痛苦的，却是不得不过的关口”。市委三届五次全委（扩大）会议对转型发展作出了全面部署，这次会上白书记又特别强调：“转型就是发展的动力”。这里，我强调三个重点：

第一，立足资源调结构、促转型。资源是我市最大的发展基础，调结构、促转型必须首先立足于这个基础，依托资源进行深度转化增值。习近平总书记去年视察内蒙古时要求我们要尽快摆脱简单的挖煤卖煤的发展模式。现在看，单纯卖甲醇也不行了。要继续就地转化，而且要多次转化。要借助资源环境约束加大、部分能源类产品产能过剩和国家淘汰落后产能的倒逼机制，严格控制新上煤炭、甲醇等单纯的资源初级产品生产项目，把重点放到产业延伸配套上来，不断延伸资源型产业链条，向高附加值、高端化要效益。要加快煤炭的清洁转化利用，尽快做大做强电力产业，争取蒙西至天津南电力外送通道项目上半年开工建设，上海庙至山东电力外送通道项目年内核准并开工建设，启动建设配套电源点项目，确保蒙泰东胜热电厂、君正低热值煤热电厂等项目建成投产，新增电力装机200万千瓦以上。要积极推进煤制气、煤制油产业尽快实现规模化发展，保障神华、伊泰现有煤制油生产线稳定运行，加快推进神华煤制油第二、三条生产线和伊泰120万吨精细化学品等在建项目建设，确保北控等5个煤制气和伊泰200万吨煤制油项目上半年开工建设。要推动煤化工产业精细化发展，加快中天合创甲醇转烯烃项目建设，争取中电投80万吨烯烃项目开工建设，确保久泰60万吨、中煤蒙大60万吨甲醇转烯烃、亿利一期30万吨乙二醇等项目建成投产，新增烯烃产能120万吨，力争甲醇就地加工转化率达到10%以上，建设国家级煤化工中高端产业生产示范基地。同时，要加快推进陶瓷、PVC等产业发展，精心谋划好高铝煤综合开发利用，推动神华准能、中铝粉煤灰提取氧化铝等项目建设取得突破性进展。

第二，补足短板调结构、促转型。中央经济工作会议提出要补齐经济发展的短板。对我市来说，最大的短板就是农牧业和服务业发展滞后。短板就是潜力。我们要把促进农牧业和服务业现代化发展作为当前和今后一个时期调结构、促转型的重要突破口来抓，尽快取得新成效。农牧业要坚持绿色高端、以质取胜、品牌增收发展。我市沿黄河、无定河流域资源丰富，土壤肥沃，洁净度高；西部牧区人均草原面积较大，而且这些区域的周边市场又十分广阔，发展现代农牧业条件非常好。但目前我市的农牧业发展规模化、品牌化、高端化水平还比较低，农畜产品加工转化率仅为50%左右，远远低于发达地区80%的水平。我们要加快转变农牧业发展方式，走绿色高端、以质取胜、品牌增收、现代化发展路子。要积极推进适度规模经营，全面深化农村牧区土地制度改革，完善土地、草牧场和集体林地承包经营权流转制度，引导农牧民依法自愿有序流转土地草牧场经营权，促进农牧业资源向种养殖大户集中。今年新增土地规模经营面积20万亩。要培育壮大优势特色产业，设立农牧业发展基金，集中扶持肉牛、肉羊、生猪、瓜果蔬菜（食用菌）、家禽、奶业等优势产业发展，实施好沿黄河、无定河现代农牧业经济带建设规划，今年新建肉牛、肉羊、生猪规模养殖园区14个，种植瓜果蔬菜30万亩，培育现代畜牧业示范户200户。要加快构筑种养加销全产业链，大力引进和培育龙头企业，将先进科学技术、工业文明成果、现代营销模式和现代产业组织方式引入农牧业，不断提升农牧业产业化水平。今年要重点推进肉羊产业整合重组，积极发展农畜产品电子商务，启动五家尧食用菌工厂化生产、飞鹤集团婴幼儿奶粉加工、正大集团现代安全食品产业园等项目，打造鄂尔多斯绿色农畜产品品牌，力争新培育销售收入超 10 亿元龙头企业 2 家。实现一产增加值 110 亿元，增长 4%。

服务业发展速度要加快、比重要提高、结构要优化。目前，我市服务业增加值仅占 GDP 的 38%，低于全国平均水平，更低于发达地区水平，进一步发展的空间很大。要尽快做大做强文化旅游产业。目前，文化旅游产业已经成为全国各地竞相发展的主导产业，进入了爆发式增长新阶段。我市文化旅游资源丰富，但还有待于进一步开发，文化旅游产业增加值占 GDP 比重不到 5%，与我们文化旅游资源大市的地位极不相称。去年，我市成立了文化旅游委员会，设立了文化旅游业发展专项基金。今年一定要在文化旅游市场培育、产业发展、景区打造、线路开拓等方面取得新进展，确保接待游客数量同比增长 10%以上。要加快发展现代物流业。我市物流业发展滞后，明显增加了企业的生产经营成本，也严重制约着产业快速集聚发展。要认真落实全市物流产业发展规划和扶持大型物流市场建设的政策措施，围绕主导产业，依托中心城区和各大产业园区，集中培育大中小配套协作的现代化物流企业集群，切实解决我市经济发展物流成本高、效率低的问题。今年争取培育 2 到 3 家大型物流企业。要积极培育发展健康养老产业。我市气候条件良好，发展健康养老产业有着独特优势。要抢占健康养老产业发展市场先机，积极支持和鼓励社会力量投资兴办医疗医药、康复护理、疗养度假、健身养老等服务机构，启动建设东胜区健康产业集中发展示范区，尽快使健康养老产业成为我市新的支柱产业。要大力发展电子商务业。紧紧抓住电子商务业快速释放的市场潜能，抓紧研究制定扶持政策，积极引进大型电商平台，鼓励更多的企业和个人开办网店，抢占电商市场份额，提升商贸业发展水平。今年全市第三产业要完成增加值 1745 亿元，增长 6.5%。

第三，围绕配套调结构、促转型。现代产业的最大特点就是分工越来越细，这对产业配套能力的要求越来越高，而产业配套能力不强正是我们目前结构调整中面临的突出问题。近几年，我们抓了一大批带动产业转型升级的项目，但配套能力不强影响着这些产业快速发展壮大。比如，我们的汽车产业，华泰、奇瑞汽车生产项目引进来已经好几年了，但到现在还处在组装阶段，我们当地零部件配套生产企业还很少，还没有形成真正的汽车产业链。另外，我们的电子信息等产业也存在配套不力的问题。因此，下一步我们要把配套能力建设作为结构调整的重要抓手，全力突破。要突出抓好产业配套，重点发展装备制造、电子信息、羊绒等配套产业。加快奇瑞发动机、变速器等项目建设，根据市场需要加快开发新的产品，尽快引进新的配套项目，今年新增汽车配套生产企业 5 家以上，力争通过 3 至 5 年努力，奇瑞、华泰汽车的本地化配套率达到 50%以上，主体车型分别达到 3 至 5 个，实现集群化发展。要抓好江苏工业园区建设，积极承接新的装备制造企业和项目。要依托京东方、罗克佳华等项目，加快推进电子信息产业配套发展，真正形成电子信息产业集群。要充分发挥我市羊绒产业市场竞争、技术开发和品牌优势，对全市的羊绒产业进行整合重组，强化配套协作，避免无序竞争，进一步提升羊绒产业发展水平和综合竞争力。

产业配套最终需要靠企业配套来实现，而我市的中小微企业发展不充分又影响着产业配套。习近平总书记在中央经济工作会议上指出："新兴产业、服务业、小微企业的作用更加凸显，生产小型化、智能化、专业化将成为产业组织新特征"。白书记在讲话中强调："在市场经济条件下，无论过去、现在和将来，经济发展的活力都在企业、在社会、在市场主体。"我们要顺应这一新趋势，把发展中小微企业作为推进企业配套、产业配套、提升经济综合竞争力的切入点，认真落实好我市支持中小微企业发展的实施意见，用足用活财政支持、基金引导、金融扶持等政策措施，一方面要引导现有中小微企业积极参与大企业、大项目配套发展，另一方面要研究出台更大力度的扶持政策，设立中小微企业发展基金，鼓励和引导更多的群众创办中小微企业，参与产业发展、企业配套。今年全市力争新培育中小微企业5000户以上。

（三）扎实推进改革创新。经济新常态一个重要的特征就是动力转换，由要素规模驱动转向改革创新驱动。解决当前发展中存在的问题，推动经济社会稳定健康发展，最大的动力、最有效的办法就是改革创新。要以更大的气力推进改革。今年我们要按照中央和自治区的要求，依托资源型经济创新发展综合改革试点和生态文明建设先行示范区建设，努力在重点领域、关键环节上取得实质性突破。进一步加大简政放权力度，扎实做好行政审批权限的“接、放、管”工作，切实解决“明放暗不放”“放虚不放实”“下放不同步”等问题，切实提高简政放权的实效性。全面推行“三单”管理和网上审批、并联审批，启动实施工商营业执照、组织机构代码证和税务登记证“三证合一”登记制度，进一步激发市场主体活力。继续深化财税体制改革，健全全口径预算体系，推行财政预算绩效管理制度。建立政府购买公共服务标准，在重点领域推行政府购买公共服务。加快资源资本化改革，完善资源配置政策，探索建立配置资源退出机制。启动棋盘井电力微网运行试点和达旗电力大用户直供电改革。抓好国有企业分类改革，加快现有企业整合重组，增强国有企业活力和竞争力。推进农村牧区改革，上半年完成土地确权登记颁证试点任务，年内全面完成草原确权承包、基本草原划定工作。在改革中，既要重视进度，更要重视质量；既要重视方案的制定，更要重视推进的实际效果，确保改革取得实实在在成效。要以更加扎实的举措推进创新。一方面要加快培育创新型人才，坚持引进来和自主培养相结合，加快培养高层次专业人才，同时还要加大高技能产业工人培养力度，形成推进创新发展的强大力量；另一方面要搭建好创新平台，进一步加强与大学和科研院所合作，切实抓好市高新技术产业园区、鄂尔多斯国家清洁能源国际创新园建设，打造高水平的创新平台，突出解决煤化工产业高耗煤、高耗水、高碳排放“三高”技术问题，争取在煤化工产业链延伸、粉煤灰提取氧化铝、装备制造和电子信息等重点领域再突破一批核心、关键和共性技术，形成一批技术标准，转化一批重大科技成果，催生一批新的经济增长点。

（四）加大统筹城乡发展力度。统筹城乡发展是优化城乡之间要素配置、提升农村牧区发展水平的重大战略举措。经过近年来的持续努力，我市农村牧区面貌发生了巨大变化，但是城乡发展差距仍然很大，需要尽快解决。今年要突出抓好三个方面工作：一是积极稳妥地推进新型城镇化。要以品质城市建设为抓手，加快推动中心城区一体化发展，尽快完善基础设施、商业设施、公共服务设施和信息化设施，统筹优化资源配置，着力提升配套服务能力，大力发展楼宇经济、总部经济，加快集聚商气人气。要进一步完善小城镇功能，建设一批供水、供热、供气、污水垃圾处理项目，增强小城镇的人口和产业支撑能力。要积极推进户籍制度改革，让已经在城镇就业生活的农牧民真正实现市民化，推进农牧业人口转移。二是加快推进城乡重大基础设施建设。抓住国家支持西部地区基础设施建设的机遇，利用当前建设成本较低的有利时机，全面提升基础设施保障能力。公路方面，进一步完善路网体系，抓好沿黄一级、敖镇至乌兰镇一级改高速公路建设，开工建设大饭铺至龙口高速公路，做好包茂高速关碾房至荣乌高速段改扩建前期工作，确保荣乌高速十七沟至大饭铺段、东胜至机场高速公路建成通车，新增高等级公路122公里。要加快推进农村牧区公路建设，新增通村油路700公里，打通连接城乡的“毛细血管”。铁路方面，加快呼准鄂快速铁路建设，开工建设蒙西至华中运煤通道，积极谋划推动鄂尔多斯连接北京、西安高铁，确保沿河、东乌与包西连接线等项目建成投运，新增铁路运营里程300公里。民航方面，力争开工建设库布其通用机场。水利方面，重点推进独贵塔拉等工业园区和中天合创等项目供水工程建设，力争年内完工。三是加强生态建设和环境保护。深入推进生态文明体制改革，严格落实禁牧、休牧、划区轮牧政策，设立草原保护红线，巩固发展生态建设成果。实施好京津风沙源治理二期、十大孔兑综合治理等重点生态工程，完成林业建设任务130万亩。认真实施新的《环境保护法》，落实最严格的环保监管责任，实施环境保护综合整治三年计划，扎实开展重点领域、重点行业环境污染排查整治。加快清理环保违规项目，对没有进行环保验收的项目，要抓紧开展环保备案认定，尽快完善项目环评手续，办理环评验收，促使这些项目规范运行。加强环保能力建设，突出抓好工业园区、城镇污水、垃圾处理厂、高盐水处理、蒸发塘等环保设施建设，重点解决好煤化工项目高盐水处理问题，切实减少环境污染。认真落实大气污染防治和主要污染物减排措施，确保完成自治区下达的年度目标任务。

（五）进一步保障和改善民生。习近平总书记在中央经济工作会议上指出："做好民生工作要考虑经济减速、经济结构调整优化、全面深化改革、财政收入增速下降等带来的新情况新矛盾"。我们要充分考虑这一情况，结合我市实际，在今年的民生工作中突出"保基本、兜底线、促公平"，整合民生政策，集中民生资金，多做雪中送炭的工作，更加注重解决困难弱势群体的生产生活问题。一要抓好创业就业工作。坚持以创业带动就业，深入实施"十万大学生创业圆梦行动"，加快推进大学生创业孵化基地、个体工商户创业示范街、农牧民创业园建设，特别是要鼓励大学生自主创业、面向基层和企业就业。加强就业培训和指导，突出解决好零就业家庭、转移进城农牧民等困难群体就业问题。全年新增城镇就业3.2万人，城镇登记失业率控制在3.5%以内。二要抓好农村牧区"十个全覆盖"工程。现在已经是1月中旬，春节后很快就是3月份。各旗区、各有关部门要加紧做好"十个全覆盖"工程任务的分解落实和各项前期准备工作，开春后要立即组织实施。在今年的工程项目实施中，要更加注重"六位一体"，同步推进村庄绿化、村集体经济和基层组织"三项建设"，提升农村牧区整体发展水平；更加注重工程项目本身的规划设计与整个村庄规划，包括产业发展规划、生产设施规划的协调性；更加注重以人为本、尊重群众意愿，街巷设计、房屋改造户型设计、庭院设计都要满足群众的实际需要，方便群众生产生活；更加注重分类指导、因地制宜、突出特色，不能千村一面。要加大村容村貌和环境卫生整治力度，同步解决好污水、垃圾处理等问题，彻底改变农村牧区面貌。今年要完成"十个全覆盖"工程投资41.9亿元，完成三年工程量的80%以上。三要抓好扶贫开发和保障性住房建设。各旗区、各有关部门要尽快确定今年的扶贫对象，逐村逐户量身定制脱贫计划，集中金融、产业、项目、转移等措施攻坚突破，确保完成2.4万贫困人口脱贫任务。加大保障性住房建设力度，重点抓好棚户区改造，今年回购和新建各类保障性住房26058套，其中改造城市棚户区住房22354套。四要抓好社会保障工作，特别是要做好城乡低保户、五保户、孤儿、残疾人、重点优抚对象等困难群体的社会保障工作，织密织牢社会保障安全网。加快推动国家社会保险标准化试点建设，进一步扩大各类社会保险覆盖面，努力实现应保尽保。五要抓好教育、医疗等惠民工程实施。继续实施基础教育标准化建设工程，进一步改善办学条件，提高办学质量和水平。今年新建、续建和改扩建中小学校21所、幼儿园37所。认真落实好低保家庭大学生资助等政策，保障家庭困难学生入学，让鄂尔多斯所有孩子都能接受公平良好的教育。整合高等教育资源，争取年内完成鄂尔多斯应用技术学院组建工作。完善重特大疾病医疗保险和救助制度，推进公立医院改革，加强基层医疗卫生队伍建设，提高医疗服务水平，切实解决群众"看病难、看病贵"问题。

（六）着力防范和化解各类风险隐患。习近平总书记在中央经济工作会议上指出："过去经济高速发展掩盖了一些矛盾和风险，现在伴随着经济增速下调，各类隐性风险逐步显性化"。对此，我们一定要高度重视，密切关注重点领域的风险隐患变化情况，发现问题要立即采取措施，及时予以化解。一要严格防控金融风险。目前我市进入银行还贷高峰期，而企业生产经营又比较困难，还本付息压力比较大，金融风险有所增加。我们一定要充分发挥政府的协调作用，及时与各级金融机构进行沟通对接，最大限度争取银行的支持，同时要督促和帮助企业多渠道筹集资金，按期还本付息。市政府带头履行还贷责任，及时偿还市本级银行信贷资金。各旗区也要对本级政府融资进行全面梳理，统筹制定还款计划。要继续开展打击逃废银行债务专项行动，加快出险企业处置，想方设法帮助金融机构消化不良贷款，促进金融业稳健运行。二要全力防范和化解政府性债务风险。去年开始，中央和自治区更加重视政府性债务风险防控工作，国家重新修订颁布了《预算法》，出台了《关于加强地方政府性债务管理的意见》，都明确从严管理政府性债务，防范政府性债务风险。从全区来看，我市的政府性债务量相对比较大，部分债务又与民间借贷、房地产和金融等问题相互交织，风险隐患仍然存在。各级各部门一定要增强防控和化解政府性债务风险的意识，通过预算安排、压缩支出、资产拍卖、债权相抵、股权合作等措施，多渠道、多方式筹措资金，全力做好政府性债务化解工作，今年的债务余额要在去年的基础上再下降20%。要加强各类融资平台监管，严格举债审批，防止发生债务风险。要加大考核问责力度，将化解政府性债务工作纳入实绩考核，严肃查处违规举债行为，追究化解债务工作不力责任人的责任。三要继续做好民间借贷和房地产领域的风险隐患化解工作。加快非法集资案件处理进度，依法处置相关资产，化解有关矛盾和问题。要密切关注民间借贷案件处理过程中出现的新情况，对藏匿转移资产、高价抵顶和恶意拖欠等行为进行严厉打击，切实保护债权人的权益。要把保障性住房建设与消化存量商品房有机结合起来，尽可能多地盘活商品房资源，缓解企业资金压力。要继续开展多种形式的房屋促销活动，特别是要借助大众创业行动，通过减免租金、价格优惠等措施，积极消化存量写字楼和机关单位清退的办公用房。四要加强社会面管控。进一步健全矛盾纠纷化解机制，依法处置土地征用、房屋拆迁、环境污染治理过程中引发的矛盾纠纷。深化平安鄂尔多斯建设，完善立体化治安防控体系，严厉打击各类违法犯罪活动，提升治安防控信息化水平。强化食品药品安全监管，创建“食品药品安全城市”。

（七）切实提高依法行政和法治政府建设水平。党的十八届四中全会和自治区党委九届十二次全委会对依法行政和法治政府建设作出了全面部署。白书记在讲话中对法治鄂尔多斯建设提出了明确要求，我们要认真抓好贯彻落实，加快推进依法行政、依法治市进程。要积极推进政府机构、职能、权限、程序、责任法定化，进一步厘清政府与市场的关系，完善已合并和下划部门的管理体制，合理划分部门职能职责，切实理顺部门之间的职能关系。要进一步建立完善行政决策制度，切实履行好公众参与、专家咨询、风险评估、合法性审查和集体讨论决定等程序，做到依法、科学、民主决策。健全行政决策权监督制约机制，实行严格的决策终身责任追究制度和责任倒查机制，对违反决策规定、出现重大决策失误、造成重大损失和恶劣影响的，严格追究相关人员的法律责任。严格规范执法行为，整合执法资源，减少执法层级，重点在食品药品安全、工商质检、公共卫生、安全生产、资源环境、城乡建设等领域强化综合执法，建立权责统一、权威高效的行政执法体系。进一步完善执法程序，建立执法全过程记录制度，重点规范行政许可、行政处罚、行政强制、行政检查等关系群众切身利益执法行为。加强执法人员管理，严格执行持证上岗、亮证执法制度，严格落实执法责任制，切实做到规范、公正、文明执法。规范政府权力运行，加强监察、审计、财政等专项监督，对财政资金分配使用、国有资产监管、政府投资、政府采购、公共资源交易等权力集中的部门和岗位实行分事行权、分岗设权、分级授权，定期轮岗，强化内部流程控制，防止权力滥用。要把群众反映的行政不作为、乱作为等作为监察重点，及时纠正违法和不当的执法行为，切实提高依法行政和法治政府建设水平。

今年还有一项重要工作，就是要承办好第十届全国少数民族传统体育运动会。白书记在讲话中对筹备工作提出了明确要求。各有关旗区、部门和执委会各部室要切实增强工作紧迫感和责任感，高标准、严要求，按照任务监控表，分阶段扎实做好各项筹备工作，主要领导要亲自安排部署、亲自组织过问、亲自督促检查，确保每一项活动、每一个环节都落到实处。要进一步细化完善各项方案，规范工作流程，力争使各项方案更具有操作性和针对性。要严格落实责任，精心策划安排体育赛事、文艺表演、展览展示等各项活动。要加快推进场馆设施建设，加强工程质量监管，确保市体育中心、运动员村、乌兰木伦湖水上项目建设改造、东康线立体交通枢纽等工程在5月底前全部交付使用。要继续深化宣传动员，加强与中央和区内外各大媒体合作交流，联袂策划推动系列宣传活动，不间断宣传运动会、宣传鄂尔多斯，提高我市的美誉度和影响力。要加强与各代表团联系，周密做好对口接待等工作。要进一步明确责任，提早落实好运动会交通、医疗、供水、供电、安保等各项保障措施。要按照“属地管理”原则，加强城市环境综合整治，尤其是中心城区要建立长效机制，对各大出口、城市街巷道、公共场所等重点部位进行集中打造，营造优美整洁的城市环境，展示鄂尔多斯良好形象，确保举办一届高质量高水平的民族体育盛会。

同志们，今年各项工作任务十分繁重。全市上下一定要按照市委的部署和要求，坚定信心、振奋精神，勇于担当、真抓实干，确保全面完成各项目标任务，努力开创全市新常态下转型发展新局面。

鄂尔多斯市2014年国民经济和社会发展统计公报

鄂尔多斯市统计局
国家统计局鄂尔多斯调查队

2015年3月12日

2014年,面对错综复杂的国内外环境,市委、市政府团结带领全市各族人民,坚持稳中求进的工作总基调,主动适应经济发展新常态,攻坚克难,经济运行总体平稳,人民生活水平不断提高,社会保持和谐稳定,全面建成小康社会迈出坚实步伐。

一、综合

2014年末全市常住人口203.5万人,其中城镇人口148.2万人,乡村人口55.3万人,城镇化率为72.8%。全年出生人口为2.2万人,出生率为10.8‰;死亡人口为1.1万人,死亡率为5.2‰;自然增长率为5.6‰。年末户籍人口155.9万人,比上年末增加1.6万人。

初步核算,2014年全市地区生产总值4162.2亿元,扣除价格因素,比去年增长8.0%。分产业看,第一产业完成增加值99.6亿元,增长4.1%,对经济增长的贡献率为1.1%,拉动GDP增长0.1个百分点。第二产业完成增加值2463.0亿元,增长9.9%,对经济增长的贡献率为75.7%,拉动GDP增长6.1个百分点。第三产业完成增加值1599.6亿元,增长5.1%,对经济增长的贡献率为23.2%,拉动GDP增长1.8个百分点。三次产业增加值比例调整为2.4:59.2:38.4。

全市公共财政预算收入430.1亿元,同比下降2.3%。其中,税收收入310亿元,占公共财政预算收入72%,同比下降2.7%;非税收入120.1亿元,占公共财政预算收入的28%,同比下降1.1%。全市公共财政预算支出541.8亿元,同比增长4.4%。

全市新增就业33934人,比上年增加619人。失业人员再就业4068人,就业困难人员再就业3221人。年末全市城镇实有登记失业人员19285人,比上年增加4158人。城镇登记失业率为2.6%,比上年下降0.1个百分点。

二、农牧业

全年现价农林牧渔及服务业总产值171.7亿元,按可比价格计算比上年增长4.1%。其中,农业产值81.3亿元,增长10.9%;林业产值7.2亿元,增长8.2%;牧业产值77.7亿元,下降4.4%;渔业产值2.3亿元,增长9.2%;农林牧渔服务业产值3.2亿元,增长8.0%。

全市农作物总播种面积596.4万亩。其中粮食作物播种面积365.4万亩,油料播种面积60.9万亩,蔬菜播种面积14.5万亩。全年粮食总产量149.6万吨,同比下降3.6%。油料产量11.9万吨,同比增长35.6%;甜菜产量9.8万吨,同比增长3.1%;蔬菜产量42.3万吨,同比增长11.2%。(详见附表1)

全市拥有农业机械总动力302.8万千瓦,同比增长4.1%。全市拥有大中型拖拉机3万台,增长11.7%;农用排灌机械10.7万台(套),下降1.1%,其中,节水灌溉类机械5137套,增长12.6%;联合收获机1466台,增长18.6%;农用运输车5.9万台,增长0.1%。机械耕地面积占农作物总播种面积的比重为98%,机械播种面积占比为87%,机械收割面积占比为49%,农业耕种收综合机械化水平达到80%。

三、工业

全市工业完成增加值2200.5亿元,增长10.3%。

规模以上工业企业364家，较去年减少15家。总产值达到4431.6亿元，同比增长8.0%；销售产值4364.7亿元，增长7.9%；工业产品产销率98.5%。

全年规模以上工业增加值按可比价比上年增长11.1%。按轻重工业分，轻工业下降8.7%、重工业增长11.9%；按经济类型分，国有企业增长3.1%，集体企业增长8.5%，股份制企业增长1.7%，外商及港澳台投资工业下降8.0%，其他经济类型工业增长53.7%。（规上工业主要产品产量详见附表2）

规模以上工业企业实现主营业务收入4352.6亿元，同比增长4.2%；利税总额969.3亿元，同比下降13.1%；利润总额609.0亿元，同比下降18.7%。亏损企业103户，比上年增加23户。企业亏损面28.0%，比上年末扩大4.3个百分点；亏损企业亏损额47.3亿元，同比增长77.8%。

双百亿工程稳步推进。我市营业收入超百亿元企业7户，实现营业收入1732.4亿元，同比增长2.1%，实现利润270.8亿元，同比下降19.5%，税金总额182.6亿元，同比增长3.3%。

四、建筑业和房地产开发

全市建筑业完成增加值271.8亿元，增长5.7%。年末全市具有资质等级的建筑施工企业218个，全年总承包和专业承包建筑业总产值363.3亿元，同比下降22.9%，竣工产值174.7亿元，下降16.0%。建筑业企业房屋建筑施工面积547.3万平方米，下降16.1%；竣工面积323.8万平方米，增长21.4%。

全年房地产开发施工面积1915.0万平方米，同比下降27.0%；竣工面积142.6万平方米，同比下降60.5%。商品房销售面积235.7万平方米，同比增长1.1%；销售额102.5亿元，同比下降1.3%。其中住宅销售额80.4亿元，同比下降1.5%。（详见附表3）

五、固定资产投资

全市全社会固定资产投资完成3422.5亿元，同比增长15.8%。全年新增固定资产2057.8亿元，固定资产交付使用率60.1%，共有1280个项目建成投产，项目建成投产率68.6%。全市亿元以上重点开工项目392个，比上年增长24.4%，完成投资2758.7亿元，比上年增长17.8%。

从投资主体看，国有经济投资1231.0亿元，增长15.8%；非国有投资2191.5亿元，增长13.4%；其中民间投资2077.4亿元，增长17.3%，民间投资占固定资产投资的比重达60.7%，比上年提高1.6个百分点。

投资方向侧重工业。第一产业完成投资97.3亿元，同比增长29.0%；第二产业完成投资2508.6亿元，同比增长18.6%，其中，工业投资完成2483.6亿元，同比增长18.0%；第三产业完成投资816.6亿元，同比增长1.3%。主要工业行业投资中，制造业完成投资1561.2亿元，增长19.8%；采矿业完成投资641.3亿元，增长16.4%；电力、燃气及水的生产和供应业完成投资281.1亿元，增长11.7%。第三产业投资中，交通运输仓储和邮政业投资192.6亿元，下降17.1%；房地产业投资163.0亿元，下降21.5%；水利、环境和公共设施管理业投资232.4亿元，增长45.3%；教育投资12.0亿元，下降57.1%。（详见附表4）

六、国内贸易

全市实现社会消费品零售总额610亿元，同比增长10.1%。其中，城镇实现消费品零售额510.4亿元，同比增长10.8%；乡村实现消费品零售额99.6亿元，同比增长6.2%。

限额以上社会消费品零售总额321.2亿元，同比下降0.3%。按商品类值分，粮油食品类完成零售额7.9亿元，同比增长3.7%；服装类完成零售额5.9亿元，同比下降11.1%；日用洗涤品类完成零售额4.2亿元，同比增长14.0%；电子出版物及音像制品类完成零售额0.1亿元，同比增长150.5%；汽车类完成零售额78.8亿元，同比下降6.4%；石油及制品类完成零售额135.2亿元，同比下降1.1%。

七、对外经济

全年新批准外商投资企业6家，利用外资新签项目数6个。实际使用外商直接投资16.9亿美元，同比增长5.3%。

全市完成进出口总额（不含煤炭）7.2亿美元，同比下降36.5%。其中进口总额2.5亿美元，同比下降68.8%；出口总额4.8亿美元，同比增长37.3%。

八、交通、邮电业和旅游

鄂尔多斯机场全年共营运航线42条，通航城市

41 个,且与香港直航。铁路通车里程达 1667 公里;全市公路总里程 18820 公里,其中高速公路里程 720 公里,公路网密度为 21.6 公里 / 百平方公里。全年各种运输方式完成货运量 46597 万吨,比上年下降 20.4%;其中,铁路完成货运量 29600 万吨,增长 12.0%;公路货运量 16996 万吨, 增长 27.5%; 民航货运量 0.7 万吨,下降 30.1%。全年各种运输方式完成客运量 1288 万人。其中,铁路完成客运量 75.1 万人,增长 58.0%;公路客运量 1062.8 万人, 下降 18.6%; 民航客运量 150.3 万人, 下降 13.2%。全市机动车拥有量 54.5 万辆,同比增长 3.7%,其中新注册 3.6 万户。

全年实现邮电业务收入 23 亿元, 同比下降 19.0%。其中,邮政业务收入 1.1 亿元,下降 12.2%;电信业务收入 21.9 亿元,下降 19.5%。年末固定电话用户 22.4 万户,移动电话用户 249.8 万户,其中,3G 移动电话用户 84.6 万户,下降 9.0%;宽带用户达到 18.6 万户,增长 4.5%。

全市 A 级旅游景区和全国工农业旅游示范点 47 个, 其中, 国家 5A 级旅游景区 2 个,4A 级旅游景区 21 个,3A 级旅游景区 11 个。全市旅行社 93 家,其中具有出境经营权的旅行社 14 家。全市共接待旅游者 751.2 万人次,同比增长 15.4%。其中,接待入境旅游者 3.1 万人次。实现旅游收入 197.1 亿元, 同比增长 29.3%。

九、金融和保险业

全市共有银行法人机构 26 家, 银行营业网点 601 个,共有从业人员 9176 人。年末金融机构各项存款余额(人民币)2494.3 亿元,同比增长 7.3%。其中,单位存款余额 1141.1 亿元,同比增长 5.7%;城乡居民储蓄存款余额 1268.4 亿元, 同比增长 7.6%。年末金融机构各项贷款余额 2588.7 亿元, 同比增长 9.3%。其中,短期贷款余额 1069.9 亿元,同比增长 0.1%;中长期贷款余额 1466.1 亿元,同比增长 14.8%;个人消费贷款余额 214.9 亿元,同比下降 15.5%。

全市保险公司中心支公司 30 家, 中支以下各级保险机构 188 家。保险业实现保费收入 34.0 亿元,同比增长 4.9%。其中财产险收入 17.0 亿元, 同比下降 2.6%;寿险收入 13.8 亿元,同比增长 11.2%;健康险收入 2.5 亿元,同比增长 30.5%;意外伤害险收入 0.7 亿元, 同比增长 12.7%。各项赔付支出 11.0 亿元,同比下降 4.5%。其中财产险赔付支出 7.4 亿元,同比下降 13.6%;寿险赔付支出 2.1 亿元,同比增长 5.4%;健康险赔付支出 1.3 亿元,同比增长 68.1%;意外伤害险赔付支出 0.2 亿元,同比增长 12.2%。

十、教育和科技

全市有普通高校 3 所,在校生 5024 人;普通中等专业学校 3 所,在校学生 8059 人;普通高中 22 所,在校学生 32131 人; 普通初中 44 所, 在校学生 51617 人;职业高中 8 所,在校学生 10359 人;普通小学 122 所, 在校学生 116065 人; 幼儿园 286 所, 在校学生 81570 人;特殊教育学校 3 所,在校学生 249 人。各级各类学校(含幼儿园)共有在校生 305074 万人。

全市共取得各类科技成果 49 项, 同比增长 16.7%,全年提交专利申请 689 件,同比下降 33.0%。其中,授权专利 437 件,同比下降 31.0%。技术合同认定登记 12 项, 成交金额 920 万元, 分别同比下降 84.0%和 91.8%。年内新认定国家级高新技术企业 8 家,自治区级企业研究开发中心 3 家,自治区级工程技术研究中心 3 家,自治区院士专家工作站 2 家。

十一、文化、卫生和体育

全市拥有文化馆、群众艺术馆 9 个,组织文艺活动 817 场次,乡镇文化站 49 个,公共图书馆 9 个,博物馆 6 个, 艺术表演团体 9 个, 组织开展演出活动 1082 场次。广播、电视综合覆盖率分别达到 98.7%和 97.9%。有线电视用户数达 33.2 万户, 同比增长 10.2%。全市直播卫星户户通用户达到 4.5 万户,地面数字电视用户达 9.5 万户,农牧区 MMDS(多路微波分配系统)用户达 8 万户。全市免费放电影 12028 场次,观众人数达 34 万人次。

全市共有公立医院 26 家,社区卫生服务中心 36 个,社区卫生服务站 58 个,乡镇卫生院 94 个,农村牧区卫生室 717 个,疾病预防控制中心 9 个,妇幼保健机构 9 个, 卫生监督所 9 个。公立医院床位数 5952 张,乡镇卫生院床位数 1537 张。卫生技术人员 16695 人,其中注册医师 7227 人,注册护士 6236 人。

全市国家一级社会体育指导员 197 人,国家二级社会体育指导员356人。年内成功举办2项国内重要体育赛事，为京、冀、蒙、晋五省共同举办的第四届《越野e族"爱在马弦"库布其沙漠嘉年华暨A3沙漠挑战赛》和中国乒乓球俱乐部超级联赛。社区全民健身示范点47个，健身路径780 余套，全民健身体系日趋完善。

十二、城市建设和环境保护

全市建成区面积258.5平方公里，道路面积5725万平方米，供热面积8544.3万平方米。全市燃气普及率达83.9%，污水处理率达94.1%，生活垃圾无害化处理率为94.4%。全市建成区绿地率达38.9%，建成区绿化覆盖率达42.1%，人均公园绿地面积达33平方米。

节能减排取得新成效。大力实施节能减排重点工程，鼓励发展循环经济，严格控制高耗能项目，加快淘汰落后产能，初步核算我市单位GDP能耗同比下降4.6%，不但圆满完成自治区下达的节能降耗日标任务，而且能耗降幅创"十二五"以来最好成绩。

城市环境空气质量全年好于国家二级标准优良天数288天，污染64天，其中重度污染3天。全市二氧化硫均值为22ug/m^3，二氧化氮均值为26ug/m^3，分别同比下降18.5%和3.7%。可吸入颗粒物年平均浓度72ug/m^3，全市城镇集中式饮用水源地的水质达标率100%。城镇区域环境噪声等效声级均值为50.2分贝，道路交通噪声等效声级均值为63.5分贝。

全年共完成造林面积99.9千公顷，森林总面积2242.4千公顷，森林覆盖率为25.8%，退耕还林面积374.5千公顷。全市有自然保护区11个，其中国家级自然保护区2个，总面积达900.8千公顷。

十三、人民生活和社会保障

抽样调查资料显示，全体居民人均可支配收入28339元，同比增长9.5%；城镇常住居民人均可支配收入达到34983元，同比增长8.5%；农村牧区常住居民人均可支配收入为13439元，同比增长11.0%。全体居民人均消费性支出22442元，同比增长5.1%；城镇居民人均消费性支出25944元，同比增长4.3%；农牧民人均生活消费支出13432元，同比增长6.8%。城镇居民家庭食品消费支出占家庭消费总支出的比重为24.1%，农村为22.6%。城镇居民人均住房建筑面积38.2平方米，农牧民人均住房面积44.2平方米。每百户城镇居民拥有家用汽车68辆，较上年增加8辆；每百户农牧民拥有家用汽车42辆，较上年持平。

全市参加城镇职工基本养老保险26.7万人，参加城乡居民养老保险51.7万人，其中参加城镇养老保险2.6万人，参加农牧民养老保险49.1万人；参加新型农村牧区合作医疗保险93.6万人，参加生育保险32.2万人，参加工伤保险25.0万人，参加失业保险19.5万人。年内"城镇企业职工"每月人均养老金水平为2311元，"城镇居民"和"农牧民"每月人均领取待遇为555元和315元。

全市享受城市最低生活保障1.8万人，享受农村最低生活保障2.9万人。城镇最低生活保障标准提高到每人每年5940元，农村最低生活保障标准提高到每人每年4824元。全市各类收养性福利事业单位36家，床位3333张，收养各类人员1346人。社会福利企业8家，职工426人。

注：

1.本公报部分数据为初步统计数。

2.地区生产总值、增加值绝对数均按现价计算，增长速度按可比价格计算。

3. 规模以上工业企业是指年主营业务收入2000万元及以上的全部法人工业企业；限额以上批发零售企业是指年末从业人员20人以上，年主营业务收入2000万元及以上的批发企业和年末从业人员60人以上，年主营业务收入500万元及以上的零售企业。

4.城镇单位统计范围主要有国有经济、城镇集体经济、联营经济、股份制经济、外商和港、澳、台投资经济和其他经济单位，不包括乡镇企业、私营单位和个体户。

5.部分数据因四舍五入的原因，存在与分项合计不等的情况。

6.经济作物播种面积和农产品产量都为上报数。

附表 1:2014 年主要农畜产品产量

指　　标	单　位	2014 年	增长(%)
粮　食	万吨	149.6	-3.6
油　料	万吨	11.9	35.6
甜　菜	万吨	9.8	3.1
蔬　菜	万吨	42.3	11.2
绵羊毛产量	吨	12330	3.3
山羊绒产量	吨	2763	2.0

附表 2:2014 年规上工业主要产品产量

指　　标	单　位	2014 年	增长(%)
主要产品产量			
原　煤	亿吨	6.3	-
天然气	亿立方米	281	3.8
发电量	亿千瓦小时	700	4.3
汽　车	辆	59782	10.9
PVC	万吨	110.6	103.1
精甲醇	万吨	407.9	13.2
焦　炭	万吨	339.3	13.5
烧　碱	万吨	89.7	111.1
羊绒衫	万件	1256	3.6
铁合金	万吨	93.7	17.7
水　泥	万吨	486.4	-13.1
白　酒	千升	29857	-4.7

附表 3:2014 年房地产开发和销售主要指标

指　　标	单位数	2014 年	增长(%)
房地产开发投资	亿元	83.5	-39.3
#住宅	亿元	64.5	-36.3
商品房施工面积	万平方米	1915.0	-27.0
新开工面积	万平方米	148.4	-21.9
#住宅	万平方米	110.1	-6.0
商品房竣工面积	万平方米	142.6	-60.5
#住宅	万平方米	119.8	-54.4
商品房销售面积	万平方米	235.7	1.1

附表 4:2014 年固定资产投资分行业投资

单位:万元、%

指　　标	2014 年	增长
按国民经济行业分		
农、林、牧、渔业	973435	29.0
采矿业	6412891	16.4
制造业	15612270	19.8
电力、燃气及水的生产和供应业	2810525	11.7
建筑业	250204	168.5
交通运输、仓储和邮政业	1925971	-17.1
信息传输、计算机服务和软件业	482263	944.7
批发和零售业	170798	15.4
住宿和餐饮业	208534	-31.7
房地产业	1629543	-21.5
租赁和商务服务业	75233	-36.1
科学研究、技术服务和地质勘查业	75512	-36.1
水利、环境和公共设施管理业	2324420	45.3
居民服务和其他服务业	206871	285.2
教　育	120254	-57.1
卫生、社会保障和社会福利业	200866	74.1
文化、体育和娱乐业	376220	11.0
公共管理和社会组织	358417	-32.4

第二部分
统计数据

一、行政区划和自然资源

资料整理员：刘书嘉

太阳广场

1－1　全市行政区划(2014年)

单位:个

地区	办事处、镇、乡、苏木					社区(居委会)、村嘎查		
	合计	办事处	镇	乡	苏木	合计	社区居委会	村嘎查
全市	74	25	41	2	6	935	196	739
东胜区	18	15	3			120	86	34
达拉特旗	14	6	7		1	146	16	130
准格尔旗	13	4	6	2	1	182	23	159
鄂托克前旗	4		4			77	9	68
鄂托克旗	6		4		2	96	21	75
杭锦旗	6		5		1	88	12	76
乌审旗	6		5		1	72	13	59
伊金霍洛旗	7		7			154	16	138

1－2 街道办事处、镇、乡、苏木名称一览表（2014年）

地区	办事处、镇、乡、苏木个数(个)	街道办事处、镇、乡、苏木名称
全市合计	74	其中:街道办事处25个、镇政府41个、乡2个、苏木6个
东胜区	18	建设街街道办事处、公园路街道办事处、林荫路街道办事处、交通街街道办事处、天骄路街道办事处、富兴路街道办事处、哈巴格希街道办事处、诃额伦街道办事处、巴音门克街道办事处、兴胜街道办事处、纺织街道办事处、民族街道办事处、幸福街道办事处、青春山街道办事处、滨河街道办事处、罕台镇、铜川镇、泊尔江海子镇
达拉特旗	14	白塔街道办事处、锡尼街道办事处、工业街道办事处、昭君街道办事处、西园街道办事处、平原街道办事处、树林召镇、吉格斯太镇、王爱召镇、白泥井镇、昭君镇、恩格贝镇、中和西镇、展旦昭苏木
准格尔旗	13	蓝天街道办事处、友谊街道办事处、兴隆街道办事处、迎泽街道办事处、薛家湾镇、沙圪堵镇、龙口镇、纳日松镇、准格尔召镇、大路镇、十二连城乡、暖水乡、布尔陶亥苏木
鄂托克前旗	4	敖勒召其镇、上海庙镇、城川镇、昂素镇
鄂托克旗	6	乌兰镇、棋盘井镇、蒙西镇、木凯淖尔镇、苏米图苏木、阿尔巴斯苏木
杭锦旗	6	锡尼镇、巴拉贡镇、呼和木都镇、吉日嘎朗图镇、独贵塔拉镇、伊和乌素苏木
乌审旗	6	嘎鲁图镇、乌审召镇、图克镇、乌兰陶勒盖镇、无定河镇、苏力德苏木
伊金霍洛旗	7	阿勒腾席热镇、札萨克镇、乌兰木伦镇、纳林陶亥镇、苏布尔嘎镇、红庆河镇、伊金霍洛镇

1－3 人口和自然资源

指　　标	单　　位	2014
一、人口资源		
年末总人口	万人	203.49
年末全社会就业人员	万人	105.17
人口密度	人/平方公里	23.42
二、土地资源		
土地总面积	平方公里	86882
三、森林资源		
森林面积	千公顷	2242
森林覆盖率	%	25.87
年内造林面积	千公顷	95
# 人工造林	千公顷	82.90
四、草原资源		
草原面积	千公顷	6523
# 可利用面积	千公顷	5826
五、水利资源		
总供水量	百万立方米	1569.89
# 地表水源供水量	百万立方米	549.86
地下水源供水量	百万立方米	961.41
# 居民生活用水量	百万立方米	75.44
工业用水量	百万立方米	265.62
农业用水量	百万立方米	1173.45
城市环境用水量	百万立方米	55.39
六、矿产资源		
煤炭储量	亿吨	2017.51
芒硝矿储量	亿吨	34.01
石膏储量	亿吨	35.54
高岭土储量	万吨	711.70

1－4　分月气象情况(2014 年)

月　份	月降水量(0.1mm)	平均气温(℃)	最高气温(℃)	最低气温(℃)	平均风速(m/s)
1 月	0.0	−6.4	13.9	−20.1	2.2
2 月	5.0	−5.4	14.2	−22.7	2.0
3 月	0.1	4.0	22.1	−12.5	2.3
4 月	24.3	11.7	24.9	−2.6	2.3
5 月	20.5	16.3	32.5	−0.9	3.6
6 月	48.1	20.7	31.8	9.4	2.5
7 月	66.1	22.6	34.3	13.0	2.6
8 月	65.0	19.4	33.0	9.1	2.2
9 月	82.4	15.6	27.1	4.9	2.2
10 月	28.8	10.3	23.4	−1.0	2.4
11 月	1.0	0.1	12.3	−12.7	2.3
12 月	0.1	−8.7	5.3	−19.6	3.6

主要统计指标解释

行政区划　指国家对行政区划的划分。根据宪法规定,我国的行政区划分如下:(1)全国分为省、自治区、直辖市;(2)自治区分为自治州(盟)、县(旗)、自治县(旗)、市(3)自治州分为县、自治县、市;(4)旗县、自治县(旗)分为乡、民族乡、镇:(5)直辖市和较大的市分为区、县(旗);(6)国家在必要时设立特别行政区。

自然资源　指人类可以直接从自然界,并用于生产和生活的物质资源。自然资源一般可以分成可再生产资源和非再生资源两大类。可再生资源指在较短时间内可以再生、可以循环利用的资源,包括土地资源、水资源、气候资源、生物资源和海洋资源等。非再生资源指在使用后不能再生的资源,包括矿产资源和地热能源。

土地资源　土地指陆地的表层部分,它主要由岩石、岩石的风化物和土壤构成。土地资源按利用类型可以分为农用地、建筑用地和未利用地。农用地包括耕地、园地、林地、牧草地和水面。建筑用地包括居民点及工矿用地、交通用地和水利设施用地。未利用地指农用地和建筑用地以外的土地,包括滩涂、荒漠、戈壁、冰川和石山等。

耕地面积　指种植各种农作物的土地面积,包括灌溉水田、望天田、水浇地、旱地、菜地等。

森林资源　指森林、林木、林地以及依托森林、林木、林地生存的野生动物、植物和微生物。是集生的乔木及共同作用的植物、动物微生物和土壤、气候等的总体。

森林覆盖率　指一个国家或地区森林面积占土地面积的百分比。在计算森林覆盖率时,森林面积包括郁闭度0.2以上的乔木林地面积和竹林地面积,国家特别规定的灌木林地面积、农用林网以及四旁(村旁、路旁、水旁、宅旁)林木的覆盖面积。森林覆盖率是反映森林资源的丰富程度和生态平衡状况的重要指标。计算公式为:

森林覆盖率(%)= 森林面积 / 土地总面积 *100%

水资源　水在自然界中以固体、液体和气体三种聚集状态存在,分布于海洋、陆地(包括土壤)以及大气之中,通过水循环形成水资源。水资源包括经人类控制并直接可供灌溉、发电、给水、航运、养殖等用途的地表水和地下水,以及江河、湖泊、井、潮汐、港湾和养殖水域等。水资源是发展国民经济不可缺少的重要自然资源。

地表水和地下水:陆地上的水因空间分布不同,可以分为地表水和地下水指分别在于河流、湖泊、沼泽、冰川和冰盖等水体中水的总称,又称陆地水。地下水指储存地面以下饱和岩土孔隙、裂隙及溶洞中的水。

矿产资源　矿产指由地质作用形成,富集于地壳中或出露于地表达到工农业利用要求的有用矿物。矿产是一种重要的自然资源,是社会发展的重要物质基础。从某种意义上讲,个国家对矿产资源的开发利用的广度和深度,可以作为这个国家经济发展水平的标志。

矿产保有储量　指探明的矿产储量(包括工业储量和远景储量),扣除已开采部分和在下损失量后的年末实有储量,是反映国家矿产资源现状的重要指标。

气　温　指空气的温度,我国一般以摄氏度(C)为单位表示。气象观测的温度表是放在离地面约1.5米处通风良好百叶箱里测量的。因此,通常说气温指的是离地面1.5米处百叶箱的温度。其统计计算方法为:

月平均气温是将全月各日的平均气温相加,除以该月的天数而得。

年平均气温是将12个月的月平均气温累加后除以12而得。

相对温度　指空气中实际水气压与当时气温下的饱合水气压之比。其统计方法与气温相同。

降水量　指从天气降落到地面的液态固态(经融化后)水,未经蒸发、渗透、流失而在地面上积聚的深度。其统计计算方法为:

月降水量是将全月各日的降水量累加而得。

年降水量是将12个月的月降水量累加而得。

二、综合

资料整理员：刘书嘉　郝东娜

草原情公园

2-1 按行业大类分组汇总单位数(2014 年)

指　　标	法人单位				产业活动单位	
	单位数(个)	单产业法人	多产业法人	# 规模、资质或限额以上单位	单位数(个)	# 多产业法人所属产业活动单位
总　计	25463	24505	958	1357	28963	4458
农、林、牧、渔业	3276	3264	12		3334	70
农　业	1008	1006	2		1015	9
林　业	178	177	1		187	10
畜牧业	1047	1042	5		1052	10
渔　业	70	69	1		73	4
农、林、牧、渔服务业	973	970	3		1007	37
采矿业	1028	990	38	205	1110	120
煤炭开采和洗选业	458	423	35	195	527	104
石油和天然气开采业	30	30		2	35	5
黑色金属矿采选业	31	31			32	1
非金属矿采选业	491	489	2	8	498	9
其他采矿业	18	17	1		18	1
制造业	2137	2085	52	184	2191	106
农副食品加工业	78	76	2	5	80	4
食品制造业	108	103	5	6	110	7
饮料制造业	63	60	3	4	64	4
纺织业	133	126	7	12	135	9
纺织服装、鞋、帽制造业	67	65	2	3	68	3
皮革、毛皮、羽毛(绒)及其制品业	16	16			16	

2－1 续表1

指　　标	法人单位				产业活动单位	
	单位数（个）	单产业法人	多产业法人	#规模、资质或限额以上单位	单位数（个）	#多产业法人所属产业活动单位
木材加工及木、竹、藤、棕、草制品业	34	31	3	1	36	5
家具制造业	14	14		1	14	
造纸及纸制品业	7	7			7	
印刷业和记录媒介的复制	30	30		2	31	1
文教体育用品制造业	9	9			10	1
石油加工、炼焦及核燃料加工业	46	43	3	11	47	4
化学原料及化学制品制造业	197	193	4	68	205	12
医药制造业	18	16	2	5	20	4
橡胶制品业	2	2			2	
塑料制品业	60	59	1	5	61	2
非金属矿物制品业	772	758	14	26	790	32
黑色金属冶炼及压延加工业	25	24	1	4	25	1
有色金属冶炼及压延加工业	28	28		4	29	1
金属制品业	108	107	1	6	109	2
通用设备制造业	36	36		2	36	
专用设备制造业	80	80		5	80	
交通运输设备制造业	36	36		9	36	
电气机械及器材制造业	29	26	3	3	30	4
通信设备、计算机及其他电子设备制造业	11	11		1	11	
工艺品及其他制造业	67	67			72	5
废弃资源和废旧材料回收加工业	63	62	1	1	67	5

2－1 续表 2

指标	法人单位				产业活动单位	
	单位数（个）	单产业法人	多产业法人	# 规模、资质或限额以上单位	单位数（个）	# 多产业法人所属产业活动单位
电力、燃气及水的生产和供应业	317	298	19	54	465	167
电力、热力的生产和供应业	147	138	9	37	236	98
燃气生产和供应业	66	64	2	11	68	4
水的生产和供应业	104	96	8	6	161	65
建筑业	899	855	44	228	979	124
房屋和土木工程建筑业	171	154	17	88	203	49
建筑安装业	267	252	15	85	288	36
建筑装饰业	107	105	2	10	115	10
其他建筑业	354	344	10	45	373	29
交通运输、仓储和邮政业	907	859	48		1142	283
铁路运输业	23	20	3		27	7
道路运输业	666	636	30		776	140
城市公共交通业	1	1			2	1
水上运输业	5	5			5	
航空运输业	1	1			1	
装卸搬运和其他运输服务业	88	88			91	3
仓储业	61	58	3		79	21
邮政业	62	50	12		161	111
信息传输、计算机服务和软件业	197	191	6		360	169
电信和其他信息传输服务业	45	40	5		193	153
计算机服务业	43	42	1		54	12
软件业	109	109			113	4

2－1 续表3

指　　标	法人单位				产业活动单位	
	单位数（个）	单产业法人	多产业法人	# 规模、资质或限额以上单位	单位数（个）	# 多产业法人所属产业活动单位
批发和零售业	7100	6961	139	249	7633	672
批发业	3316	3263	53	32	3447	184
零售业	3784	3698	86	217	4186	488
住宿和餐饮业	572	554	18	141	633	79
住宿业	184	180	4	32	205	25
餐饮业	388	374	14	109	428	54
金融业	307	256	51		893	637
银行业	188	158	30		626	468
证券业	36	35	1		37	2
保险业	58	38	20		197	159
其他金融活动	25	25			33	8
房地产业	965	884	81	296	1084	200
房地产业	965	884	81	296	1084	200
租赁和商务服务业	1611	1575	36		1682	107
租赁业	209	205	4		212	7
商务服务业	1402	1370	32		1470	100
科学研究、技术服务和地质勘查业	612	593	19		703	110
研究与试验发展	50	49	1		53	4
专业技术服务业	381	367	14		435	68
科技交流和推广服务业	136	133	3		154	21
地质勘查业	45	44	1		61	17

2－1 续表4

指 标	法人单位				产业活动单位	
	单位数（个）	单产业法人	多产业法人	# 规模、资质或限额以上单位	单位数（个）	# 多产业法人所属产业活动单位
水利、环境和公共设施管理业	467	447	20		524	77
水利管理业	72	68	4		80	12
环境管理业	47	46	1		50	4
公共设施管理业	348	333	15		394	61
居民服务和其他服务业	695	688	7		718	30
居民服务业	214	212	2		228	16
其他服务业	481	476	5		490	14
教 育	624	612	12		633	21
教 育	624	612	12		633	21
卫生、社会保障和社会福利业	382	378	4		494	116
卫 生	304	300	4		393	93
社会保障业	62	62			78	16
社会福利业	16	16			23	7
文化、体育和娱乐业	316	310	6		358	48
新闻出版业	9	9			10	1
广播、电视、电影和音像业	32	31	1		37	6
文化艺术业	129	129			154	25
体 育	17	17			19	2
娱乐业	129	124	5		138	14
公共管理和社会组织	3051	2705	346		4027	1322
中国共产党机关	39	28	11		72	44
国家机构	1178	920	258		2083	1163
人民政协和民主党派	7	6	1		11	5
群众团体、社会团体和宗教组织	852	846	6		885	39
基层群众自治组织	975	905	70		976	71

2－2 平均每天主要社会经济活动

指　　标	1990	1995	2000	2005	2006	2009	2010	2011	2012	2013	2014
全市每天创造的财富											
地区生产总值(当年价格,万元)	407	1363	4112	16297	22535	59205	72417	88179	100186	108380	111109
第一产业	195	465	672	1113	1180	1661	1940	2278	2470	2671	2728
第二产业	104	540	2300	8560	12045	34534	42505	52978	60634	64913	64555
工　业	75	437	2106	7370	10073	31017	38113	47207	54019	57795	57366
建筑业	28	104	194	1190	1972	3517	4392	5771	6615	7117	7447
第三产业	109	358	1140	6623	9309	23011	27972	32923	37083	40796	43826
公共财政预算收入	35	82	277	1264	2254	4439	6550	9484	10288	12055	11783
主要工农业产品产量											
粮　食(吨)	1272	1870	1828	3219	3348	3740	3863	3905	3974	4249	4099
油　料(吨)	104	154	321	216	171	188	191	207	215	246	282
肉　类(吨)	124	172	244	443	484	382	404	408	411	404	432
原　煤(万吨)	2	5	7	42	48	93	123	161	175	172	173
发电量(万千瓦时)	22	396	2480	6373	7535	11937	13356	15272	15619	18923	20099
烧　碱(吨)	32	96	74	61	37	686	1003	909	902	1163	2457
氮　肥(折100%.吨)	19	50	21	54	53	3285	1586	1859	1700	1465	1343
水　泥(吨)	105	509	3452	10019	12212	23375	22573	26680	16704	17992	13327

2－2 续表

指　　标	1990	1995	2000	2005	2006	2009	2010	2011	2012	2013	2014
羊绒衫(件)	0.05	0.46	0.96	2.20	2.34	1.42	3.22	3.73	2.77	3.26	3.44
原　盐(吨)	82	123	142	253	146	207	46	146	-	28	27
每天人口变动与婚姻											
出生人口(人)	66	44	45	47	40	58	80	53	64	62	64
死亡人口(人)	24	17	24	24	10	16	27	17	54	21	22
人口自然增长(人)	42	27	21	23	30	43	53	36	10	41	42
结　婚(对)		27	23	32	33	42	40	40	40	34	31
离　婚(对)		1	1	3	5	6	6	8	8	8	10
全市每天其他活动											
社会消费品零售额(万元)	247	744	1526	4156	5005	8580	10197	12055	13737	15172	16698
全社会固定资产投资额(万元)	220	1210	1368	11060	16895	42946	52011	61464	70427	82083	93768
公路客运量(万人)	1	1	2	5	6	5	6	6	7	8	3
公路货运量(万吨)	1	3	9	43	58	51	64	83	97	110	47
每日净增加储蓄余额(万元)	39	123	201	1173	1018	3845	3330	5325	6876	4047	34752

注:出生人口和死亡人口为公安户籍口径。

2-3 社会经济主要指标人均水平

指　　标	1985	1990	1995	2000	2005	2006	2009	2010	2011	2012	2013	2014
地区生产总值(当年价格,元)	526	1245	3992	11505	37774	50582	117274	138109	163012	182680	196723	200152
公共财政预算收入(元)	31	107	240	1130	2967	5059	8794	12490	17533	18757	21800	19902
农牧业生产												
粮食产量(公斤)	218	389	548	512	746	752	741	737	722	725	771	738
油料产量(公斤)	25	32	45	90	50	38	37	36	38	39	44	51
甜菜产量(公斤)	127	118	158	66	89	73	46	45	53	54	47	48
年末大牲畜(头)	0.28	0.22	0.19	0.17	0.20	0.24	0.13	0.13	0.13	0.13	0.13	0.13
年末羊(只)	3.90	3.68	3.45	2.70	4.52	4.99	4.03	3.97	3.51	3.41	3.43	3.43
年末生猪(头)	0.25	0.26	0.40	0.34	0.32	0.31	0.23	0.22	0.22	0.22	0.21	0.21
猪、牛、羊肉产量(公斤)	25.35	37.13	49.36	65.54	100.46	106.45	73.70	75.19	73.68	73.40	77.34	75.51
山羊绒产量(公斤)	0.43	0.37	0.52	0.43	1.09	1.07	0.98	1.37	1.34	1.27	1.35	1.32

2－3 续表

指　标	1985	1990	1995	2000	2005	2006	2009	2010	2011	2012	2013	2014
工业产品产量												
原　煤(吨)	2	5	16	21	103	97	158	184	298	319	313	311
原　盐(吨)	0.01	0.02	0.04	0.04	0.06	0.06	0.01	0.04	0.03	－	0.01	4.84
发电量(千瓦小时)	47	66	1161	6939	14771	16913	23644	25472	28233	28480	34348	36206
烧　碱(吨)	0.01	0.01	0.03	0.02	0.01	0.01	0.14	0.19	0.17	0.16	0.21	0.44
羊绒衫(件)	0.2	0.15	1.35	2.7	5.10	5.29	2.81	6.14	6.89	5.05	5.91	6.20
水　泥(吨)	0.02	0.03	0.15	0.97	2.32	2.74	4.63	4.30	4.93	3.05	3.27	2.40
在岗职工平均工资(元)	1057	1809	4406	7951	21628	27074	44205	53015	59306	66892	68231	69955
城镇居民人均可支配收入(元)	541	1032	2926	5502	11025	13002	21883	25205	29283	33140	36132	34983
农牧民人均纯收入(元)	357	600	1251	2453	4601	5308	7803	8756	10047	11416	12800	13439
城乡居民储蓄存款余额(元)	107	407	1657	4110	10293	12253	25224	30637	39541	51539	58650	62602
社会消费品零售额(元)	343	754	2180	4269	9709	11413	16994	19447	22285	25048	27541	30080
固定资产投资总额(元)	190	672	3544	3826	25636	37923	85067	99192	113626	128416	148990	168914

注：人均指标2005年(包括2005年)以后按常住人口计算。

2－4 国民经济和社会

指　　标	总量指标								
	1985	1990	1995	2000	2005	2009	2010	2011	2012
人口和从业人员									
年末户籍总人口	113.38	120.40	125.28	131.25	137.86	149.48	152.38	154.18	152.08
按非农业和农业分									
非农业人口	15.56	22.00	28.15	38.09	45.00	47.54	48.35	48.87	47.99
农业人口	97.82	98.40	97.13	93.16	92.86	101.94	104.03	105.31	104.09
社会从业人员(万人)	52.42	58.65	65.43	72.37	83.95	93.10	98.01	102.15	102.39
按三次产业分									
第一产业	39.21	41.10	42.05	43.42	31.93	29.10	27.19	26.66	26.42
第二产业	4.88	6.70	10.39	12.52	21.09	25.40	28.26	31.46	31.03
第三产业	8.33	10.85	12.99	16.43	30.93	38.60	42.56	44.03	44.95
按职工和非职工分									
#职工	10.00	13.20	16.54	13.05	13.93	15.69	16.89	19.57	22.02
#国有单位	8.23	11.08	13.64	9.74	8.86	10.41	11.18	12.51	14.09
农村从业人员	41.71	44.65	47.15	52.81	42.08	38.22	34.61	38.05	39.14
国民经济核算(当年价,万元)									
地区生产总值	59211	148678	497404	1500922	5948300	21610000	26432300	32185400	36568006
第一产业	28851	71248	169560	245272	406400	606100	708100	831600	901374
第二产业	14605	37809	197221	839396	3124500	12604900	15514400	19336800	22131321
第三产业	15755	39621	130623	416254	2417400	8399000	10209800	12017000	13535311

发展总量与速度指标

2013	2014	速度指标						
		发展速度（2014年比2013年）	平均增长速度(%)					
			1986–1990	1991–1995	1996–2000	2001–2005	2006–2010	2011–2014
154.34	155.90	101.0	1.2	0.8	0.9	1.0	2.0	0.6
48.85	49.48	101.3	7.2	5.1	6.2	3.4	1.4	0.6
105.49	106.42	100.9	0.1	–0.3	–0.8	–0.1	2.3	0.6
103.08	105.17	102.0	2.3	2.2	2.0	3.0	3.1	1.8
26.65	27.31	102.5	0.9	0.5	0.6	–6.0	–3.2	0.1
31.10	30.91	99.4	6.5	9.2	3.8	11.0	6.0	2.3
45.33	46.96	103.6	5.4	3.7	4.8	13.5	6.6	2.5
30.45	30.71	100.9	5.7	4.6	–4.6	1.3	3.9	16.1
15.44	14.90	96.5	6.1	4.2	–6.5	–1.9	4.8	7.4
39.29	41.32	105.2	1.4	1.1	2.3	–4.4	–3.8	4.5
39559000	40554873	108.0	10.6	16.9	20.3	24.8	23.4	11.4
975000	995892	104.1	7.2	5.1	3.2	9.4	5.1	4.0
23693300	23562626	109.9	6.1	29.3	28.5	25.0	24.6	13.3
14890700	15996355	105.1	19.3	18.4	19.8	30.7	24.0	8.7

指　　标	总量指标								
	1985	1990	1995	2000	2005	2009	2010	2011	2012
固定资产(万元)									
全社会固定资产投资	21334	80244	441614	499192	4036867	15675329	18983954	22434230	25705760
#国有经济单位(万元)	11969	69717	386721	237942	1556487	6811567	7499337	7232621	8581999
城镇集体经济单位(万元)	310	312	810	2120	8312	3662	2940	24456	7858
财政(万元)									
公共财政预算收入	3530	12793	29889	100955	461208	1620408	2390774	3461762	3755121
公共财政预算支出	16754	31666	58587	161036	652654	2316345	3187910	4466232	4832535
农牧业									
乡村从业人员(万人)	41.71	44.65	47.15	52.81	42.08	38.22	34.61	38.05	39.14
农林牧渔业增加值(当年价,亿元)	2.89	7.12	16.96	24.53	40.64	60.61	70.81	83.16	90.14
农　业	1.32	3.00	8.60	11.51	21.20	30.04	35.43	40.90	46.06
林　业	0.61	0.68	0.97	1.83	1.83	3.75	4.1	4.68	4.58
牧　业	0.94	3.40	7.18	10.82	16.55	25.03	29.28	35.08	36.74
渔　业	0.01	0.04	0.20	0.37	0.36	0.53	0.67	0.98	1.10
主要农作物产量(万吨)									
粮　食	24.57	46.43	68.26	66.73	117.50	136.51	141.00	142.53	145.04
油　料	2.76	3.78	5.60	11.71	7.89	6.86	6.96	7.55	7.83
甜　菜	14.26	14.05	19.69	8.66	14.01	8.39	8.62	10.49	10.77

续表 1

		速度指标						
2013	2014	发展速度（2014年比2013年）	平均增长速度（%）					
			1986–1990	1991–1995	1996–2000	2001–2005	2006–2010	2011–2014
29960428	34225280	114.2	30.3	40.6	2.5	51.9	36.3	15.9
10025794	12310492	122.8	42.3	40.9	–9.3	45.6	37.0	13.2
2493	6313	253.2	0.1	21.0	21.2	31.4	–18.8	21.1
4400151	4300782	97.7	29.4	18.5	27.6	35.5	39.0	15.8
5184663	5417523	104.5	13.6	13.1	22.4	32.3	37.3	14.2
39.52	41.32	104.6	1.4	1.1	2.3	–4.4	–3.8	4.5
97.50	101.51	104.1	19.8	19.0	7.7	10.6	11.7	9.4
49.33	52.94	107.3	17.8	23.4	6.0	13.0	10.8	10.6
4.56	4.93	108.1	2.2	7.4	13.5		17.5	4.7
40.46	40.20	99.4	29.3	16.1	8.5	8.9	12.1	8.2
1.34	1.53	114.2	32.0	38.0	13.1	–0.5	13.2	22.9
155.10	149.60	96.5	13.6	8.0	–0.5	12.0	3.7	1.5
8.75	10.29	117.6	6.5	8.2	15.9	–7.6	–2.5	10.3
9.46	9.80	103.6	–0.3	7.0	–15.1	10.1	–9.3	3.3

指　　标	总量指标								
	1985	1990	1995	2000	2005	2009	2010	2011	2012
猪、牛、羊肉产量(万吨)	2.85	4.43	6.15	8.55	15.82	13.58	14.39	14.55	14.69
山羊绒(吨)	486	441	649	559	1723	1808	2620	2654	2549
水产品产量(吨)	335	1403	2719	4340	5933	8950	9800	11724	14387
工　业									
主要工业产品产量									
原煤(万吨)	261.70	610.61	1969.75	2678.91	15252.72	33840.0	44934.20	58793.75	63937.90
原盐(万吨)	1.45	2.98	4.48	5.19	9.25	7.56	1.69	5.33	-
发电量(亿千瓦小时)	0.53	0.79	14.47	90.53	232.60	435.69	487.50	557.44	570.11
烧碱(100%,万吨)	0.59	1.17	3.49	2.71	2.24	25.06	36.61	33.16	32.92
羊绒衫(万件)	22.43	18.35	167.80	405.90	803.17	516.88	1174.30	1360.21	1010.51
建筑业									
建筑业总产值(万元)	2175	9484	22677	134155	684870	2162026	2758006	4108635	4350358
施工房屋面积(万平方米)	15.91	24.96	42.54	158.10	341.02	691.91	957.63	1684.92	1140.64
竣工房屋面积(万平方米)	9.01	15.10	25.72	104.50	215.66	394.12	650.95	555.89	490.12
交通运输									
公路客运量(万人)	257	300	254	861	2001	1948	2095	2305	2423
公路货运量(万吨)	201	353	1093	3319	15800	18604	23450	30356	35258
公路旅客周转量(万人公里)	23001	25245	17433	71280	148935	270381	289554	318700	335066
公路货物周转量(万吨公里)	17564	35998	84069	250560	1203277	3494511	4367811	5680800	6877146

续 表 2

2013	2014	速度指标						
		发展速度（2014年比2013年）	平均增长速度(%)					
			1986–1990	1991–1995	1996–2000	2001–2005	2006–2010	2011–2014
15.55	15.30	98.4	9.2	6.8	6.8	13.1	–1.9	1.5
2710	2678	98.8	–1.9	8.0	–2.9	25.2	8.7	0.5
15573	15776	101.3	33.2	14.1	9.8	6.5	10.6	12.6
63000	63000	100.0	18.5	26.4	6.3	41.6	24.1	8.8
1.02	0.98	96.1	15.5	8.5	3.0	12.3	–28.8	–12.7
690.70	733.60	106.2	8.3	78.9	44.3	20.8	16.0	10.8
42.47	89.67	211.1	14.6	24.5	–4.9	–3.7	74.8	25.1
1189.05	1255.70	105.6	8.3	55.7	19.3	14.6	7.9	1.7
4718022	3633000	77.0	34.2	19.0	42.7	38.5	32.1	7.1
2622.65	1914.96	73.0	9.4	11.3	30.0	16.6	22.9	18.9
361.41	323.77	89.6	10.9	11.2	32.4	15.6	24.7	–16.0
1305	1063	81.5	3.1	–3.3	27.7	18.4	0.9	–15.6
13328	16996	127.5	11.9	25.4	24.9	36.6	8.2	–7.7
240971	209720	87.0	1.9	–7.1	32.5	15.9	14.2	–7.7
1808106	1944995	107.6	15.4	18.5	24.4	36.9	29.4	–18.3

指　　标	总量指标								
	1985	1990	1995	2000	2005	2009	2010	2011	2012
邮电通信业									
报刊累计份数(万份)				2453	2163	2408	2414	2702	2257
固定电话用户(万户)	0.49	0.97	3.54	12.37	23.60	26.81	24.49	25.03	25.04
移动电话用户(万户)				8.83	76.01	235.29	296.22	299.43	301.24
国内商业									
社会消费品零售总额(万元)	38610	90080	271601	556934	1528822	3131525	3721770	4399977	5013886
对外经济贸易									
进出口总额(万美元)		1093	8163	18354	58332	44768	43068	61500	42260
出口总额		1093	6723	17202	55087	22298	31668	31026	22903
进口总额			1440	1152	3245	22470	11400	30474	19357
旅　游									
旅游人数(万人)					310	548	444.8	506.3	592.91
入境旅游人数(万人)		0.12	0.47	0.66	1.10	1.68	2.23	3.15	3.43
旅游总收入(亿元)					18.6	59.3	76.1	95.02	125.39
旅游外汇收入(万美元)					354	1078	1155.3	1686.8	1912
金融保险									
金融机构各项存款(万元)	21019	74930	292183	775576	3059224	13491676	17608770	20215390	21949177
金融机构各项贷款(万元)	41926	143161	722482	939224	2755548	12056728	15854036	19613277	22181093
保险公司保费收入(万元)	200	1180	5325	17284	64123	222068	310794	370777	340408
教育科技									
在校学生数									
小学(人)	148242	143224	141073	114255	96361	106324	103193	106216	107485
普通中学(人)	48106	57557	60212	66832	97769	98420	96350	98260	86985
中等专业学校(人)	3333	5240	3755	5384	7991	10827	14588	10734	8822

续 表 3

2013	2014	速度指标						
		发展速度（2014年比2013年）	平均增长速度(%)					
			1986–1990	1991–1995	1996–2000	2001–2005	2006–2010	2011–2014
2374	2474	104.2				–2.5	2.2	0.6
23.34	22.43	96.1	14.9	29.4	28.5	13.8	0.7	–2.2
306.21	249.82	81.6				53.8	31.3	–4.2
5538138	6094847	110.1	18.5	24.7	15.4	22.4	19.5	13.1
113600	72200	63.6		49.5	17.6	26.0	–5.9	13.8
34578	47500	137.4		43.8	20.7	26.2	–10.5	10.7
79100	24700	31.2			–4.4	23.0	28.6	21.3
650.70	751.20	115.4					7.5	14.0
3.10	3.11	100.3		31.4	7.0	10.8	15.2	8.7
152.40	197.10	129.3					32.5	26.9
2139	2507	117.2					26.7	21.4
23256906	24942640	107.2	28.9	31.3	21.6	31.6	41.9	9.1
23685646	25887252	109.3	27.8	38.2	5.4	24.0	41.9	13.0
323700	339612	104.9	42.6	35.2	26.6	30.0	37.1	2.2
111939	116065	103.7	–0.7	–0.3	–4.1	–3.3	1.4	3.0
85301	83748	98.2	3.7	0.9	2.1	7.9	–0.3	–3.4
8620	8059	93.5	9.5	–6.4	7.5	8.2	12.8	–13.8

指　标	总量指标								
	1985	1990	1995	2000	2005	2009	2010	2011	2012
县以上部门属科研开发机构基本情况									
机构数(个)	8	8	8	9	9	9	9	9	8
职工人数(人)	726	826	1194	420	456	307	314	340	378
经费支出总额(万元)	721	4967	6694	1713	2603	3857	7091	10325	89435
生　活									
城镇居民人均可支配收入(元)	541	1153	2926	5502	11025	21883	25205	29283	33140
农牧民人均纯收入(元)	357	600	1251	2453	4601	7803	8756	10047	11416
城乡居民储蓄存款(万元)	12080	48604	206482	536252	1620865	4647989	5863378	7807046	10316735.75
工　资									
在岗职工工资总额(万元)	10019	22915	71651	103229	304053	687991	895475	1160473	1476596
# 国有经济单位	8587	20134	62828	80162	190074	487944	631500	793917	984166
在岗职工平均工资(元)	1057	1809	4406	7951	21628	44205	53015	59306	66892
卫　生									
医院、卫生院数(个)	157	155	156	149	132	135	156	158	170
床位数(张)	2646	3042	3315	4025	4613	9260	7287	7191	8669
医生数(人)	2044	2464	2910	3515	3043	4635	5479	6031	6427

续 表 4

2013	2014	速度指标 发展速度(2014年比2013年)	平均增长速度(%) 1986–1990	1991–1995	1996–2000	2001–2005	2006–2010	2011–2014
8	8	100.0			2.4			–2.9
378	452	119.6	2.6	7.6	–18.9	1.7	–7.2	9.5
9234	11064	119.8	47.1	6.1	–23.9	8.7	22.2	11.8
37564	34983	93.1	16.3	20.5	13.5	14.9	18.0	8.5
12800	13439	105.0	10.9	15.8	14.4	13.4	13.7	11.3
11793909	12684487	107.6	32.1	33.5	21.0	24.8	29.3	21.3
2113100	2148095	101.7	18.0	25.6	7.6	24.1	24.1	24.5
1163071	1114187	95.8	18.6	25.6	5.0	18.8	27.1	15.3
68231	69955	102.5	11.3	19.5	12.5	22.2	19.6	7.2
175	176	100.6	–0.3	0.1	–0.9	–2.4	3.4	3.1
9872	9810	99.4	2.8	1.7	4.0	2.8	9.6	7.7
6893	7227	104.8	3.8	3.4	3.8	–2.8	12.5	7.2

2－5 国民经济主要比例关系

单位：%

指　　标	1985	1990	1995	2000	2005	2006	2009	2010	2011	2012	2013	2014
生产总值中三次产业比例												
第一产业	48.73	47.92	34.09	16.34	6.83	5.39	2.80	2.68	2.58	2.46	2.46	2.39
第二产业	24.67	25.43	39.65	55.93	52.53	54.95	58.33	58.69	60.08	60.52	59.89	59.18
第三产业	26.60	26.65	26.26	27.73	40.64	39.66	38.87	38.63	37.34	37.01	37.64	38.43
社会从业人员中三次产业比例												
第一产业	74.80	70.08	64.27	60.00	38.03	36.12	31.26	27.74	26.10	25.80	25.86	25.96
第二产业	9.31	11.42	15.88	17.29	25.12	26.18	27.28	28.83	30.80	30.30	30.17	29.39
第三产业	15.89	18.5	19.85	22.71	36.85	37.7	41.46	43.42	43.10	43.90	43.97	44.65
农业总产值中农林牧渔业比例												
农　业	44.00	50.69	51.43	49.17	46.77	47.73	44.85	45.39	44.56	51.10	45.68	47.36
林　业	15.19	9.11	4.53	5.9	3.81	4.09	5.23	4.88	4.73	5.08	4.01	4.17
牧　业	40.63	39.39	43.16	43.83	46.90	45.51	47.08	47.00	47.86	40.76	47.26	45.24
渔　业	0.18	0.81	0.88	1.10	0.77	0.87	0.77	0.83	1.04	1.23	1.22	1.34
农林牧渔服务业					1.75	1.80	2.07	1.89	1.81	1.84	1.84	1.89
工业总产值中轻重工业比例												
轻工业	64.95	60.44	38.88	38.35	15.71	14.69	6.84	7.48	5.67	4.96	5.51	4.90
重工业	35.05	39.56	61.12	61.65	84.29	85.31	93.16	92.52	94.33	95.04	94.49	95.10
财政收入占生产总值比例	5.96	8.60	6.01	6.73	7.75	10.00	7.50	9.04	10.76	10.27	11.41	10.63
文教卫生科学事业费占财政支出比例	28.64	29.66	32.07	19.79	14.21	12.10	22.84	24.48	21.79	21.19	21.24	21.34

注：本表按当年价格计算。

主要统计指标解释

当年价格　指报告期的实际价格,如工厂的出厂价格,商业的零售价格等。按当年价格计算,是指一些货币表现的实物量指标,如社会总产值、国民收入、国民生产总值等,按照当年的实际价格来计算总量。使用当年价格计算的数字,是为了使国民经济各项指标相互衔接,便于考虑当年效益,便于对生产和流通、生产和分配、生产和消费进行经济核算和综合平衡。

按当年价格计算的价值指标,在不同年份之间进行对比时,因为包含有各年价格变动的因素,不能确实的反映实物量的增减变动。必须消除价格变动的因素后,才能真实反映经济发展动态。因此,在计算增长速度时都使用按可比价格计算的数字。

不变价格　用某一时期的同类产品的平均价格作为固定价格,来计算各个时期的产品价格。新中国成立后,随着工农业产品价格水平的变化,国家统计局先后五次制定了全国统一的工业品不变价格和农产品不变价格,从1949年到1957年使用1952年工(农)业产品不变价格,从1957年到1971年使用1957年不变价格。从1971年到1981年使用1970年不变价格,从1981年到1990年使用1980年不变价格。从1990年开始使用1990年不变价格。

可比价格　指在不同时期的价值指标对比时,扣除了价格变动的因素,以确切表示物量的变化。按可比价格计算有两种方法:一种是直接按产品产量乘其不变价格计算:一种是物价指数换算。

平均每年增长速度　在我国计算平均增长速度有两种方法,一种是习惯上经常使用的“水平法”,又称几何平均法,是以间隔期最后一年的水平同基期水平对比来计算平均每年增长(或下降)速度。另一种是“累计法”,又称代数平均法或方程法,是以间隔期内各年水平的总和同基期水平对比来计算平均每年增长(或下降)速度。

在一般正常情况两种方法计算的平均每年增长速度比较接近,但在经济发展不平衡,出现大起大落时,两种方法计算的结果差别较大。

三、国民经济核算

资料整理员：赵利兵

图书馆

3－1 主要年份地区生产总值

单位：万元

年 份	合 计	第一产业	第二产业			第三产业	人均地区生产总值（元）
			小 计	工 业	建筑业		
1965	16802	7552	4767	3337	1430	4483	230
1970	23737	10670	6734	4714	2020	6333	285
1975	30787	13839	8734	6114	2620	8214	322
1978	34633	15568	9825	6877	2948	9240	344
1980	34191	15369	9700	6790	2910	9122	330
1981	35467	15942	10062	7043	3019	9463	337
1982	42013	18885	11919	8343	3576	11209	393
1983	41386	18603	11741	8219	3522	11042	382
1984	48936	21997	13883	9718	4165	13056	444
1985	59211	28851	14605	10223	4382	15755	526
1986	69049	31292	19260	13482	5778	18497	605
1987	83372	34737	24369	17060	7309	24266	718
1988	120385	54192	35241	26485	8756	30952	1026
1989	140510	61235	42761	35317	7444	36514	1193
1990	148678	71248	37809	27505	10304	39621	1245
1991	177461	70041	69175	39143	30032	38245	1465
1992	206843	76513	74806	45831	28975	55524	1691
1993	258566	82383	98789	49772	49017	77394	2016
1994	368592	140693	122694	87084	35611	105205	2987
1995	497404	169560	197221	159392	37829	130623	3992
1996	641471	196572	291379	259618	31761	153520	5091
1997	792246	218507	373600	341531	32068	200139	6293
1998	1002603	240050	493825	451522	42303	268728	7875
1999	1181153	221087	627391	573636	53756	332675	9165
2000	1500922	245272	839396	768738	70658	416254	11505
2001	1718362	243751	954425	875791	78634	520186	13014
2002	2047691	281131	1103026	1017219	85808	663534	15324
2003	2784642	331111	1417312	1267441	149871	1036219	20596
2004	3959644	367218	1965051	1693167	271884	1627375	25961
2005	5948300	406400	3124500	2690100	434400	2417400	37774
2006	8225100	430800	4396400	3676800	719600	3397900	50582
2007	11731600	477800	6331000	5350500	980500	4922800	69744
2008	16902000	576500	9445500	8439000	1006500	6880000	95933
2009	21610000	606100	12604900	11321100	1283800	8399000	117274
2010	26432300	708100	15514400	13911300	1603100	10209800	138109
2011	32185400	831600	19336800	17230500	2106300	12017000	163012
2012	36568006	901374	22131321	19716821	2414500	13535311	182680
2013	38558960	956886	22605281	20095299	2597982	14996812	191755
2014	40554873	995892	23562626	20938507	2718000	15996355	200152

注：2012年及以前年度三次产业分类按照《国民经济行业分类》(GB/T4752-2002)。
2013、2014年三次产业分类按照《国民经济行业分类》(GB/T4754-2011)。

3－2 主要年份地区生产总值构成

单位：%

年 份	合 计	第一产业	第二产业			第三产业
			小 计	工 业	建筑业	
1965	100	44.95	28.37	19.86	8.51	26.68
1970	100	44.95	28.37	19.86	8.51	26.68
1975	100	44.95	28.37	19.86	8.51	26.68
1978	100	44.95	28.37	19.86	8.51	26.68
1980	100	44.95	28.37	19.86	8.51	26.68
1981	100	44.95	28.37	19.86	8.51	26.68
1982	100	44.95	28.37	19.86	8.51	26.68
1983	100	44.95	28.37	19.86	8.51	26.68
1984	100	44.95	28.37	19.86	8.51	26.68
1985	100	48.73	24.67	17.27	7.40	26.61
1986	100	45.32	27.89	19.53	8.37	26.79
1987	100	41.67	29.23	20.46	8.77	29.11
1988	100	45.02	29.27	22.00	7.27	25.71
1989	100	43.58	30.43	25.13	5.30	25.99
1990	100	47.92	25.43	18.50	6.93	26.65
1991	100	39.47	38.98	22.06	16.92	21.55
1992	100	36.99	36.17	22.16	14.01	26.84
1993	100	31.86	38.21	19.25	18.96	29.93
1994	100	38.17	33.29	23.63	9.66	28.54
1995	100	34.09	39.65	32.04	7.61	26.26
1996	100	30.64	45.42	40.47	4.95	23.93
1997	100	27.58	47.16	43.11	4.05	25.26
1998	100	23.94	49.25	45.03	4.22	26.80
1999	100	18.72	53.12	48.57	4.55	28.17
2000	100	16.34	55.93	51.22	4.71	27.73
2001	100	14.19	55.54	50.97	4.58	30.27
2002	100	13.73	53.87	49.68	4.19	32.40
2003	100	11.89	50.90	45.52	5.38	37.21
2004	100	9.27	49.63	42.76	6.87	41.10
2005	100	6.83	52.53	45.22	7.30	40.64
2006	100	5.24	53.45	44.70	8.75	41.31
2007	100	4.07	53.97	45.61	8.36	41.96
2008	100	3.41	55.88	49.93	5.95	40.71
2009	100	2.80	58.33	52.39	5.94	38.87
2010	100	2.68	58.69	52.63	6.06	38.63
2011	100	2.58	60.08	53.54	6.54	37.34
2012	100	2.46	60.52	53.92	6.60	37.01
2013	100	2.48	58.63	52.12	6.74	38.89
2014	100	2.46	58.10	51.63	6.70	39.44

注：2012 年及以前年度三次产业分类按照《国民经济行业分类》(GB/T4752−2002)。
2013、2014 年三次产业分类按照《国民经济行业分类》(GB/T4754−2011)。

3－3 主要年份地区生产总值指数

上年 =100

年 份	合 计	第一产业	第二产业			第三产业	人均地区生产总值
			小 计	工 业	建筑业		
1965	89.5	86.0	86.8	84.5	89.0	87.5	86.8
1970	100.0	110.1	107.8	110.8	100.2	81.2	97.7
1975	109.4	107.9	113.1	109.2	119.4	108.1	107.5
1978	102.5	103.8	99.4	97.1	101.9	103.6	100.9
1980	100.5	99.9	102.6	103.8	99.5	99.4	99.1
1981	100.8	102.1	99.8	104.5	73.6	99.7	99.4
1982	121.5	120.0	122.8	129.0	113.8	122.8	119.5
1983	99.0	98.5	100.7	101.8	94.6	98.1	97.7
1984	108.7	109.3	106.9	107.5	102.1	109.7	106.7
1985	111.5	106.6	115.4	110.5	120.7	115.6	109.2
1986	111.9	97.0	124.2	102.7	135.4	125.1	110.3
1987	110.4	96.9	115.0	117.4	111.3	124.2	108.5
1988	115.8	128.4	105.2	116.6	100.7	112.9	113.6
1989	108.2	101.4	88.2	101.4	79.4	135.9	107.4
1990	106.7	115.9	101.5	104.8	97.4	101.4	105.3
1991	121.4	99.9	180.9	107.8	210.6	93.9	119.7
1992	115.3	109.0	108.6	115.6	101.4	142.1	114.2
1993	113.8	98.2	123.6	119.6	131.5	123.1	118.9
1994	115.3	108.6	114.2	140.2	66.3	124.2	114.7
1995	119.1	110.9	130.3	137.3	103.1	114.1	117.9
1996	123.1	107.7	140.2	152.7	75.9	114.9	121.8
1997	118.3	105.5	123.1	124.7	106.1	121.8	118.4
1998	120.0	107.0	125.2	126.1	113.7	121.5	118.6
1999	118.0	95.1	126.2	126.2	125.8	119.7	116.6
2000	122.1	101.3	128.7	128.7	128.2	121.1	120.7
2001	113.0	97.0	112.9	113.2	109.8	122.5	113.0
2002	117.4	114.9	114.2	115.2	102.9	124.6	116.0
2003	127.1	114.6	126.7	123.4	167.5	133.1	125.6
2004	131.0	115.7	132.2	127.2	177.9	134.1	127.7
2005	137.0	106.2	141.5	139.8	152.9	139.8	132.7
2006	126.2	104.2	129.7	128.0	140.5	125.3	122.2
2007	125.8	103.4	128.7	128.3	131.0	125.0	121.6
2008	122.9	108.3	121.9	127.2	92.8	125.8	117.3
2009	123.0	105.2	122.9	122.0	130.1	125.0	117.6
2010	119.0	104.5	119.9	120.1	118.0	119.1	114.6
2011	115.1	104.9	116.8	116.3	121.5	113.2	111.6
2012	113.0	103.6	115.4	115.6	113.5	109.8	111.4
2013	109.6	103.3	111.4	111.9	107.3	107.0	109.1
2014	108.0	104.1	109.9	110.3	105.7	105.1	107.2

注:2012 年及以前年度三次产业分类按照《国民经济行业分类》(GB/T4752-2002)。
2013、2014 年三次产业分类按照《国民经济行业分类》(GB/T4754-2011)。

3－4　地区生产总值(2014 年)

指　　标	绝对数(亿元)	构成(%)	指数(上年 =100)
地区生产总值	4055.49	100.00	108.0
农林牧渔业	101.51	2.50	104.1
采矿业	1510.01	37.23	110.5
制造业	419.32	10.34	107.4
电力、燃气及水的生产和供应业	164.52	4.06	115.8
建筑业	271.80	6.70	105.7
批发和零售业	417.81	10.30	105.8
交通运输、仓储和邮政业	455.57	11.23	104.9
住宿和餐饮业	67.60	1.67	107.1
信息传输、软件和信息技术服务业	22.31	0.55	104.2
金融业	132.26	3.26	109.6
房地产业	81.23	2.00	104.1
租赁和商务服务业	62.75	1.55	107.8
科学研究和技术服务	15.75	0.39	112.2
水利、环境和公共设施管理业	19.13	0.47	100.8
居民服务、修理和其他服务业	142.92	3.52	101.0
教育	35.59	0.88	100.8
卫生和社会工作	22.08	0.54	103.0
文化、体育和娱乐业	10.46	0.26	108.7
公共管理、社会保障和社会组织	102.86	2.54	103.0

3－5 地区生产总值构成项目(2014年)

单位:亿元

指　　标	增加值	劳动者报酬	生产税净额	固定资产折旧	营业盈余
地区生产总值	4055.49	1498.05	756.79	485.17	1315.47
农林牧渔业	101.51	97.50	0.00	4.02	0.00
采矿业	1510.01	401.99	320.13	120.74	667.16
制造业	419.32	112.48	94.69	78.82	133.33
电力、燃气及水的生产和供应业	164.52	52.24	35.52	26.12	50.64
建筑业	271.80	92.36	36.35	27.40	115.69
批发和零售业	417.81	108.78	177.39	25.20	106.44
交通运输、仓储和邮政业	455.57	216.06	52.78	110.16	76.58
住宿和餐饮业	67.60	47.68	4.59	6.88	8.45
信息传输、软件和信息技术服务业	22.31	4.57	1.21	9.66	6.87
金融业	132.26	36.12	13.16	3.98	79.01
房地产业	81.23	24.34	10.88	28.38	17.63
租赁和商务服务业	62.75	20.25	2.55	20.49	19.47
科学研究和技术服务	15.75	8.73	1.78	0.98	4.27
水利、环境和公共设施管理业	19.13	13.29	0.88	2.13	2.83
居民服务、修理和其他服务业	142.92	106.62	4.40	7.85	24.05
教育	35.59	32.11	0.14	2.69	0.65
卫生和社会工作	22.08	19.70	0.09	1.72	0.57
文化、体育和娱乐业	10.46	8.10	0.26	0.25	1.85
公共管理、社会保障和社会组织	102.86	95.15	0.00	7.71	0.00

3－6　分旗区地区生产总值(2014 年)

单位:亿元

地　区	地区生产总值	第一产业	第二产业			第三产业	人均地区生产总值(元)
				工业	建筑业		
东　胜　区	856.77	1.45	323.97	266.79	57.18	531.35	153502
达拉特旗	495.02	32.39	302.20	278.13	24.07	160.43	149689
准格尔旗	1106.72	9.36	693.02	636.04	56.98	404.34	298790
鄂托克前旗	127.34	11.32	80.32	64.55	15.77	35.70	180624
鄂托克旗	459.42	7.61	361.92	330.60	31.32	89.89	287857
杭　锦　旗	84.23	17.72	31.65	23.95	9.32	34.86	74540
乌　审　旗	403.52	12.73	312.78	292.26	29.82	78.01	300798
伊金霍洛旗	675.52	7.02	408.38	368.63	39.75	260.12	281349
康巴什新区	73.76	0.00	15.64	12.08	3.56	58.12	148710

注:本表按当年价格计算;三次产业分类按照《国民经济行业分类》(GB/T4754－2011)。

3－7　分旗区地区生产总值构成(2014 年)

单位:%

地　区	地区生产总值	第一产业	第二产业			第三产业
				工业	建筑业	
东　胜　区	100.0	0.2	37.8	31.1	6.7	62.0
达拉特旗	100.0	6.5	61.0	56.2	4.9	32.4
准格尔旗	100.0	0.8	62.6	57.5	5.1	36.5
鄂托克前旗	100.0	8.9	63.1	50.7	12.4	28.0
鄂托克旗	100.0	1.7	78.8	72.0	6.8	19.6
杭　锦　旗	100.0	21.0	37.6	28.4	11.1	41.4
乌　审　旗	100.0	3.2	77.5	72.4	7.4	19.3
伊金霍洛旗	100.0	1.0	60.5	54.6	5.9	38.5
康巴什新区	100.0	0.0	21.2	16.4	4.8	78.8

注:本表按当年价格计算;三次产业分类按照《国民经济行业分类》(GB/T4754－2011)。

3－8 分旗区地区生产总值指数(2014年)

上年=100

地　区	地区生产总值	第一产业	第二产业			第三产业	人均地区生产总值
				工业	建筑业		
东 胜 区	106.3	104.9	107.4	107.7	105.6	105.5	105.7
达拉特旗	106.0	104.7	106.8	107.0	104.4	104.5	105.5
准格尔旗	108.0	103.8	109.9	110.0	108.3	104.7	107.3
鄂托克前旗	107.8	104.0	109.3	108.8	111.2	105.9	106.1
鄂托克旗	110.1	104.0	111.5	112.1	105.6	104.6	108.9
杭 锦 旗	110.0	103.8	112.7	113.9	109.7	106.3	109.1
乌 审 旗	109.8	104.2	111.3	111.6	109.0	105.6	108.5
伊金霍洛旗	107.5	103.4	109.1	109.2	107.5	105.0	106.5
康巴什新区	107.1	102.5	110.4	112.1	104.2	106.2	105.5

注:本表按不变价格计算,三次产业分类按照《国民经济行业分类》(GB/T4754—2011)。

3-9 主要年份工农业总产值

单位:万元

年　　份	工农业总产值	工业总产值	农业总产值
1957	13422	3685	9737
1965	17724	5838	11886
1970	22999	6762	16237
1975	31265	14804	16461
1978	29030	12121	16909
1980	30383	13613	16770
1981	34584	11138	23446
1982	44666	14368	30298
1983	45705	14624	31081
1984	58539	20514	38025
1985	74408	33207	41201
1986	83632	37832	45800
1987	102228	50535	51693
1988	164801	89002	75799
1989	201004	113766	87238
1990	202493	101965	100528
1991	213010	111839	101171
1992	234377	120251	114126
1993	281060	157941	123119
1994	437992	229537	208455
1995	687772	427525	260247
1996	1058874	748997	309877
1997	1299035	956220	342815
1998	1524679	1147610	377069
1999	1728550	1380096	348454
2000	2215318	1829666	385652
2001	2329579	1952256	377323
2002	2832916	2400334	432582
2003	3475864	2978493	497371
2004	4344563	3733193	611370
2005	6139041	5460500	678541
2006	7826463	7105201	721262
2007	11826901	10978800	848100
2008	18914600	17938600	976000
2009	23710600	22689300	1021300
2010	31249600	30055000	1194600
2011	42692000	41282500	1409500
2012	45294126	43774300	1519826
2013	48567103	46912000	1655103
2014	49667875	47951300	1716575

3－10 主要年份居民消费水平

年份	绝对数(元/人)			指数(上年=100)		
	全体居民	农村居民	城镇居民	全体居民	农村居民	城镇居民
1952	86	81	299	117.81	117.39	116.80
1957	100	83	347	79.41	72.53	106.00
1965	105	80	464	95.40	94.12	115.97
1970	156	121	568	126.26	120.00	149.84
1975	171	137	438	107.09	107.92	105.71
1978	181	145	464	100.69	100.00	106.65
1980	170	139	384	102.13	103.54	89.26
1981	154	126	343	93.75	94.02	95.06
1982	162	133	352	96.30	97.27	92.86
1983	170	140	362	105.38	105.61	102.43
1984	232	193	466	145.99	148.67	134.47
1985	259	219	478	144.50	157.73	115.99
1986	297	252	569	89.27	82.64	108.10
1987	330	268	654	107.80	106.40	104.90
1988	461	387	834	129.90	135.20	114.10
1989	547	483	860	101.10	101.30	100.90
1990	568	496	900	101.40	100.30	101.70
1991	622	526	1040	103.50	100.40	108.80
1992	683	543	1266	101.90	96.60	111.60
1993	801	624	1513	103.50	104.10	107.50
1994	1069	754	2285	105.10	92.40	113.40
1995	1353	928	2873	118.70	114.10	120.00
1996	1497	1046	3006	110.70	114.40	111.00
1997	1787	1190	3653	113.50	112.00	111.40
1998	2065	1261	3927	110.80	101.40	136.60
1999	2517	1607	4099	120.70	131.70	100.40
2000	3596	2533	4778	129.2	143.3	106.0
2001	3733	1621	5037	104.3	64.4	105.9
2002	4297	2080	5363	114.8	127.6	106.3
2003	5004	2893	5918	114.7	137.7	108.5
2004	6457	3278	7717	124.7	111.1	125.7
2005	7236	3933	10161	132.7	138.4	123.0
2006	8920	5041	12029	109.8	116.2	104.8
2007	11403	6120	15031	123.2	117.5	120.4
2008	16349	7936	21279	122.2	111.4	120.0
2009	21087	9261	27064	123.9	109.0	122.3
2010	26762	12809	33125	112.7	108.7	111.9
2011	30578	14392	37218	112.3	107.5	110.8
2012	32108	15685	38759	105.2	110.3	104.1
2013	33810	17182	40158	102.3	109.9	100.1
2014	41175	20391	48930	108.0	106.5	107.9

注：本表绝对数按当年价格计算，指数按不变价格计算。

主要统计指标解释

地区生产总值 是按市场价格计算的地区生产总值的简称。它是一个地区所有常住单位在一定时期内生产活动的最终成果。地区生产总值有三种表现形式,即价值形态、收入形态和产品形态。从价值形态看,它是所有常住单位在一定时期内所生产的全部货物和服务价值超过同期投入的全部非固定资产货物和服务价值的差额,即所有常住单位的增加值之和;从收入形态看,它是所有常住单位在一定时期内所创造并分配给常住单位和非常住单位的初次分配收入之和;从产品形态看,它是最终使用的货物和服务减去进口货物和服务。在实际核算中,地区生产总值的三种表现形态表现为三种计算方法,即生产法、收入法和支出法。三种方法分别从不同的方面反映地区生产总值及其构成。

劳动者报酬 指劳动者因从事生产活动所获得的全部报酬。包括劳动者获得的各种形式的工资、奖金和津贴,既包括货币形式的,也包括实物形式的;还包括劳动者所享受的公费医疗和医药卫生费、上下班交通补贴和单位支付的社会保险费等。对于个体经济来说,其所有者所获得的劳动报酬和经营利润不易区分,这两部分统一作为劳动者报酬处理。

生产税净额 指生产税减生产补贴后的余额。生产税指政府对生产单位生产、销售和从事经营活动以及因从事生产活动使用某些生产要素(如固定资产、土地、劳动力)所征收的各种税、附加费和规费。生产补贴与生产税相反,指政府对生产单位的单方面收入转移,因此视为负生产税,包括政策亏损补贴、粮食系统价格补贴、外贸企业出口退税收入等。

固定资产折旧 指一定时期内为弥补固定资产损耗按照核定的固定资产折旧率提取的固定资产折旧,或按国民经济核算统一规定的折旧率虚拟计算的固定资产折旧。它反映了固定资产在当期生产中的转移价值。各类企业和企业化管理的事业单位的固定资产折旧是指实际计提并计入成本费中的折旧费;不计提折旧的政府机关、非企业化管理的事业单位和居民住房的固定资产折旧是按照统一规定的折旧率和固定资产原值计算的虚拟折旧。原则上,固定资产折旧应按固定资产的重置价格计算,但是目前我国尚不具备对全社会固定资产进行重估价的基础,所以暂时只能采用上述办法。

营业盈余 指常住单位创造的增加值扣除劳动者报酬、生产税净额和固定资产折旧后的余额。它相当于企业的营业利润加上生产补贴,但要扣除从利润中开支的工资和福利等。

四、人口

资料整理员：朱玛

博物馆

4－1 主要年份年末户籍总人口数及构成

单位：万人

年份	总人口	按性别分		按农业、非农业分		按城乡分	
		男	女	农业人口	非农业人口	市镇人口	乡村人口
1957	56.16	31.20	24.96	52.38	3.78	1.08	55.08
1965	74.02	40.71	33.32	67.96	6.06	5.51	68.52
1970	84.16	46.34	37.82	77.75	6.41	7.01	77.14
1975	96.60	51.77	44.83	86.37	10.23	10.03	86.57
1978	101.43	54.15	47.28	90.37	11.07	10.70	90.73
1980	103.46	55.78	47.68	91.08	12.38	11.57	91.90
1981	105.87	56.48	49.39	92.93	12.94	11.36	94.51
1982	107.66	57.12	50.54	94.22	13.44	12.04	95.63
1983	108.74	57.93	50.81	94.87	13.87	12.16	96.58
1984	111.60	59.46	52.14	97.15	14.45	14.02	97.58
1985	113.38	60.63	52.75	97.82	15.56	16.09	97.28
1986	114.66	61.20	53.46	97.85	16.81	16.65	98.01
1987	115.82	61.61	54.21	97.45	18.37	17.71	98.11
1988	117.28	62.32	54.96	97.75	19.53	18.79	98.49
1989	118.41	62.82	55.59	97.94	20.47	19.53	98.88
1990	120.40	64.16	56.24	98.40	22.00	21.51	98.89
1991	121.73	64.49	57.24	98.40	23.33	22.77	98.96
1992	122.82	65.12	57.70	98.87	23.95	23.53	99.29
1993	122.81	65.16	57.65	97.42	25.39	24.56	98.25
1994	123.92	65.74	58.18	97.36	26.56	27.94	95.98
1995	125.28	66.31	58.97	97.13	28.15	30.15	95.12
1996	125.18	66.12	59.06	94.94	30.24	32.17	93.01
1997	126.58	67.00	59.58	94.52	32.06	32.39	94.19
1998	128.07	67.67	60.40	93.62	34.45	44.44	83.63
1999	129.67	68.51	61.16	93.06	36.61	49.67	80.00
2000	131.25	69.20	62.05	93.16	38.09	73.91	57.34
2001	132.83	69.94	62.89	92.55	40.28	89.36	43.47
2002	134.42	70.60	63.82	92.26	42.16	91.08	43.34
2003	135.97	71.22	64.75	91.92	44.05	97.60	38.37
2004	136.87	71.58	65.29	91.97	44.90	97.76	39.11
2005	137.86	71.95	65.91	92.86	45.00	98.80	39.06
2006	141.00	73.39	67.61	95.32	45.68	126.95	14.05
2007	143.99	74.65	69.34	97.65	46.34		
2008	146.69	75.58	71.11	99.8	46.89		
2009	149.48	76.80	72.69	101.94	47.54		
2010	152.38	77.92	74.46	104.03	48.35		
2011	154.18	78.46	75.72	105.31	48.87		
2012	152.08	77.34	74.74	104.09	47.99		
2013	154.34	78.32	76.02	105.49	48.58		
2014	155.90	78.98	76.92	106.42	49.48		

4－2 主要年份户籍人口出生率、死亡率、自然增长率

单位:(‰)

年 份	出生率	死亡率	自然增长率	人口机械增长率
1957	41.18	8.70	32.48	-10.28
1965	35.42	8.15	27.27	-0.90
1970	37.91	6.99	30.92	-10.24
1975	31.37	6.56	24.81	-4.07
1978	25.06	6.57	18.49	-0.97
1980	24.45	6.65	17.80	2.69
1981	25.83	6.75	19.08	-4.76
1982	24.56	6.61	17.95	4.18
1983	13.57	4.68	8.89	1.08
1984	19.22	4.62	14.60	2.41
1985	13.28	4.37	8.91	6.93
1986	13.79	4.30	9.49	1.75
1987	14.17	4.49	9.68	0.37
1988	12.97	3.93	9.04	3.50
1989	14.06	3.98	10.08	-0.46
1990	20.19	7.42	12.77	3.89
1991	12.86	4.44	8.42	2.55
1992	12.45	4.59	7.86	1.02
1993	12.29	4.77	7.52	6.48
1994	12.56	4.80	7.76	3.38
1995	12.79	4.91	7.88	6.46
1996	12.90	4.80	8.10	10.64
1997	12.60	5.82	6.78	4.06
1998	11.72	4.41	7.32	6.71
1999	10.62	4.34	6.28	7.66
2000	12.69	6.79	5.89	5.06
2001	9.43	3.52	5.91	7.45
2002	9.68	3.80	5.88	6.53
2003	9.26	3.66	5.59	7.04
2004	10.71	6.28	4.43	2.07
2005	12.46	6.41	6.05	3.26
2006	10.47	2.54	7.93	10.29
2007	13.68	4.54	9.14	10.30
2008	14.23	4.89	9.34	8.33
2009	14.36	3.84	10.50	9.14
2010	19.44	6.59	12.85	6.67
2011	12.58	4.00	8.58	5.98
2012	15.27	12.87	2.39	2.41
2013	10.94	5.12	5.80	2.36
2014	14.97	5.14	9.83	1.77

4－3 2013年－2014年末户籍总人口及其变动情况

指　标	2013	2014	2014年比 2013年增长(%)
一、年末总户数(户)	634407	649164	2.3
二、总人口数(人)	1543375	1559004	1.0
#蒙古族	194110	197585	1.8
其他少数民族	8175	8530	4.3
按性别分			
男	783201	789763	0.8
女	760174	769241	1.2
按农业和非农业分			
农业人口	1054854	1064188	0.9
非农业人口	488521	494816	1.3
三、人口自然变动			
出生人口(人)	22746	23343	2.6
男	11599	11745	1.3
女	11147	11598	4.0
死亡人口(人)	7782	8017	3.0
出生率(‰)	10.94	10.76	-0.18*
死亡率(‰)	5.12	5.24	-0.12*
自然增长率(‰)	5.82	5.52	-0.3*
四、人口迁移变动			
省内迁入(人)	11374	10867	-4.5
省外迁入(人)	6350	5333	-16.0
迁入率(‰)	11.55	10.44	-1.1*
迁往省内(人)	9097	10376	14.1
迁往省外(人)	3422	3071	-10.3
迁出率(‰)	8.16	8.67	-0.5*
机械增长率(‰)	3.39	1.77	-1.6*

注:“*”为提高或降低千分点个数。

4－4 分旗区户籍人口及人口变动情况(2014年)

指　　标	东胜区	达拉特旗	准格尔旗	鄂托克前旗	鄂托克旗	杭锦旗	乌审旗	伊金霍洛旗
一、年末总户数(户)	98100	159703	142529	27836	40716	63903	42239	74138
二、总人口数(人)	274148	363746	320396	78320	97697	142613	110523	171561
#蒙古族	25993	16558	31841	23406	26712	27199	32409	13467
其他少数民族	3349	1465	1887	145	404	343	177	760
按性别分								
男	137531	185199	162422	39534	49219	72811	56075	86972
女	136617	178547	157974	38786	48478	69802	54448	84589
按农业和非农业分								
农业人口	81188	298169	238174	56378	59506	115772	84773	130228
非农业人口	192960	65577	82222	21942	38191	26841	25750	41333
三、人口自然变动								
出生人口(人)	4149	4678	4592	1641	1993	1785	1925	2580
男	2167	2410	2364	631	859	951	1041	1322
女	1982	2268	2228	1010	1134	834	884	1258
死亡人口(人)	1100	2158	1412	438	516	911	619	863
出生率(‰)	15.1	12.9	14.3	21.0	20.4	12.5	17.4	15.0
死亡率(‰)	4.0	5.9	4.4	5.6	5.3	6.4	5.6	5.0
自然增长率(‰)	11.1	7.0	9.9	15.4	15.1	6.1	11.8	10.0
四、人口迁移变动								
省内迁入(人)	5199	1429	1829	169	480	623	378	760
省外迁入(人)	1803	543	1180	380	269	328	422	408
迁往省内(人)	3694	1655	1676	300	746	692	449	1164
迁往省外(人)	631	514	566	229	177	544	292	118

4－5 民族人口及构成

单位:人

指　　标	2013	2014	构成(%)	
			2013	2014
总人口	1543375	1559004	100.0	100.0
#汉　族	1341108	1352889	86.9	86.8
蒙古族	194110	197585	12.6	12.7
回　族	1980	2038	0.1	0.1
满　族	4861	5123	0.3	0.3
朝鲜族	149	165		
达斡尔族	164	178		
鄂温克族	48	53		
鄂伦春族	6	4		
壮　族	125	135		
藏　族	114	128		
锡伯族	29	32		
苗　族	143	144		
土家族	84	81		
彝　族	148	168		
维吾尔族	11	11		

4－6　主要年份年末民族人口数

单位:人

年　份	在人口总数中						
	汉　族	蒙古族	回　族	满　族	朝鲜族	达斡尔族	鄂温克族
1957	491879	69375	197	119	2	1	1
1965	652498	86816	602	248	11	36	5
1970	745491	94942	694	322	2	51	
1975	856247	108408	811	448	18	30	8
1978	899006	113961	780	474	19	29	7
1980	913784	119333	825	542	18	38	8
1981	936160	120937	848	580	24	40	9
1982	950813	123930	955	768	19	42	9
1983	959207	126403	780	878	18	38	10
1984	984857	129271	815	901	17	42	10
1985	998266	133572	850	950	18	42	11
1986	1009054	135536	812	1044	17	45	10
1987	1019008	137049	832	1145	14	46	9
1988	1031170	139318	860	1280	18	54	11
1989	1039202	142626	881	1256	20	53	12
1990	1056013	145506	925	1386	25	57	14
1991	1067412	147330	942	1428	29	61	14
1992	1078664	146940	943	1414	35	55	11
1993	1077815	147544	992	1537	43	63	12
1994	1088779	147408	1062	1648	66	64	13
1995	1100048	149626	1024	1748	67	68	25
1996	1119196	151361	1075	1931	82	67	8
1997	1107000	155028	1108	2274	85	74	12
1998	1120302	156281	1146	2586	104	69	14
1999	1132335	158425	1076	2748	362	207	259
2000	1148549	159379	1234	2855	106	89	16
2001	1161721	161937	1279	2908	161	83	15
2002	1177240	162174	1315	3018	114	82	19
2003	1191876	162805	1410	3095	117	79	19
2004	1198127	165413	1398	3167	119	81	17
2005	1204217	168627	1428	3212	124	79	14
2006	1236944	167572	1465	3331	120	85	14
2007	1258587	175463	1543	3549	122	93	21
2008	1281128	179530	1669	3731	131	98	28
2009	1341108	194110	1980	4861	149	164	48
2010	1330174	186464	1823	4173	140	119	30
2011	1344699	189543	1895	4386	143	130	35
2012	1323177	189892	1924	4581	140	152	43
2013	1341108	194110	1980	4861	149	164	48
2014	1352889	197585	2038	5123	165	178	53

4－7　主要年份常住人口

指　标	2000	2004	2005	2006	2007	2008	2009	2010	2011	2012	2013	2014
年末人口(万人)	139.36	154.49	160.45	164.77	171.65	180.72	187.82	194.95	199.93	200.42	201.75	203.49
城镇人口	60.56	78.77	86.48	94.09	104.77	117.49	127.36	135.55	141.27	143.68	146.01	148.16
乡村人口	78.80	75.72	73.97	70.68	66.88	63.23	60.46	59.40	58.66	56.74	55.74	55.33
城镇化率(%)	43.5	50.99	53.90	57.10	61.04	65.01	67.81	69.53	70.66	71.69	72.37	72.81
出生人口(万人)	1.64	1.58	1.71	1.69	1.79	1.81	1.93	2.34	2.30	2.34	2.20	2.18
死亡人口(万人)	0.77	0.85	0.80	0.93	0.94	0.94	1.00	0.96	0.97	0.99	1.03	10600
出生率(‰)	11.77	10.20	10.87	10.40	10.65	10.29	10.47	12.21	11.64	11.69	10.94	10.76
死亡率(‰)	5.54	5.51	5.11	5.71	5.56	5.36	5.43	5.00	4.93	4.95	5.12	5.24
自然增长率(‰)	6.23	4.69	5.76	4.69	5.09	4.93	5.04	7.21	6.71	6.74	5.82	5.52

注:2001-2003 年没有常住人口统计。

4－8 主要年份分旗区常住人口

单位：万人

地 区	2005	2006	2007	2008	2009	2010	2011	2012	2013	2014
东胜区	42.57	44.60	47.76	51.73	55.57	58.64	60.12	60.23	60.57	60.98
达拉特旗	30.48	30.76	31.29	31.64	31.88	32.31	32.80	32.85	32.97	33.17
准格尔旗	29.96	30.79	31.62	32.94	34.51	35.76	36.61	36.69	36.90	37.18
鄂托克前旗	6.90	6.88	6.83	6.81	6.83	6.86	6.87	6.90	6.98	7.12
鄂托克旗	12.00	12.20	12.60	13.80	14.25	14.94	15.65	15.71	15.87	16.05
杭锦旗	11.86	11.67	11.45	11.39	11.30	11.16	11.15	11.17	11.24	11.36
乌审旗	9.70	10.18	10.60	11.50	11.83	12.49	13.12	13.18	13.33	13.50
伊金霍洛旗	16.98	17.69	19.50	20.91	21.65	22.79	23.61	23.69	23.89	24.13

4－9 主要年份分旗区城镇化率

单位：%

地 区	2005	2006	2007	2008	2009	2010	2011	2012	2013	2014
东胜区	88.70	89.82	90.90	92.10	93.00	93.43	93.75	93.97	94.09	94.11
达拉特旗	36.77	38.15	43.58	48.80	51.00	51.50	52.80	54.12	55.14	56.04
准格尔旗	45.76	48.08	52.36	57.30	62.50	63.29	64.96	66.56	67.48	68.21
鄂托克前旗	45.07	45.29	49.60	53.00	54.40	54.70	55.46	56.52	57.59	57.87
鄂托克旗	60.83	65.45	68.20	69.50	70.50	71.13	72.46	73.39	74.04	74.39
杭锦旗	36.52	39.73	43.10	48.00	50.00	50.43	51.41	52.55	53.56	54.05
乌审旗	38.04	40.74	44.80	50.20	52.50	53.08	54.34	55.84	56.86	57.26
伊金霍洛旗	46.43	54.17	56.30	61.00	64.60	65.34	66.94	68.47	69.36	70.00

主要统计指标解释

户籍人口 指公民依《中华人民共和国户口登记条例》已在其经常居住地的公安户籍管理机关登记了常住户口的人，这类人口不管其是否外出，也不管外出时间长短，只要在某地注册有常住户口，则为该地区的户籍人口。

市镇总人口和乡村总人口：其定义有两种口径：

第一种口径（按行政建制）

市人口：市管辖区域内的全部人口（含市辖镇，不含市辖区县）；

镇人口：县辖镇的全部人口（不含市辖镇）；

县人口：县辖乡人口。

第二种口径（按常住人口划分）

市人口：设区的市的区人口和不设区的市所辖的街道人口；

镇人口：不设区的市所辖镇的居民委员会人口和县辖镇的居民委员会人口；

县人口：除上述两种人口以外的全部人口。

1952–1980 年数据为第一种口径的数据，1982 年以后的数据为第二种口径的数据。

出生率（又称粗出生率） 指在一定时期内（通常为一年）平均每千人所出生的人数的比率，一般用千分率表示。计算公式为：

$$出生率=\frac{年出生人数}{年平均人数}\times 1000‰$$

式中：出生人数指活产婴儿，即胎儿脱离母体时（不管怀孕月数），有过呼吸或其他生命现象。年平均人数指年初、年底人口数的平均数，也可用年中人口数代替。

死亡率（又称粗死亡率） 指在一定时期内（通常为一年）一定地区的死亡人数与同期平均人数（或期中人数）之比，一般用千分率表示。计算公式为：

$$死亡率=\frac{年死亡人数}{年平均人数}\times 1000‰$$

人口自然增长率 指在一定时期内（通常为一年）人口自然增加数（出生人数减死亡人数）与该时期内平均人数（或期中人数）之比，一般用千分率表示。计算公式为：

$$人口自然增长率=\frac{(本年出生人数-本年死亡人数)}{年平均人数}\times 1000‰=人口出生率-人口死亡率$$

人口机械增长率 一年内城市人口因迁入和迁出因素的消长，导致人口增减的绝对数量（本年城市迁入人口数–本年城市迁出人口数）与同期该城市年平均总人口数之比。反映城市人口因迁入和迁出等社会因素引起人口增减变化的指标。计算公式为：

$$人口机械增长率=\frac{(本年城市迁入人口数-本年城市迁出人口数)}{年平均城市总人口数}\times 1000‰$$

五、就业人员和职工工资

资料整理员：朱玛

大剧院

5－1 就业基本情况

指　　标	2003	2004	2005	2006	2007	2008	2009	2010	2011	2012	2013	2014
就业人员(人)	790745	829447	839481	847656	868118	912721	931054	980111	1021538	1023935	1030833	1051744
第一产业	375585	334890	319264	306143	311085	300888	291017	271913	266621	264175	266548	273053
第二产业	169103	202534	210861	221949	225164	243447	254015	282596	314633	310252	310987	309096
第三产业	246057	292023	309356	319564	331869	368386	386022	425602	440283	449508	453298	469595
就业人员构成(%)												
第一产业	47.50	40.37	38.03	36.12	35.83	32.97	31.26	27.74	26.10	25.80	25.85	25.96
第二产业	21.38	24.42	25.12	26.18	25.94	26.67	27.28	28.83	30.80	30.30	30.17	29.39
第三产业	31.12	35.21	36.85	37.70	38.23	40.36	41.46	43.42	43.10	43.90	43.97	44.65
按城乡从业人员分组												
城镇就业人员(人)	290351	388935	418729	437428	456706	521559	548809	634039	641031	632517	637934	638565
#国有单位	85215	88175	89593	93568	97571	99693	105365	113419	128525	143068	156738	150406
城镇集体单位	3234	3193	3133	3117	3447	3414	3539	3789	4094	4416	4318	3508
股份合作	448	414	153	575	575	280	341	341	136	8114	8422	1800
联　营											35	338
有限责任公司	24647	24552	25159	30058	36013	32755	33755	38602	51065	50700	103814	108761
港澳台商投资	1662	2625	2064	2485	2548	1609	1611	1121	1087	594	2400	1807
外商投资企业	13498	12236	11388	11539	9427	7329	7413	7237	7236	5185	17320	17760
乡村就业人员(人)	500394	440512	420752	410228	411412	391162	382245	346072	380507	391418	392899	413179
在岗职工人数(人)	133200	135887	139306	149182	159292	150051	156903	168909	195661	220163	304467	307066
国有单位	83101	85930	88557	92561	96501	98719	104119	111811	125069	140927	154421	148993
城镇集体单位	3234	3193	3127	3117	3447	3414	3519	3769	4071	4382	4226	3479
其他单位	46865	46764	47622	53504	59344	47918	49265	55332	66521	74854	145820	152868
在岗职工平均工资(元)	13151	16965	21628	27074	31829	36255	44205	53015	59306	66892	68231	69955
城镇登记失业人数(人)	8798	10076	9690	10562	10527	11621	9061	7901	9423	12642	15127	19285
城镇登记失业率(%)	4.0	4.47	4.00	3.98	3.71	3.80	2.91	2.21	2.21	2.55	2.74	2.61

5—2 主要年份按三次产业划分的年末就业人员

年　份	就业人员（万人）				构成（合计=100）		
		第一产业	第二产业	第三产业	第一产业	第二产业	第三产业
1957	25.09	23.79	0.68	0.62	94.82	2.71	2.47
1965	32.51	29.28	1.50	1.73	90.06	4.61	5.32
1970	35.59	31.05	2.58	1.96	87.24	7.25	5.51
1975	40.29	34.01	3.27	3.01	84.41	8.12	7.47
1978	41.52	34.87	3.33	3.32	83.98	8.02	8.00
1980	43.65	35.91	3.25	4.49	82.27	7.44	10.29
1981	45.61	37.46	3.25	4.90	82.13	7.13	10.74
1982	47.00	38.15	3.21	5.64	81.17	6.83	12.00
1983	48.84	39.22	3.39	6.23	80.30	6.94	12.76
1984	50.68	39.06	3.79	7.83	77.07	7.48	15.45
1985	52.42	39.21	4.88	8.33	74.80	9.31	15.89
1986	52.60	38.00	6.21	8.39	72.24	11.81	15.95
1987	54.83	39.33	5.98	9.52	71.73	10.91	17.36
1988	55.74	39.18	6.62	9.94	70.29	11.88	17.83
1989	56.74	40.36	6.26	10.12	71.13	11.03	17.84
1990	58.65	41.10	6.70	10.85	70.08	11.42	18.50
1991	60.30	41.99	7.54	10.77	69.64	12.50	17.86
1992	62.76	42.42	8.78	11.56	67.59	13.99	18.42
1993	64.33	42.74	9.24	12.35	66.44	14.36	19.20
1994	64.49	42.49	9.50	12.50	65.89	14.73	19.38
1995	65.43	42.05	10.39	12.99	64.27	15.88	19.85
1996	67.68	42.33	11.56	13.79	62.54	17.08	20.38
1997	68.74	41.21	11.08	16.45	59.95	16.12	23.93
1998	67.70	40.96	10.81	15.93	60.50	15.97	23.53
1999	68.24	41.81	10.74	15.69	61.27	15.74	22.99
2000	72.37	43.42	12.52	16.43	60.00	17.29	22.71
2001	75.01	44.30	12.68	18.03	59.06	16.90	24.03
2002	77.91	45.10	13.47	19.34	57.88	17.3	24.82
2003	79.07	37.56	16.91	24.60	47.50	21.38	31.12
2004	82.94	33.49	20.25	29.20	40.37	24.42	35.21
2005	83.95	31.93	21.09	30.93	38.03	25.12	36.85
2006	84.77	30.61	22.20	31.96	36.12	26.18	37.70
2007	86.81	31.11	22.52	33.19	35.83	25.94	38.23
2008	91.27	30.09	24.34	36.84	32.97	26.67	40.36
2009	93.10	29.10	25.40	38.60	31.26	27.28	41.46
2010	98.01	27.19	28.26	42.56	27.74	28.83	43.42
2011	102.15	26.66	31.46	44.03	26.10	30.80	43.10
2012	102.39	26.42	31.03	44.95	25.80	30.30	43.90
2013	103.08	26.65	31.10	45.33	26.03	30.37	44.27
2014	115.17	27.31	30.91	46.96	25.96	29.39	44.65

5—3 分行业城镇单位年末女性就业人员(2014年)

单位:人

指　　标	合　　计	国有单位	城镇集体单位	其他单位
合　计	106787	60332	1814	44641
按企业、事业、机关分组				
企　业	58408	12567	1320	44521
事　业	33786	33235	494	57
机　关	14221	14221		
按国民经济行业分组				
农、林、牧、渔业	967	967		
采矿业	14144	3202	6	10936
制造业	18225	1494	62	16669
电力、热力、燃气及水生产和供应业	4283	1154		3129
建筑业	2259	15	10	2234
交通运输、仓储和邮政业	3671	1762		1909
信息传输、软件和信息技术服务业	2165	1020		1145
批发和零售业	3264	1502		1762
住宿和餐饮业	1871	134		1737
金融业	5554	2855	1240	1459
房地产业	2423	198		2225
租赁和商务服务业	612	171	4	437
科学研究、技术服务业	911	624	7	280
水利、环境和公共设施管理业	5125	5015		110
居民服务、修理和其他服务业	127	36		91
教　育	16329	16060	82	187
卫生和社会工作	6316	5642	403	271
文化、体育和娱乐业	1539	1479		60
公共管理、社会保障和社会组织	17002	17002		

5－4 按登记注册类型和城乡划分的年末就业人员

单位：人

年份	合计	城镇			
		小计	#国有单位	#集体单位	#股份合作
1995	654358	182887	136355	18226	
1996	676829	194098	134773	17187	
1997	687460	194934	133663	12590	
1998	677047	184830	114163	5682	6034
1999	682405	187966	104809	3808	40
2000	723685	195622	98384	3797	2161
2001	750096	204721	97114	3000	1845
2002	779123	240315	90181	3099	375
2003	790745	290351	85215	3234	448
2004	829447	388935	88175	3193	414
2005	839481	418729	89593	3133	153
2006	847656	437428	93568	3117	575
2007	868118	456706	97571	3447	575
2008	912721	521559	99693	3414	280
2009	931054	548809	105365	3539	341
2010	980111	634039	113419	3789	341
2011	1021538	641031	128525	4094	136
2012	1023935	632517	143068	4416	8114
2013			156738	4318	8422
2014			150406	3508	1800

5－4 续表

年份	城镇				乡村
	#有限责任公司	#股份有限公司	#港澳台商投资	#外商投资企业	
1995		5631	1240	3391	471471
1996		8193	2329	8591	482731
1997		8184	2009	6522	492526
1998	458	7772	5679	2536	492217
1999	3577	12265	1491	6703	494439
2000	3523	13937	1654	7498	528063
2001	3388	13042	1547	6895	545375
2002	14716	10843	1293	9443	538808
2003	24647	7632	1662	13498	500394
2004	24552	7825	2625	12236	440512
2005	25159	8934	2064	11388	420752
2006	30058	8917	2485	11539	410228
2007	36013	10918	2548	9427	411412
2008	32755	6152	1609	7329	391162
2009	33755	7380	1611	7413	382245
2010	38602	8144	1121	7237	346072
2011	51065	8746	1087	7236	380507
2012	50700	10494	594	5185	391418
2013	103814	15675	2400	17320	
2014	108761	25379	1807	17760	

5－5 分行业年末在岗职工人数(2014年)

单位:人

指标	合计	国有单位	城镇集体单位	其他单位
合计	305340	148542	3479	152868
按企业、事业、机关分组				
企业	200048	44698	2567	152640
事业	64611	63583	912	116
机关	39750	39750		
按国民经济行业分组				
农、林、牧、渔业	2757	2757		
采矿业	74707	21139	45	53523
制造业	53844	7097	277	46470
电力、热力、燃气及水生产和供应业	17172	5233		11939
建筑业	8614	123	50	8441
交通运输、仓储和邮政业	14154	3426	37	470
信息传输、软件和信息技术服务业	3673	1960		1713
批发和零售业	6799	2519		4280
住宿和餐饮业	3261	252		3009
金融业	9378	4777	2192	2409
房地产业	5269	403		4866
租赁和商务服务业	2050	555	10	1485
科学研究、技术服务业	4431	1829	18	2584
水利、环境和公共设施管理业	11502	11087		415
居民服务、修理和其他服务业	248	107		141
教育	27902	27434	57	411
卫生和社会工作	10710	9517	793	400
文化、体育和娱乐业	2856	2765		91
公共管理、社会保障和社会组织	46013	46013		

5－6 分旗区分行业年末在岗职工人数(2014年)

单位:人

指 标	东胜区	达拉特旗	准格尔旗	鄂托克前旗	鄂托克旗	杭锦旗	乌审旗	伊金霍洛旗
合 计	88093	31384	59208	7972	41282	10807	14386	52208
按企业、事业、机关分组								
企 业	51055	19085	47001	3338	33519	3160	5869	37021
事 业	24335	8372	7936	2687	4019	4205	5072	7985
机 关	12703	3927	3372	1935	3724	3442	3445	7202
按国民经济行业分组								
农、林、牧、渔业	708	1019		27	38	323	109	640
采矿业	7138	149	32774	1439	3576		668	28985
制造业	11699	8192	3502	288	25588	534	2154	1857
电力、热力、燃气及水生产和供应业	5171	3582	2950	310	1719	513	743	2184
建筑业	2283	1903	2452	436	100	343	55	1042
交通运输、仓储和邮政业	8700	1256	2026	313	339	376	819	308
信息传输、软件和信息技术服务业	2832	109	356	16	58	158	118	26
批发和零售业	3603	682	1286	192	173	120	132	569
住宿和餐饮业	541	1022	991		202	303		162
金融业	4856	847	708	170	515	454	397	952
房地产业	1890	940	363	175	778	290	324	509
租赁和商务服务业	725	436	62	11	349	23	94	350
科学研究、技术服务业	3584	204	40	105	144	102	188	64
水利、环境和公共设施管理业	7653	704			59	339	120	2627
居民服务、修理和其他服务业	147	60			1	26	14	
教 育	6578	4652	5438	1408	2133	2307	2070	3316
卫生和社会工作	4333	1355	1895	396	654	505	650	922
文化、体育和娱乐业	1675	244	27	141	204	183	122	260
公共管理、社会保障和社会组织	13498	4028	4338	2545	4652	3908	5609	7435

5－7 城镇就业及失业人数

年份	当年就业人数（人）	年末城镇登记失业人数（人）	登记失业率（%）
1980	4435	8888	10.7
1981	6695	8375	9.3
1982	4484	6071	6.8
1983	3221	5053	5.4
1984	5119	1805	1.9
1985	3121	1829	1.7
1986	5806	2265	2.0
1987	4672	2383	2.0
1988	4739	3689	2.8
1989	4321	5068	3.8
1990	5514	4919	3.4
1991	5544	7669	4.1
1992	8660	5705	3.5
1993	4408	5048	2.8
1994	3594	5002	2.7
1995	3704	5900	3.2
1996	8473	6267	3.0
1997	8679	5734	2.6
1998	8158	4873	2.2
1999	3507	3804	2.1
2000	8058	3653	2.1
2001	10646	5158	2.6
2002	8198	6690	3.2
2003	10695	8798	4.0
2004	12491	10076	4.5
2005	13015	9690	4.0
2006	14488	10562	4.0
2007	19681	10527	3.7
2008	25409	11621	3.8
2009	30068	9061	2.9
2010	31571	7901	2.2
2011	36824	9423	2.2
2012	38510	12642	2.55
2013	36389	15127	2.74
2014	37152	19285	2.61

5－8 主要年份职工工资总额及指数

年份	绝对数(万元)				指数(以上年为100)			
	工资总额	国有	集体	其他	工资总额	国有	集体	其他
1957	1030	1030			122.3	122.3		
1965	1457	1457			107.6	107.6		
1970	1889	1889			101.4	101.4		
1975	3619	3005	613		140.9	117.0		
1978	4337	3760	577		121.4	123.3	110.4	
1980	5741	4963	778		123.9	124.0	123.2	
1981	5987	5268	719		104.3	106.1	92.4	
1982	6778	5950	828		113.2	112.9	115.2	
1983	7321	6595	726		108.0	110.8	87.7	
1984	8434	7161	1273		115.2	108.6	175.3	
1985	10019	8587	1432		118.8	119.9	112.5	
1986	12092	10442	1650		120.7	121.6	115.2	
1987	13640	11854	1796		112.9	113.5	108.2	
1988	17207	14910	2297		126.1	125.8	128.7	
1989	19296	16904	2392		112.1	113.4	104.1	
1990	22915	20134	2781		118.8	119.1	116.3	
1991	27609	24250	3306	53	120.3	120.4	118.9	100.0
1992	33532	29822	3569	141	121.7	123.0	108.0	266.0
1993	45624	41378	3524	722	136.1	138.7	98.7	512.1
1994	61715	54832	4701	2182	135.3	132.5	133.4	302.1
1995	71651	62828	5480	3343	116.1	114.6	116.6	153.2
1996	84012	68049	5584	10379	117.3	108.3	101.9	310.5
1997	95475	79540	4542	11393	113.6	116.9	81.3	109.8
1998	98913	80131	2519	16263	104.6	101.8	55.8	143.4
1999	96622	75873	2332	18417	97.7	94.7	92.6	113.2
2000	103229	80162	2247	20820	106.8	105.7	96.4	113.0
2001	125091	98791	2396	23904	121.2	123.2	106.6	114.8
2002	145523	103379	2977	39167	116.3	104.6	124.2	163.9
2003	171471	113792	3685	53994	117.8	110.1	123.8	137.9
2004	228964	151403	3853	73708	133.5	133.1	104.6	136.5
2005	304053	190074	4459	109520	132.8	125.5	115.7	148.6
2006	402589	250754	5749	146086	132.4	131.9	128.9	133.4
2007	502803	308739	8336	185728	124.9	123.1	145.0	127.1
2008	540293	375564	10960	153770	107.5	121.6	131.5	-117.2
2009	687923	487944	14116	185863	127.3	129.9	128.8	120.9
2010	895475	631500	17819	246156	130.2	129.4	126.2	132.4
2011	1160473	793917	22938	343618	129.6	125.7	128.7	139.6
2012	1476596	984166	28056	464375	127.2	124	122.3	135.1
2013	2113100	1163071	27147	922881	143.1	118.2	-103.2	198.7
2014	2148095	1114187	21350	1012558	101.66	-104.2	-121.4	109.8

注:1998年(包括1998年)以后工资总额为在岗职工工资总额。

5－9 主要年份职工平均工资及指数

年份	平均工资(元)				指数(以上年为100)			
	全部职工	国有	集体	其他	全部职工	国有	集体	其他
1957	641	641			98.0	98.0		
1965	647	647			100.6	100.6		
1975	673	712	532		102.1	108.0		
1978	675	692	579		110.1	108.3	117.0	
1980	784	791	745		119.7	119.8	118.1	
1981	765	778	685		97.6	98.4	91.9	
1982	833	838	798		108.9	107.7	116.5	
1983	873	897	701		104.8	107.0	87.8	
1984	963	965	952		110.3	107.6	135.8	
1985	1057	1107	832		109.8	114.7	87.4	
1986	1188	1244	924		112.4	112.4	111.1	
1987	1269	1331	964		106.8	107.0	104.3	
1988	1488	1515	1181		117.3	113.8	122.5	
1989	1601	1603	1181		107.6	105.8		
1990	1809	1810	1358		113.0	112.9	115.0	
1991	2022	1989	1538		111.8	109.9	113.3	
1992	2248	2316	1601	1699	111.2	116.4	104.1	
1993	2897	3058	1714	2536	128.9	132.0	107.1	149.3
1994	3912	4189	2409	2975	135.0	136.9	140.5	117.3
1995	4406	4684	3051	3171	112.6	111.8	126.7	106.6
1996	5021	5239	3230	5151	114.0	111.8	105.9	162.4
1997	5927	6134	3467	6218	118.0	117.1	107.3	120.7
1998	6915	7052	4471	6836	109.2	106.3	79.6	125.8
1999	7337	7377	6074	7365	106.1	104.6	135.9	107.7
2000	7951	8220	5931	7300	108.4	111.4	97.6	99.1
2001	9919	10285	7917	8845	124.8	125.1	133.5	121.2
2002	11223	11646	9609	10363	113.1	113.2	121.4	117.2
2003	13151	13853	11522	11986	117.2	119.0	119.9	115.7
2004	16965	17801	12068	15777	129.0	128.5	104.7	131.6
2005	21628	21532	14375	22257	127.5	121.0	119.1	141.1
2006	27074	27320	18838	27120	125.2	126.9	131.0	121.8
2007	31829	31911	24744	32104	117.6	116.8	131.4	118.4
2008	36255	38373	32301	32196	113.9	120.3	130.5	100.3
2009	44205	47623	40170	37436	121.9	124.1	124.4	116.3
2010	53015	56944	47938	45338	119.9	119.6	119.3	121.1
2011	59306	63526	57504	51656	111.9	111.6	120	113.9
2012	66892	69599	63605	61978	112.8	109.6	110.6	120
2013	68231	74486	64269	61803	102.0	107.0	101.0	-100.3
2014	69955	75008	63071	65268	102.5	100.7	-101.9	105.6

注:1998年(包括1998年)以后全部职工平均工资为在岗职工平均工资。

5－10 分行业在岗职工平均工资(2014年)

单位:元

指　　标	合　　计	国有单位	城镇集体单位	其他单位
合　计	69955	75008	63071	65268
按企业、事业、机关分组				
企　业	69846	86155	61843	65268
事　业	71351	71410	66394	78216
机　关	68465	68465		
按国民经济行业分组				
农、林、牧、渔业	65046	65046		
采矿业	81162	95934	29109	75422
制造业	55628	90399	37094	50736
电力、热力、燃气及水生产和供应业	93055	82494		97553
建筑业	46213	34894	34960	46446
交通运输、仓储和邮政业	66468	57146	57297	69404
信息传输、软件和信息技术服务业	67599	59551		77068
批发和零售业	57805	66060		52893
住宿和餐饮业	38183	38927		38126
金融业	79508	80658	66532	88697
房地产业	60718	54708		50151
租赁和商务服务业	61065	48404	79800	65626
科学研究、技术服务业	76360	72571	81000	79063
水利、环境和公共设施管理业	51559	52012		43350
居民服务、修理和其他服务业	50996	69832		34610
教　育	79430	80004	72140	41907
卫生和社会工作	75632	78103	65776	36443
文化、体育和娱乐业	77245	78361		44637
公共管理、社会保障和社会组织	67360	67360		

5－11 分旗区分行业在岗职工平均工资(2014年)

单位:元

指　　标	东胜区	达拉特旗	准格尔旗	鄂托克前旗	鄂托克旗	杭锦旗	乌审旗	伊金霍洛旗
合　计	74499	57539	74721	61551	59101	58841	61727	78580
按企业、事业、机关分组								
企　业	73899	51495	74954	48389	55988	44905	60671	84963
事　业	72928	71546	75641	77004	76265	72214	63305	62387
机　关	79923	56877	73054	62797	69318	55369	61170	63295
按国民经济行业分组								
农、林、牧、渔业	82281	57154		68333	63395	62898	66312	60826
采矿业	82879	43066	81091	49485	55045		75760	85926
制造业	52024	45406	58162	40877	55207	41162	63476	122750
电力、热力、燃气及水生产和供应业	100799	92686	101368	80661	67766	57557	64320	103868
建筑业	64148	34032	36259	41989	36750	32942	66182	57113
交通运输、仓储和邮政业	73688	42416	76345	31997	65097	39930	33100	43010
信息传输、软件和信息技术服务业	73476	36771	53820	62375	40707	31331	54127	80731
批发和零售业	76107	26276	33172	37263	41839	31875	33708	59290
住宿和餐饮业	48967	30709	31268		45946	63049		36859
金融业	86644	57460	45949	79500	97391	50864	149267	59858
房地产业	66335	39045	53567	23188	42493	42183	28540	48263
租赁和商务服务业	92201	49770	46113	84455	28787	61087	57585	36502
科学研究、技术服务业	79235	48373	59850	61690	90326	69961	60335	67250
水利、环境和公共设施管理业	51021	67804			53119	50198	57842	48829
居民服务、修理和其他服务业	51578	39690			24000	60923	62286	
教　育	85829	80584	79138	80756	51476	79195	68880	70560
卫生和社会工作	85190	57881	73972	74944	82854	74554	62705	65038
文化、体育和娱乐业	86180	57553	46267	78617	76010	51868	55033	73751
公共管理、社会保障和社会组织	79551	56786	70686	64708	68020	55614	57203	63461

5－12 国有单位年末就业人员和劳动报酬(2014年)

单位:人、万元

指　　标	就业人员	#女　性	在岗职工	单位就业人员劳动报酬	在岗职工工资总额	其他就业人员劳动报酬
合　计	150406	60332	148542	1118337	1114187	4150
按企业、事业、机关分组						
企　业	45534	12567	44698	387373	385098	2275
事　业	64129	33235	63470	454729	453240	1489
机　关	39919	14221	39555	271191	270814	376
按国民经济行业分组						
农、林、牧、渔业	2757	967	2760	17953	17953	
采矿业	21167	3202	21356	204944	204877	68
制造业	7098	1494	6736	60893	60893	
电力、热力、燃气及水生产和供应业	5259	1154	5114	42390	42187	202
建筑业	158	15	123	534	429	105
交通运输、仓储和邮政业	3506	1762	556	19984	19670	314
信息传输、软件和信息技术服务业	2108	1020	2039			
批发和零售业	2639	1502	2565	17376	16944	432
住宿和餐饮业	252	134	260	1012	1012	
金融业	5042	2855	4824	39511	38909	602
房地产业	403	198	394	2156	2156	
租赁和商务服务业	558	171	550	2681	2662	19
科学研究、技术服务业	1829	624	1829	13172	13172	
水利、环境和公共设施管理业	11087	5015	11087	57848	57848	
居民服务、修理和其他服务业	107	36	107	747	747	
教　育	27511	16060	27434	219060	219060	192
卫生和社会工作	9592	5642	9517	74483	74315	167
文化、体育和娱乐业	2828	1479	2765	20994	20828	165
公共管理、社会保障和社会组织	46505	17002	46013	309695	308382	1312

5—13 城镇集体单位年末就业人员和劳动报酬(2014年)

单位:人、万元

指　标	就业人员	#女　性	在岗职工	单位就业人员劳动报酬	在岗职工工资总额	其他就业人员劳动报酬
合　计	3508	1814	3479	21428	21350	78
按企业、事业、机关分组						
企　业	2567	1320	2567	15281	15281	
事　业	941	494	912	6147	6068	78
机　关						
按国民经济行业分组						
农、林、牧、渔业						
采矿业	45	6	45	134	134	
制造业	277	62	277	1031	1031	
电力、热力、燃气及水生产和供应业						
建筑业	50	10	50	175	175	
交通运输、仓储和邮政业	37		37	212	212	
信息传输、软件和信息技术服务业						
批发和零售业						
住宿和餐饮业						
金融业	2192	1240	2192	13932	13932	
房地产业						
租赁和商务服务业	10	4	80	80		
科学研究、技术服务业	18	7	146	146		
水利、环境和公共设施管理业						
居民服务、修理和其他服务业						
教　育	86	82	490	411	78	
卫生和社会工作	793	403	793	5229	5229	
文化、体育和娱乐业						
公共管理、社会保障和社会组织						

5－14 其他单位年末就业人员和劳动报酬(2014 年)

单位:人、万元

指　　标	就业人员	#女　性	在岗职工	单位就业人员劳动报酬	在岗职工工资总额	其他就业人员劳动报酬
合　计	157704	44641	152868	1038559	1012558	26001
按企业、事业、机关分组						
企　业	157476	44521	152640	1037114	1011113	26001
事　业	116	57	116	907	907	
机　关						
按国民经济行业分组						
农、林、牧、渔业						
采矿业	55396	10936	53523	424895	411399	13496
制造业	47060	16669	46470	241378	237580	3798
电力、热力、燃气及水生产和供应业	12129	3129	11939	117511	117151	359
建筑业	9713	2234	8441	44454	39033	5420
交通运输、仓储和邮政业	11161	1909	11042	78391	6578	1755
信息传输、软件和信息技术服务业	1713	1145	1713	13356	13356	
批发和零售业	4336	1762	4311	22875	22802	73
住宿和餐饮业	3041	1737	3009	13059	12917	142
金融业	2409	1459	2409	20870	20870	
房地产业	5072	2225	4866	25236	24524	712
租赁和商务服务业	1519	437	149	9857	9752	105
科学研究、技术服务业	2615	280	2584	19934	19876	58
水利、环境和公共设施管理业	416	110	415	2665	2662	3
居民服务、修理和其他服务业	192	91	141	485	426	60
教　育	411	187	411	1710	1710	
卫生和社会工作	430	271	400	1479	1458	21
文化、体育和娱乐业	91	60	91	406	406	
公共管理、社会保障和社会组织						

5－15 分旗区分行业在岗职工工资总额(2014 年)

单位:万元

指　　标	东胜区	达拉特旗	准格尔旗	鄂托克前旗	鄂托克旗	杭锦旗	乌审旗	伊金霍洛旗
合　计	655419	180092	453803	48822	244765	63719	881283	413293
按企业、事业、机关分组								
企　业	377180	97794	363751	16080	189334	14284	35001	318068
事　业	176968	59963	60052	20614	30376	30388	32108	4975
机　关	101271	22336	24634	12057	24920	19047	21073	45477
按国民经济行业分组								
农、林、牧、渔业	5801	5864		185	241	2038	723	3881
采矿业	57709	650	274914	6948	19937		5084	251394
制造业	59864	37189	20432	1198	142859	2182	13247	22291
电力、热力、燃气及水生产和供应业	52053	33441	30116	2501	11737	2923	4599	21968
建筑业	14500	6156	8981	1948	235	1127	364	6225
交通运输、仓储和邮政业	67012	5200	15429	1027	2207	1481	2727	1325
信息传输、软件和信息技术服务业	21477	401	1916	100	236	520	639	210
批发和零售业	27558	1926	4296	667	728	383	485	3368
住宿和餐饮业	2649	3120	4140		937	2043		734
金融业	45367	4867	3253	1367	4938	2319	5926	5675
房地产业	12796	3647	1945	383	3353	1219	862	2476
租赁和商务服务业	7210	2100	286	93	959	141	541	1164
科学研究、技术服务业	27772	987	239	617	1301	714	1134	430
水利、环境和公共设施管理业	39286	4773			313	1702	694	13741
居民服务、修理和其他服务业	758	167			2	158	87	
教　育	56115	37488	43035	11411	17167	18302	14237	23426
卫生和社会工作	37058	7849	14018	2938	5286	3795	4076	5984
文化、体育和娱乐业	13522	1404	139	1109	1551	944	671	1895
公共管理、社会保障和社会组织	106814	22873	30664	16332	30779	21728	32085	47107

主要统计指标解释

从业人员 指从事一定社会劳动并取得劳动报酬或经营收入的人员，包括全部职工、再就业的离退休人员、私营业主、个体户主、私营和个体从业人员、乡镇企业从业人员、农村从业人员、其他从业人员(包括民办教师、宗教职业者、现役军人等)。这一指标反映了一定时期内全部劳动力资源的实际利用情况，是研究我国基本国情国力的重要指标。

各单位的从业人员 指在各级国家机关、政党机关、社会团体及企业、事业单位中工作，取得工资或其他形式的劳动报酬的全部人员。包括在岗职工、再就业的离退休人员、民办教师以及在各单位中工作的外方人员和港澳台方人员、兼职人员、借用的外单位人员和第二职业者。不包括离开本单位仍保留劳动关系的职工。各单位的从业人员反映了各单位实际参加生产或工作的全部劳动力。

城镇私营和个体从业人员 城镇私营从业人员指在工商管理部门注册登记，其经营地址设在县城关镇(含城关镇)以上的私营企业从业人员；包括私营企业投资者和雇工。城镇个体从业人员指在工商管理部门注册登记，并持有城镇户口或在城镇长期居住，经批准从事个体工商经营的从业人员；包括个体经营者和在个体工商户劳动的家庭帮工和雇工。

城镇登记失业人员 指有非农业户口，在一定的劳动年龄内，有劳动能力，无业而要求就业，并在当地就业服务机构进行求职登记的人员。

城镇登记失业率 指城镇登记失业人数同城镇从业人数与城镇登记失业人数之和的比。计算公式为：

$$城镇登记失业率=\frac{城镇登记失业人数}{(城镇从业人数+城镇登记失业人数)}\times 100\%$$

职工 指在国有经济、城镇集体经济、联营经济、股份制经济、外商和港、澳、台投资经济、其他经济单位及其附属机构工作，并由其支付工资的各类人员，不包括返聘的离退休人员、民办教师、在国有经济单位工作的外方人员和港、澳、台人员(1998 年以后的数据均为在岗职工数据，其他相关指标如职工工资总额，职工平均工资等指标也从 1998 年按此口径进行了相应调整)。

国有单位职工 指在国有经济单位及其附属机构工作，并由其支付工资的各类人员。

城镇集体单位职工 指在城镇集体经济单位及其管理部门工作，并由其支付工资的各类人员。

其他单位职工 指在联营经济、股份制经济、外商投资经济、港、澳、台投资经济单位工作，并由其支付工资的各类人员。

在岗职工 指在本单位工作并由单位支付工资的人员，以及有工作岗位，但由于学习、病伤产假等原因暂未工作，仍由单位支付工资的人员。

职工工资总额 指各单位在一定时期内直接支付给本单位全部职工的劳动报酬总额。工资总额的计算原则应以直接支付给职工的全部劳动报酬为根据。各单位支付给职工的劳动报酬以及其他根据有关规定支付的工资，不论是计入成本的还是不计入成本的，不论是按国家规定列入计征奖金税项目的，还是未列入计征奖金税项目的，不论是以货币形式支付的还是以实物形式支付的，均包括在工资总额内。

职工平均工资 指企业、事业、机关单位的职工在一定时期内平均每人所得的货币工资额。它表明一定时期职工工资收入的高低程度，是反映职工工资水平的主要指标。计算公式为：

$$职工平均工资=\frac{报告期实际支付的全部职工工资总额}{报告期全部职工平均人数}$$

六、固定资产投资

资料整理员：雷乌日娜

■ 乌兰木伦四号桥

6—1 历年全社会固定资产投资

单位:万元

年　份	投资总额	#住　宅	按隶属关系分		按投资管理渠道分		
			中央项目	地方项目	城镇投资	房地产开发	农村非农户
1990	80244	6728	54992	25252			
1991	146368	10354	113781	32587			
1992	226697	13771	185614	41083			
1993	328640	14122	256359	72281			
1994	339488	18347	234328	105160			
1995	441614	26656	325543	116071			
1996	437411	30102	307119	130292			
1997	387457	17905	237341	150116			
1998	357787	32432	154239	203548			
1999	392515	32796	76675	315840			
2000	499192	32837	132129	367063			
2001	588413	48009	162950	425463			
2002	685627	74126	89927	595700			
2003	1355670	71508	177902	1177768			
2004	2627350	140286	164469	2462881			
2005	4036867	261649	326636	3710231			
2006	6166689	425529	1224059	4942630			
2007	8857444	725080	2112525	6744919			
2008	10883868	1175319	3137727	7746141	9284253	1508162	82520
2009	15675329	1413296	2503149	13172180	12984676	2194432	445032
2010	18983954	1842934	2536083	16447871	15924187	2805296	254474
2011	22434230	2515436	2056723	20377507	18068806	4260312	105112
2012	25705760	1171048	2450687	23255073	23777118	1753420	175222
2013	29960428	1256726	2951729	27008699	28388233	1375613	196582
2014	23904285	718031	1636345	22267940	22863130	834954	206201

注:2013年以前全社会固定资产投资包含50万元以上项目投资,2014年改为500万元以上项目投资。

6—2　按登记注册类型分的固定资产投资

单位:万元

指　　标	2013	2014			
			城镇投资	农村非农户	房地产开发
投资总额(万元)	29960428	23904285	22863130	206201	834954
按登记注册类型分					
内资企业	29952828	23783068	22788314	206201	788553
国有企业	10025794	8861153	8729501	131652	
集体企业	2493	6313	6313		
股份合作企业	272913	132917	132797		120
联营企业	1391	4775	4775		
有限责任公司	15400972	12611048	12551684	59364	
国有独资公司	69884	408045	318380		89665
其他有限责任公司	960274	12667576	12233304	59364	374908
股份有限公司	823422	480700	427876	986	51838
私营企业	872692	542989	528790	14199	
私营独资企业	800	8934	8760	174	
私营有限责任公司	203134	557620	271573	14025	272022
私营股份有限公司	46240	233057	233057		
其他企业	1272819	406578	406578		
港、澳、台商投资企业					
外商投资企业		119317	72916		46401
个体经营	7600	1900	1900		

6—2 续表

单位:万元

指　　标	2013	2014	城镇投资	农村非农户	房地产开发
按隶属关系分					
中　央	2951729	1636345	1611894	6181	18270
地　方	27008699	22267940	21251236	200020	816684
自治区	2281493	1567572	1538309		29263
盟市旗县	24727206	20700368	19712927	200020	787421
盟(市)	5313857	3735985	3451854	32300	251831
县(旗、县级市)	15833702	13295264	12969676	148185	177403
其他	3579647	3669119	3291397	19535	358187
按三次产业分					
第一产业	754699	663257	558107	105150	
第二产业	21147828	17144892	17144892		
第三产业	8057901	6096136	5160131	101051	834954
按资金来源分					
国家预算内资金	448804	229024	224904	4120	
国内贷款	3841308	3583488	3462858	2645	117985
利用外资	8001	1200	1200		
自筹资金	23971422	21510863	20228850	214165	1067848
其他资金	721205	392116	272171	7440	112505

6－3 按行业分的固定资产投资（2014年）

单位：万元

指　　标	投资额	城镇投资	农村非农户	房地产开发
农、林、牧、渔业	663257	558107	105150	
采矿业	4384539	4384539		
煤炭开采和洗选业	3361449	3361449		
石油和天然气开采业	621373	621373		
开采辅助活动	399617	399617		
制造业	10225141	10225141		
农副食品加工业	51744	51744		
食品制造业	57308	57308		
酒、饮料和精制茶制造业	88000	88000		
纺织业				
造纸及纸制品业	14420	14420		
石油加工、炼焦及核燃料加工业	1578674	1578674		
化学原料及化学制品制造业	3680142	3680142		
橡胶和塑料制品业	467308	467308		
非金属矿制品业	218168	218168		
黑色金属冶炼和压延加工业	238463	238463		
有色金属冶炼和压延加工业	161818	161818		
金属制品业	13965	13965		
通用设备制造业	18546	18546		
专用设备制造业	1005817	1005817		
汽车制造业	1245882	1245882		
铁路、船舶、航空航天等制造业	3500	3500		
电气机械及器材制造业	596760	596760		
计算机、通信和其他电子设备制造业	641156	641156		
电力、热力、燃气及水的生产和供应业	2328528	2328528		
电力、热力的生产和供应业	1317284	1317284		
燃气生产和供应业	368287	368287		
水的生产和供应业	642957	642957		
建筑业	206684	206684		
房屋建筑业	46911	46911		
土木工程建筑业	85754	85754		
建筑安装业	38536	38536		
建筑装饰和其他建筑业	35483	35483		
批发和零售业	136800	136075	725	
批发业	54102	53377	725	
零售业	82698	82698		
交通运输、仓储和邮政业	1063750	1005994	57756	
铁路运输业	276375	276375		
道路运输业	737323	681537	55786	
航空运输业				
装卸搬运和运输代理业	3468	3468		
仓储业	46569	44599	1970	

6－3 续表

单位：万元

指　　标	投资额	城镇投资	农村非农户	房地产开发
住宿和餐饮业	207650	198750	8900	
住宿业	130563	121663	8900	
餐饮业	77087	77087		
信息传输、软件和信息技术服务业	127583	125702	1881	
互联网和相关服务业	51452	51452		
软件和信息技术服务业	52905	52905		
金融业	11053	11053		
房地产业	1388242	552995	293	834954
租赁和商务服务业	65058	64065	993	
租赁业				
商务服务业	65058	64065	993	
科学研究和技术服务业	57130	57130		
研究与试验发展	50111	50111		
专业技术服务业	6188	6188		
科技交流和推广服务业	831	831		
水利、环境和公共设施管理业	1990083	1971844	18239	
水利管理业	154462	151618	2844	
生态保护和环境治理业	154646	153646	1000	
公共设施管理业	1680975	1666580	14395	
居民服务和其他服务业	223513	222847	666	
居民服务业	33990	33324	666	
机动车、电子产品和日用产品修理业	173115	173115		
教育	77464	77464		
卫生和社会工作	94740	85132	9608	
卫生	67163	61980	5183	
社会工作	27577	23152	4425	
文化、体育和娱乐业	375594	374094	1500	
广播、电视、电影和影视录音制作业	175710	175710		
文化艺术业	94169	92669	1500	
体育	102592	102592		
娱乐业	3123	3123		
公共管理和社会组织	277476	276986	490	
国家机构	262639	262634	5	
群众团体、社会团体和其他成员组织	1257	772	485	
基层群众自治组织				

6—4 固定资产投资(按资金来源和构成分)

年 份	按资金来源分				按构成分		
	国家预算内资金	国内贷款	利用外资	自筹和其他资金	建筑安装工程	设备工器具购置	其他费用
投资额(万元)							
1991	1537	9422	90024	30096	87325	21569	25002
1992	12045	29945	124783	48908	129892	53368	29548
1993	23050	74082	141298	74861	170956	108419	29837
1994	15219	155772	73833	76113	134299	127064	54713
1995	47839	180246	60429	115122	140155	156318	112678
1996	28326	157489	9404	158488	149124	111596	133831
1997	4186	212274	12940	125592	136110	124932	87789
1998	21513	138201	55	176291	213855	82047	35590
1999	44647	133766	41424	157063	286463	46365	26302
2000	25411	129678	28023	244183	307790	113856	41445
2001	40332	183270	34189	240300	373360	111846	56507
2002	94139	248813	16361	348561	419569	123364	80854
2003	152524	383120	17856	700436	833516	239047	132150
2004	236996	414543	5900	1549337	1614467	354070	183480
2005	304813	921847	23400	2408083	3114401	470273	255855
2006	213850	929994	19610	5176216	4600065	900548	458377
2007	357413	885528	16430	7210208	6592767	1336234	691206
2008	619477	575756	35322	10034192	7304271	2410077	1078067
2009	1585599	1033226	9483	13411789	11605036	2084633	1934471
2010	786444	972873		22816916	13863506	3194486	1925962
2011	540894	2089025	20041	22456713	16985007	4426672	1022551
2012	571690	3139408	4505	22530035	18110158	6714273	881329
2013	448804	3841308	8001	23971422	17579069	11599868	781491
2014	229024	3583488	1200	21902979	13832272	9162656	909357
构成(%)							
1991	1.17	7.19	68.68	22.96	65.22	16.11	18.67
1992	5.58	13.88	57.86	22.68	61.04	25.08	13.88
1993	7.35	23.65	45.10	23.90	55.29	35.06	9.65
1994	4.74	48.53	23.01	23.72	42.49	40.20	17.31
1995	11.85	44.66	14.97	28.52	34.25	38.21	27.54
1996	8.00	44.53	2.66	44.81	37.80	28.28	33.92
1997	1.18	59.79	3.65	35.38	39.02	35.81	25.17
1998	6.40	41.12	0.02	52.46	64.51	24.75	10.74
1999	11.85	35.49	10.99	41.67	79.77	12.91	7.32
2000	5.94	30.35	6.56	57.15	66.46	24.59	8.95
2001	8.10	36.80	6.86	48.24	68.92	20.65	10.43
2002	13.30	35.15	2.31	49.24	67.26	19.78	12.96
2003	12.16	30.55	1.43	55.86	69.19	19.84	10.97
2004	10.74	18.79	0.27	70.21	75.02	16.45	8.53
2005	8.33	25.20	0.64	65.83	81.09	12.25	6.66
2006	3.37	14.67	0.31	81.65	77.20	15.11	7.69
2007	4.22	10.46	0.19	85.13	76.48	15.50	8.02
2008	5.50	5.11	0.31	89.08	67.68	22.33	9.99
2009	9.89	6.44	0.06	83.61	74.28	13.34	12.38
2010	3.20	3.96		92.84	73.03	16.83	10.15
2011	2.15	8.32	0.08	89.45	75.71	19.73	4.56
2012	2.18	11.96	0.02	85.84	70.43	26.14	3.43
2013	1.59	13.59	0.03	84.79	58.67	38.72	2.61
2014	0.89	13.93	0.01	85.17	57.87	38.33	3.8

注:固定资产投资指基本建设、更新改造、房地产开发和其他投资。

6－5 2000年以来分旗区全社会固定资产投资

单位：万元

年 份	东胜区	达拉特旗	准格尔旗	鄂托克前旗	鄂托克旗	杭锦旗	乌审旗	伊金霍洛旗
2000	96150	68823	139631	15572	24290	31617	33486	53522
2001	113526	108248	193483	37449	36976	39277	12776	46678
2002	133547	98528	142756	46327	72169	57211	45007	90082
2003	176384	241942	195515	55756	234514	72797	121996	256766
2004	414008	401389	604220	88805	420759	112817	164091	421261
2005	650047	658135	779034	134027	667926	133708	322721	691269
2006	1109246	1116626	1132924	106860	954152	143274	508468	1095139
2007	1882170	1178285	1983327	184842	1204716	209059	709571	1505474
2008	2292497	1280193	2149836	608272	1476742	312251	1043240	1720839
2009	4009012	1533176	3216813	604088	1614760	812232	1684010	2201237
2010	5000302	1600183	4000523	881954	2000236	1000427	1900163	2600166
2011	5602266	1716933	4785443	1558871	2205138	1100552	2367696	3097331
2012	6026112	1902895	5501237	2013646	2601030	1251312	3003623	3405905
2013	6501079	2305451	6204832	2309507	3070785	1700703	3601067	3954250
2014	4030297	1899832	4451373	2001245	2650724	1357909	3304655	3452942

6—6 分旗区固定资产投资(2014年)

指　　标	东胜区	达拉特旗	准格尔旗	鄂托克前旗	鄂托克旗	杭锦旗	乌审旗	伊金霍洛旗	康巴什	不分地区
投资总额(万元)	4030297	1899832	4451373	2001245	2650724	1357909	3304655	3452942	373836	381472
按登记注册类型分										
内资企业	3983896	1897932	4451373	2001245	2650724	1357909	3304655	3380026	373836	381472
国有企业	372877	648388	458696	1495149	298951	94614	2624761	2314949	171296	381472
集体企业		6313								
股份合作企业	131700	1097		120						
联营企业	700	4075								
有限责任公司	2950223	887725	3868475	177702	2234608	1254206	369049	786746	82314	
国有独资公司	23675		34257					328043	22070	
其他有限责任公司	3094669	969798	3890339	177702	2235268	1263295	372874	496251	167380	
股份有限公司	58104	192086	52078		9798		35505	130868	2261	
私营企业	102048	24774			106707		268386	32791	8283	
私营独资企业	3460	5300					174			
私营有限责任公司	298711	4074		1500	106707		35784	100015	10829	
私营股份有限公司							233057			
其他企业		51401	16003	326774			2500	9900		
港、澳、台商投资企业										
外商投资企业	46401							72916		
个体经营		1900								
按隶属关系分										
中　央	18270	85355	86794			6181	601392	455403	1478	381472
地　方	4012027	1814477	4364579	2001245	2650724	1351728	2703263	2997539	372358	
#市直旗区项目	3781120	1814477	3241753	2001245	2632745	1351728	2592655	2912814	371831	
按资金来源分										
国家预算内资金		190853	18699	1552		1300	5978	10642		
国内贷款	40078	119437	1131519	72189	22037		1786125	349627	29987	32489
利用外资							1200			
自筹资金	5135778	1544846	1754527	1708934	3782489	2088242	1498310	3269027	379727	348983
其他资金	45854	43944	30101	218138	40	7440	100	40348	6151	
房屋建筑面积(平方米)										
施工面积	16757657	1802940	2930666	848404	223490	2168356	388937	7199958	2285677	
#住宅	8499370	751012	1852106	622106	122935	618294	247391	3631060	1263221	
竣工面积	647842	20993	142200	275268	148800		45602	425176		
#住宅	530639	16235	135600	112000	122935		29723	365276		

6－7 分旗区国民经济各行业固定资产投资(2014 年)

单位:万元

指 标	东胜区	达拉特旗	准格尔旗	鄂托克前旗	鄂托克旗	杭锦旗	乌审旗	伊金霍洛旗	康巴什	不分地区
总 计	4030297	1899832	4451373	2001245	2650724	1357909	3304655	3452942	373836	381472
按国民经济行业分										
农、林、牧、渔业	15687	232890	94122	116295	38095	62700	17160	86308		
采矿业	388772	262087	1081787	207941	105030	207400	968699	781351		381472
制造业	2456109	540853	1647256	302572	2106762	717705	1902464	551420		
电力、燃气及水的生产和供应业	47725	393352	720763	232174	111186	279436	34040	499796	10056	
建筑业		7799	10739	89404		3804	84111		10827	
交通运输、仓储和邮政业	48527	96645	494915		20211	23627	156635	198018	25172	
信息传输、计算机服务和软件业	41792	3240	3055	2950		1881		42545	32120	
批发和零售业	2822	23290	30900	32331	9840	5912	6286	25419		
住宿和餐饮业	56663	5010	20612		38251		7018	80096		
金融业		2963		8090						
房地产业	521767	92286	62995	404851	5796	25699	4454	155898	114496	
租赁和商务服务业	8335	3954	2384	10204	29877		6784		3520	
科学研究、技术服务和地质勘查业	42911		20				4681		9518	
水利、环境和公共设施管理业	149379	165786	222224	387369	84692	24123	73178	824070	59262	
居民服务和其他服务业	179283	5169			36020	1241		1800		
教 育	2594		17734	29853	10334	1168	5828	3500	6453	
卫生、社会保障和社会福利业	24671	17469	25764	4781		2844	15655	3206	350	
文化、体育和娱乐业	35000	1580	13465	3600	41050	369	13162	165640	101728	
公共管理和社会组织	8260	45459	2638	168830	13580		4500	33875	334	

6－8 固定资产新增主要生产能力(2014年)

项目	本年施工规模	#本年新开工能力	累计新增生产能力	#本年新增
原煤开采(万吨/年)	8333.8	5098.8	940	540
洗　煤(万吨/年)	5718	3148	2850	2450
焦　炭(万吨/年)	820	760	770	760
天然气开采(亿立方米/年)	25	9	8	8
水　泥(万吨/年)	225	225	225	225
火力发电(万千瓦)	120			
输电线路长度(11万伏及以上,公里)	1400.1	931.1	1058.1	1010.58
新建公路(公里)	753.97	303.65	363.05	351.2
#一级公路	67.5	65	65	65
改建公路(公里)	533.8	425.8	432	432

6－9　房地产开发主要指标

指　　标	2001	2002	2003	2004	2005	2006	2007	2008	2009	2010	2011	2012	2013	2014
一、企业个数（个）				75	95	138	177	317	257	302	351	319	262	220
二、年末从业人员（人）	1069	1530	1643	2754	3831	3629	4440	8903	6930	11427	13771			
三、土地开发及购置（万平方米）														
本年土地开发面积		16.9	6.8	17.4	77.4	58.2	213.8	381.9	189.6					
本年土地购置面积		15.4	14.4	21.9	220.2	205.4	261.4	369.5	244.3	341.6	114.01	39.7	7.72	18.59
四、本年完成投资（万元）	18762	36833	55574	63327	170500	405562	848623	1508162	2194432	2805296	4260312	1753420	1375613	834954
#住　宅	16104	27247	36426	40978	140365	317452	632588	1059637	1154230	1586133	2270298	918746	1013126	645163
五、资金来源小计（万元）	17309	33596	52568	82720	174904	416636	857378	1666198	1988218	3173311	4647938	2102574	1765884	1298338
#国内贷款	1756	8285	11315		3301	23290	57049	108921	308906	113549	149296	183488	141536	117985
利用外资														
自筹资金	5240	18294	34850		154701	349318	663920	1405555	1491064	2970181	4342984	1690378	1295659	1067848
六、房屋建筑面积（万平方米）														
施工面积	34.3	58.1	60.7	87.4	239.9	498.3	723.1	1240.6	2255.0	3158.3	4199.8	3978.1	2622.7	1915
本年新开工面积	25.0	53.7	57.0	46.2	202.9	352.0	488.0	756.8	1624.0	1343.2	1783.0	1076.0	189.9	148.36
#住　宅	21.3	44.1	40.9		180.0	282.2	380.9	473.8	963.7	704.8	947.76	626.28	117.17	110.13
竣工面积	19.2	37.2	45.9	61.7	71.2	201.0	263.0	422.0	260.5	217.4	217.74	433.52	361.41	142.61
竣工房屋价值（万元）	14280	32812	42825	60564	73430	207839	436700	676165	490778	325977	633304	1010107	957286	486835
七、商品房屋销售面积（万平方米）	13.3	35.7	33.2	61.9	111.6	239.3	416.5	420.1	406	535.5	459.88	232.69	233.17	235.69
#住　宅	12.0	31.1	24.8	46.6	100.6	214.1	328.1	375.4	356.26	448.2	360.68	181.41	200.99	198.32

6－10 房地产开发建设投资总规模及完成情况

单位：万元

年　份	实际需要总投资	自开始建设至本年底累计完成投资	# 本年完成投资
1998	8538	5693	5593
1999	13190	9680	7984
2000	23846	16185	13298
2001	27856	20979	18762
2002	57310	43803	36833
2003	66481	56524	55574
2004	130395	91224	63327
2005	375377	170500	170500
2006	755784	405562	405562
2007	1350678	1035175	848623
2008	2854170	1931352	1508162
2009	6790575	3045494	2194432
2010	10583822	5047433	2805296
2011	15311269	8373038	4260312
2012	17088952	9057035	1753420
2013	16010563	8614640	1375613
2014	15810214	7966431	834954

6－11 按用途分的房地产开发企业(单位)完成情况

单位：万元

年　份	本年完成投资额	住　宅	# 别墅高档公寓	办公楼	商业营业用房	其　他
1998	5593	4278		26	1157	132
1999	7984	5476		407	2101	
2000	13298	8504		430	3679	685
2001	18762	16104		108	2520	30
2002	36833	27247	404	1780	5843	1963
2003	55574	36426		4322	13531	1295
2004	63327	40978				
2005	170500	140365	14573	3514	22887	3734
2006	405562	317452	36196	24137	49148	14825
2007	848623	632588	126799	30886	137983	47166
2008	1508162	1059637	241546	55363	275112	118050
2009	2194432	1154230	168363	207966	592459	239777
2010	2805296	1586133	74196	237380	674898	306885
2011	4260312	2270298	116107	402020	1123237	464757
2012	1753420	918746	61732	184959	474212	175503
2013	1375613	1013126	38069	100020	180967	81500
2014	834954	645163	1551	26802	112856	50133

6－12　商品房屋销售情况

年　份	房屋销售面积（万平方米）	#住　宅	商品房销售额（万元）	#住　宅
1998	4.57	4.24	3967	3411
1999	8.59	7.99	6452	5487
2000	12.69	10.92	11587	7881
2001	13.29	12.00	13850	11583
2002	35.72	31.10	39373	33047
2003	33.19	24.78	49302	26456
2004	61.85	46.55	77788	54618
2005	111.64	100.58	186962	155476
2006	239.27	214.14	475781	380386
2007	416.47	328.05	1181255	811187
2008	420.06	375.40	1272364	1073960
2009	405.97	347.54	1595652	1190484
2010	535.5	448.20	2516254	1730219
2011	459.88	360.68	2242779	1558238
2012	232.69	181.41	1079007	731921
2013	233.17	200.99	1038527	816357
2014	235.69	198.32	1025223	803890

主要统计指标解释

全社会固定资产投资 固定资产投资是社会固定资产再生产的主要手段。通过建造和购置固定资产的活动，国民经济不断采用先进技术装备，建立新兴部门，进一步调整经济结构和生产力的地区分布，增强经济实力，为改善人民物质文化生活创造物质条件。这对我国的社会主义现代化建设具有重要意义。

固定资产投资额是以货币表现的建造和购置固定资产活动的工作量，它是反映固定资产投资规模、速度、比例关系和使用方向的综合性指标。全社会固定资产投资按经济类型可分为国有、集体、个体、联营、股份制、外商、港澳台商、其他等。

城镇固定资产投资 指城镇各种登记注册类型的企业、事业、行政单位及个体户进行的计划总投资(或实际需要总投资)500 万元及 500 万元以上的建设项目投资、房地产开发投资、城镇和工矿区私人建房投资。县城及以上区域内发生的投资，县及县以上各级政府及主管部门直接领导、管理的建设项目和企业事业单位的投资均为城镇固定资产投资。

房地产开发投资 指房地产开发公司、商品房建设公司及其他房地产开发法人单位和附属于其他法人单位实际从事房地产开发或经营的活动单位统一开发的包括统代建、拆迁还建的住宅、厂房、仓库、饭店、宾馆、度假村、写字楼、办公楼等房屋建筑物和配套的服务设施，土地开发工程(如道路、给水、排水、供电、供热、通讯、平整场地等基础设施工程)的投资；不包括单纯的土地交易活动。

农村投资 包括在农村区域范围内进行固定资产投资活动的企业、事业、行政单位及农村个人投资。

建设总规模 是指在报告期内所有施工项目的计划总投资。这个指标和施工项目相对应。

在建总规模 是指在报告期末所有在建项目的计划总投资。

在建净规模 是指报告期末所有在建项目建成投产尚需的投资总量。

在建净规模=在建总规模-累计完成投资。

固定资产投资的资金来源 根据固定资产投资的资金来源不同，分为国家预算内资金、国内贷款、利用外资、自筹资金和其他资金来源。

(1)国家预算内资金：指中央财政和地方财政中由国家统筹安排的基本建设拨款和更新改造拨款，以及中央财政安排的专项拨款中用于基本建设的资金和基本建设拨款改贷款的资金等。

(2)国内贷款：指报告期内企、事业单位向银行及非银行金融机构借入的用于固定资产投资的各种国内借款。包括银行利用自有资金及吸收的存款发放的贷款、上级主管部门拨入的国内贷款、国家专项贷款(包括煤代油贷款、劳改煤矿专项贷款等。)、地方财政专项资金安排的贷款、国内储备贷款、周转贷款等。

(3)利用外资：指报告期内收到的用于固定资产投资的国外资金，包括统借统还、自借自还的国外贷款，中外合资项目中的外资，以及对外发行债券和股票等。国家统借统还的外资指由我国政府出面同外国政府、团体或金融组织签订贷款协议、并负责偿还本息的国外贷款。

(4)自筹资金：指建设单位报告期内收到的，用于进行固定资产投资的上级主管部门、地方和企、事业单位自筹资金。

(5)其他资金来源：指报告期内收到的除以上各种拨款、借款、自筹资金之外，其他用于固定资产投资的资金。

固定资产投资按国民经济行业分 建设项目归哪个行业，按其建成投产后的主要产品或主要用途及社会经济活动性质来确定。基本建设按建设项目划分国民经济行业，更新改造、国有单位其他固定资产投资及城镇集体投资根据整个企业、事业单位所属的行业来划分。一般情况下，一个建设项目或一个企业、事业单位只属于一种国民经济行业。为了更准确地反映国民经济各行业之间的比例关系，联合企业(总厂)所属分厂属于不同行业的，原则上按分厂划分行业。

固定资产投资按建设性质分 建设项目的性质

一般分为新建、扩建、改建、迁建、恢复。基本建设按建设项目划分建设性质，更新改造、国有单位其他固定资产投资及城镇集体投资等按整个企业、事业单位的建设情况确定建设性质，房地产开发单位、农村投资、城镇工矿区私人建房等投资不划分建设性质。

（1）新建：一般是指从无到有、“平地起家”新开始建设的单位。有的单位原有的基础很小，经过建设后其新增加的固定资产价值超过原有固定资产价值（原值）三倍以上的也算新建。

（2）扩建：一般是指为扩大原有产品的生产能力，在厂内或其他地点增建主要生产车间（或主要工程）、独立的生产线或分厂的企业；事业单位和行政单位在原单位增建业务用房（如学校增建教学用房、医院增建门诊部或病床用房、行政机关增建办公楼等）也作为扩建。

（3）改建：一般是指现有企业、事业单位为了技术进步，提高产品质量，增加花色品种，促进产品升级换代，降低消耗和成本，加强资源综合利用和三废治理、劳保安全等，采用新技术、新工艺、新设备、新材料等对现有设施、工艺条件进行技术改造或更新（包括相应配套的辅助性生产、生活福利设施）。有的企业为充分发挥现有生产能力，进行填平补齐而增建不增加本单位主要产品生产能力的车间等，也属于改建。

固定资产投资按构成分 固定资产投资活动按其工作内容和实现方式分为建筑安装工程，设备、工具、器具购置，其他费用三个部门。

（1）建筑安装工程（建筑安装工作量）：指各种房屋、建筑物的建造工程和各种设备、装置的安装工程。包括各种房屋建造工程，各种用途设备基础和各种工业窑炉的砌筑工程；为施工而进行的各种准备工作和临时工程以及完工后的清理工作等；铁路、道路的铺设，矿井的开凿及石油管道的架设等；水利工程；防空地下建筑等特殊工程；以及各机械设备的安装工程；为测定安装工程质量，对设备进行的试运工作。在安装工程中，不包括被安装设备本身的价值；

（2）设备、工具、器具购置：指购置或自制达到固定资产标准的设备、工具、器具的价值，固定资产的标准按财务部门规定。新建单位、扩建单位的新建车间按照设计和计划要求购置或自制的全部设备、工具、器具，不论是否达到固定资产标准均计入“设备、工具、器具购置”中。

（3）其他费用：指在固定资产建造和购置过程中发生的，除建筑安装工程和设备、工具、器具购置以外的各种应摊入固定资产的费用。

施工项目 指报告期内曾进行建筑或安装工程施工活动的建设项目，包括报告期内新开工项目、报告期以前开工跨入报告期继续施工的项目以及报告期施过工并在报告期内全部建成投产或停缓建的项目。

全部建成投产项目 工业项目是指设计文件规定形成生产能力的主体工业及其相应配套的辅助设施全部建成，经负荷试运转，证明具备生产设计规定合格产品的条件，并经过验收鉴定合格或达到竣工验收标准，与生产性工程配套的生活福利设施可以满足近期正常生产的需要，正式移交生产的建设项目。非工业项目是指设计文件规定的主体工程和相应的配套工程全部建成，能够发挥设计规定的全部效益，经验收鉴定合格或达到竣工验收标准，正式移交作用的建设项目。

新增生产能力 指通过固定资投资活动而增加的设计能力或工程效益，它是用实物形态表示的固定资产投资的成果，也是考核投资经济效果的重要依据。新增生产能力的计算，是以能独立发挥生产能力或工程效益的单项工程（或项目）为对象。当单项工程（或项目）建成，经有关部门鉴定合格，正式移交投入生产，即可算新增生产能力。新增生产能力或工程效益有以下几种表现形式：

（1）用产品数量表示，以工程在单位时间内（一般是一年）所能生产的产品数量（即年产量）表示。如原煤开采用万吨/年表示。

（2）用单位时间内所能处理的原料数量表示，以工程每天（或小时）所能处理原料的数量表示。

（3）以新增的主要设备数量或容量表示，如棉纺锭锭数、发电机组容量等。

(4)以节约的原材料、燃料、动力实物量表示，适用于反映更新改造节约项目的效益。

(5)以建筑物容积、容量、面积或长度表示，是非工业项目或工程新增效益的一种表现形式。如水库容量、铁路公路里程等。

根据工程的特点，有时需要用两种或两种以上的复合计量单位表示新增生产能力(或工程效益)，如新增内燃机生产能力同时用年产台数、千瓦数表示等。

房屋建筑面积 指从房屋外墙线算起的各层平面面积的总和，包括可供使用的有效面积和房屋结构(如柱、墙)占用的面积。多层建筑按各层(包括地下室)面积总和计算。

住宅建筑面积 指施工和竣工房屋建筑面积中供居住用的施工和竣工房屋建筑面积。

施工面积 指报告期内施工的全部房屋建筑面积。包括本期新开工的面积、上期跨入本期继续施工的房屋面积、上期停缓建在本期恢复施工的房屋面积、本期竣工的房屋面积及本期施工后又停缓建的房屋面积。

竣工面积 指在报告期内房屋建筑按照设计要求已全部完工，达到住人和使用条件，经验收鉴定合格，正式移交使用单位的建筑面积。

房屋建筑面积竣工率 指一定时期内房屋竣工面积占同期房屋施工面积的比率。它是从房屋建筑施工速度的角度反映投资效果和建筑业经济效益的指标。

新增固定资产 指通过投资活动所形成的新的固定资产价值，包括已经建成投入生产或交付使用的工程价值和达到固定资产标准的设备、工具、器具的价值及有关应摊入的费用。它是以价值形式表示的固定资产投资成果的综合性指标，可以综合反映不同时期、不同部门、不同地区的固定资产投资成果。

建设项目投产率 指一定时期内全部建成投入生产项目个数与同期正式施工项目个数的比率。它是从项目建设速度的角度反映投资效果的指标。

商品房销售面积 指报告期内出售商品房屋的合同总面积(即双方签署的正式买卖合同中所确定的建筑面积)。由现房销售建筑面积和期房销售建筑面积两部分组成。

商品房销售额 指报告期内出售商品房屋的合同总价款(即双方签署的正式买卖合同中所确定的合同总价)。该指标与商品房销售面积同口径，由现房销售额和期房销售额两部分组成。

固定资产交付使用率 指一定时期新增固定资产与同期完成投资额的比率。它是反映各个时期固定资产动用速度，衡量建设过程中投资效果的一个综合性指标。

七、工业企业能源购进、消费及库存

资料整理员：白高娃

视界公园

7－1　工业企业能源购进、消费及库存(规模以上工业,2014 年)

指　标	购进量	
	实物量	金　额(千元)
原　煤(吨)	74692213.34	15675248.24
洗精煤(吨)	11220419.49	6256355.97
其他洗煤(吨)	358452.46	208044.38
焦　炭(吨)	1783494.69	1268696.41
其他焦化产品(吨)	1644064.92	1034568.58
焦炉煤气(万立方米)	3587.81	7277.35
天然气(万立方米)	216818.80	3568014.62
汽　油(吨)	4040.60	32717.68
煤　油(吨)		
柴　油(吨)	241552.98	1897144.57
燃料油(吨)	318.48	2421.95
液化石油气(吨)	20.00	128.00
热　力(百万千焦)	7234549.58	207693.90
电　力(万千瓦时)	2637552.73	10448507.43
能源合计(吨标准煤)		

7－1 续表

指 标	消费量			年末库存量
	合 计	1.工业生产消费	2.非工业生产消费	
原 煤(吨)	82848490.19	82780693.57	67796.62	4103474.64
洗精煤(吨)	11216590.95	11216590.95		65569.97
其他洗煤(吨)	358126.39	358126.39		25961.37
焦 炭(吨)	1789324.39	1789324.39		118493.89
其他焦化产品(吨)	1642928.61	1642928.61		1841.35
焦炉煤气(万立方米)	23612.82	23612.82		
天然气(万立方米)	216971.39	216144.04	827.35	
汽 油(吨)	4238.41	1116.95	3121.46	
煤 油(吨)				
柴 油(吨)	240628.97	235795.74	4833.23	4257.23
燃料油(吨)	800.53	786.53	14.00	427.88
液化石油气(吨)	3154.00	3154.00		26.06
热 力(百万千焦)	8757749.58	8757749.58		
电 力(万千瓦时)	3339360.83	3291010.17	48350.67	
能源合计(吨标准煤)	73293694.67	73172728.62	120966.11	

7－2 主要年份能耗情况

单位:吨标准煤／万元、%

年 份	万元 GDP 能耗	
		比上年增长
2005	2.19	
2006	2.08	-5.0
2007	1.9316	-7.0
2008	1.8051	-6.6
2009	1.6849	-6.7
2010	1.5895	-5.7
2011	0.9940	-2.8
2012	0.9498	-4.49
2013	0.8495	-3.45
2014	0.8106	-4.58

注:1.2010 年前万元 GDP 能耗中 GDP 用 2005 年价核算,2010 年后万元 GDP 能耗中的 GDP 用 2010 年价核算。

2.根据第三次经济普查结果调整的数据。

主要统计指标解释

消费 指独立核算的法人企业(单位)在报告期内实际消费的原材料、能源数量,包括主营活动用和附营活动用及乡镇建筑企业施工消费(由投资单位代填)。原材料、能源消费数量分别用价值量和实物量表示,但企业自产自用的中间产品不重复计算。

库存 是指独立核算的企业(单位)在报告期初、期末实际结存的原材料的数量。年初库存是指一月一日的库存量,也就是上一年度十二月三十一日库存量,期末库存量是指报告期最后一天的库存量,通常分月末库存、季末库存和年末库存等。库存除了正常储备的原材料、燃料外,还包括超储积压、特种储备,更新改造措施用物资,以及外购协作件、借入物资等。但是待验收物资和在途物资不包括。

万元 GDP 能耗 是指一个地区在报告内(如一个季度、一年等)创造每一万元所耗费的综合能源消费量,综合能源消费量为一个地区一定时期的三次产业、居民生活所耗费的电力、油品、煤品等能源品种折算成标准煤的合计数。

万元 GDP 能耗 = 综合能源消费量(吨标准煤)/GDP(万元),单位为吨标准煤 / 万元。

八、财政

资料整理员：郝东娜

■ 全民健身中心

8－1　财政收入情况

单位:万元

指　　标	2013	2014
公共财政预算收入	4400156	4300782
#税收收入	3186633	3100111
国内增值税	306055	459072
营业税	438384	612503
企业所得税	181539	179480
个人所得税	71089	67503
资源税	58355	102832
城市维护建设税	236939	170737
房产税	63464	78477
印花税	47229	42341
城镇土地使用税	305429	252442
土地增值税	102408	61071
车船税	24610	26192
耕地占用税	441902	971934
契　税	126858	75527
非税收收入	1213518	1200671
政府性基金收入	656906	541875

注:2012 年一般预算收入为公共财政预算收入。

8－2 财政支出情况

单位:万元

指　　标	2013	2014
公共财政预算支出	5186990	5417523
一般公共服务	417757	345624
公共安全	202862	184288
教育	584985	565052
科学技术	39883	23481
文化体育与传媒	221268	154871
社会保障和就业	403299	439081
医疗卫生	260530	263041
节能环保	101061	114631
城乡社区事务	1284561	1438555
农林水事务	523391	541952
交通运输	215941	356915
国土资源气象等事务	389852	
其他支出	92764	56854
政府性基金支出	642245	562975

8－3 主要年份财政收支总额及增长速度

单位:万元、%

年 份	财政收入	财政支出	增长速度	
			财政收入	财政支出
1957	667	988	13.1	-3.4
1965	1107	2029	-9.0	21.1
1970	950	2317	48.9	10.1
1975	1809	5663	-3.3	15.5
1978	1886	7263	55.1	15.2
1980	2308	9702	9.3	20.9
1981	2505	8986	8.5	-7.4
1982	3495	10600	39.5	18.0
1983	2560	12171	-26.8	14.8
1984	2645	16765	3.3	37.7
1985	3530	16754	33.5	-0.1
1986	4591	20251	30.1	20.9
1987	6636	22579	44.5	11.5
1988	8887	26325	33.9	16.6
1989	10821	28048	21.8	6.5
1990	12793	31666	18.2	12.9
1991	16054	33669	25.5	6.3
1992	17731	38811	10.4	15.3
1993	29564	47253	66.7	21.8
1994	34671	50756	17.3	7.4
1995	44410	58587	28.1	15.4
1996	64339	78812	44.9	34.5
1997	96248	107122	49.6	35.9
1998	107371	123354	11.6	15.2
1999	125948	134842	17.3	9.3
2000	157426	161036	25.0	19.4
2001	179751	234078	14.2	45.4
2002	217039	266488	20.7	13.9
2003	286086	341105	31.8	28.0
2004	424046	479677	87.7	40.6
2005	933687	652654	120.3	36.1
2006	1458576	957784	56.2	46.8
2007	2008233	1471452	37.7	53.6
2008	2650322	1676779	50.8	41.9
2009	3657956	2316345	38.0	38.2
2010	5382802	3187910	47.2	37.7
2011	7964744	4466232	48.0	40.1
2012	8199967	4832535	3.0	8.2
2013	8553739	5184663	4.3	7.3

注:从2008年起,财政收入和支出不包括政府性基金收入和支出。

8－4 主要年份财政收入

单位:万元、%

年份	财政收入	地方财政收入	各项税收	占收入比重
1957	667	667	579	86.81
1965	1107	1107	845	76.33
1970	950	950	1112	117.05
1975	1809	1809	2137	118.13
1978	1886	1886	1814	96.18
1980	2308	2308	1917	83.06
1981	2505	2505	1986	79.28
1982	3495	3495	2391	68.41
1983	2560	2560	2680	104.69
1984	2645	2645	2895	109.45
1985	3530	3530	3576	101.30
1986	4591	4591	4567	99.48
1987	6636	6636	6560	98.85
1988	8887	8887	9124	102.67
1989	10821	10821	11490	106.18
1990	12793	12793	8254	64.52
1991	16054	16054	8946	55.72
1992	17731	17731	19631	110.72
1993	29564	19114	14863	77.76
1994	34671	22064	17665	80.06
1995	44410	29889	20291	67.89
1996	64339	44396	38900	87.62
1997	96248	66123	55044	83.24
1998	107371	71830	59632	83.02
1999	125948	83767	69111	82.50
2000	157426	100955	84158	83.36
2001	179751	107838	90676	84.09
2002	217039	115025	95446	82.98
2003	286086	154399	128124	82.98
2004	424046	237315	194329	81.89
2005	933687	461208	400948	86.93
2006	1458576	822620	453402	55.12
2007	2008233	1020917	633630	62.06
2008	2650322	1181983	928504	78.55
2009	3657956	1620408	1295958	79.98
2010	5382802	2390774	1923537	80.46
2011	7964744	3461762	2734287	78.99
2012	8199967	3755121	3002471	79.96
2013	8553739	4400151	3186633	72.42
2014	-	4300782	3100111	72.08

注:从2008年起,地方财政收入不包括政府性基金收入,为一般预算财政收入。

8—5 主要年份财政收支情况

单位:万元、%

年　份	财政收入	财政收入占地区生产总值的比重	财政支出	#科教文卫事业费	教育事业费
1957	667	4.57	988	205	132
1965	1107	6.59	2029	556	349
1970	950	4.00	2317	649	357
1975	1809	5.88	5663	1253	781
1978	1886	5.45	7263	1735	1091
1980	2308	6.75	9702	2264	1396
1981	2505	7.06	8986	2421	1391
1982	3495	8.32	10600	3019	1747
1983	2560	6.19	12171	3644	1930
1984	2645	5.41	16765	4577	2316
1985	3530	5.96	16754	4798	2661
1986	4591	6.65	20251	5785	3157
1987	6636	7.96	22579	6163	3400
1988	8887	7.38	26325	7458	4072
1989	10821	7.70	28048	8273	4583
1990	12793	8.60	31666	9392	5057
1991	16054	9.05	33669	9912	5106
1992	17731	8.57	38811	11519	6028
1993	29564	11.43	47253	13344	7134
1994	34671	9.41	50756	16577	8817
1995	44410	8.93	58587	18791	9987
1996	64339	10.03	78812	20654	11307
1997	96248	12.15	107122	24141	13048
1998	107371	10.71	123354	25465	14665
1999	125948	10.66	134842	28304	16736
2000	157426	10.49	161036	31869	18893
2001	179751	10.46	234078	41270	25114
2002	217039	10.60	266488	47809	29152
2003	286086	10.27	341105	54907	32705
2004	424046	10.71	479677	72963	44745
2005	933687	15.70	652654	92762	58006
2006	1458576	17.73	957784	115876	71052
2007	2008233	14.98	1471452	266175	148850
2008	2650322	15.68	1676779	341544	198981
2009	3657956	16.93	2316345	529149	268642
2010	5382802	20.36	3187910	780310	438534
2011	7964744	24.75	4466232	973377	489624
2012	8199967	22.42	4832535	1024067	592291
2013	8553739	21.62	5184663	1100987	606978

8－6 分旗区财政收支情况(2014年)

单位:万元

地　　区	公共财政预算收入	公共财政预算支出
东 胜 区	800594	936705
达拉特旗	201919	388069
准格尔旗	767109	874444
鄂托克前旗	146998	235305
鄂托克旗	330475	410089
杭 锦 旗	120201	279264
乌 审 旗	239903	356431
伊金霍洛旗	750075	737789
康巴什	91123	122563

注:2013年旗区公共财政预算收入中不计上划市级收入。

主要统计指标解释

地方财政总收入 指地方财政收入中的一般预算收入及上划自治区收入，具体包括：全市地方一般预算收入；上划中央的国内增值税、国内消费税、企业所得税和个人所得税；上划自治区的国内增值税、营业税、企业所得税、个人所得税和资源税。

财政支出 国家财政将筹集起来的资金进行分配使用，以满足经济建设和各项事业的需要，主要包括：

一般公共服务 指国家财政用于人大事务、政协事务、政府办公厅（室）及相关机构事务、发展与改革事务、统计信息事务、财政事务、税收事务、审计事务、海关事务、人事事务、纪检监察事务、人口与计划生育事务、商贸事务、知识产权事务、工商行政管理事务、食品和药品监督管理事务、质量技术监督与检验检疫事务、国土资源事务、海洋管理事务、测绘事务、地震事务、气象事务、民族事务、宗教事务、港澳台侨事务、档案事务、共产党事务、民主党派事务、群众团体事务、彩票事务、国债事务、其他一般公共服务支出。

公共安全 指国家财政用于武装警察、公安、国家安全、检察、法院、司法、监狱、劳教、国家保密、其他公共安全支出。

教育 指国家财政用于教育事务支出。具体包括教育行政管理，学前教育，小学教育，初中教育，普通高中教育，普通高等教育，初等职业教育，中专教育，技校教育，职业高中教育，高等职业教育，广播电视教育，留学生教育，特殊教育，干部继续教育，教育机关服务等。

科学技术管理事务 指国家财政用于各级政府科学技术管理事务方面的支出。具体包括科学技术管理事务、基础研究、应用研究、技术研究与开发、科技条件与服务、社会科学、科学技术普及、科技交流与合作、其他科学技术支出。

文化体育与传媒 指国家财政用于在文化，文物，体育，广播影视，新闻出版等方面的支出。

社会保障和就业 指国家财政用于在社会保障与就业方面的支出。包括社会保障和就业管理事务，民政管理事务，补充全国社会保障基金，行政事业单位离退休，企业关闭破产补助，就业补助，抚恤，退役安置，社会福利，残疾人事业，城市居民最低生活保障，其他城镇社会救济，农村社会救济，自然灾害生活救助，红十字事务等。

医疗卫生 指国家财政用于医疗卫生方面的支出。具体包括医疗卫生管理事务支出，医疗服务支出，医疗保障支出，疾病预防控制支出，卫生监督支出，妇幼保健支出，农村卫生支出等。

环境保护 指国家财政用于环境保护管理事务、环境监测与监察、污染防治、自然生态保护、天然林保护、退耕还林、风沙荒漠治理、退牧还草、已垦草原退耕还草、其他环境保护支出。

城乡社区事务 指国家财政用于城乡社区管理事务、城乡社区规划与管理、城乡社区公共设施、城乡社区住宅、城乡社区环境卫生、建设市场管理与监督、政府住房基金支出、土地有偿使用支出、城镇公用事业附加支出、其他城乡社区事务支出。

农林水事务 指国家财政用于农业、林业、水利、南水北调、扶贫、农业综合开发、其他农林水事务支出。

交通运输 指国家财政用于公路水路运输、铁路运输、民用航空运输、其他交通运输支出。

工业商业金融等事务 指国家财政用于采掘业、制造业、建筑业、电力、信息产业、旅游业、涉外发展、粮油事务、商业流通事务、物资储备、金融业、烟草事务、安全生产、国有资产监管、中小企业事务、可再生能源、能源节约利用、其他工业商业金融等事务支出。

九、物价指数

资料整理员：调查队

■ 内蒙古大学鄂尔多斯学院

9－1 居民消费价格指数(2014 年)

上年 =100

指 标	东胜区	准 旗
居民消费价格总指数	100.6	101.5
食品	101.8	102.2
粮食	101.7	102.9
淀粉及制品	104.4	109.9
干豆类及豆制品	103.4	103.6
油脂	99.7	97.1
肉禽及其制品	100.7	99.0
食用畜肉及副产品	100.8	98.7
禽	96.0	99.9
加工肉禽	102.2	99.7
蛋	110.1	107.8
水产品	102.0	100.8
鱼	102.9	99.9
其他水产品	99.5	103.3
菜	88.4	97.0
调味品	100.1	100.6
糖	100.1	100.5
茶及饮料	100.0	99.8
茶叶	100.0	100.2
饮料	100.0	99.6
干鲜瓜果	119.9	106.2
糕点饼干面包	99.9	106.1
液体乳及乳制品	106.8	109.9
在外用膳食品	100.3	103.7
其他食品	100.0	100.7
烟酒	100.0	100.2
烟草	100.0	100.0
酒	100.0	100.3

9－1 续表1

上年=100

指　标	东胜区	准　旗
衣着	103.2	104.0
服装	103.6	104.0
男式服装	102.6	103.7
女式服装	105.2	103.7
儿童服装	102.0	105.2
衣着材料	100.0	102.5
鞋袜帽	103.1	104.2
鞋	103.3	104.2
袜子	100.0	103.0
帽子	100.0	106.5
衣着加工服务费	100.7	104.8
家庭设备用品及维修服务	99.2	102.1
耐用消费品	99.4	100.8
家具	98.9	102.4
家庭设备	99.8	99.5
室内装饰品	99.6	100.5
床上用品	95.4	100.0
家庭日用杂品	100.1	100.4
家庭服务及加工维修服务	99.4	113.4
医疗保健和个人用品	99.6	101.0
医疗保健	99.9	102.6
医疗器具及用品	100.0	102.3
中药材及中成药	99.6	106.6
西药	100.1	101.6
保健器具及用品	100.0	100.4
医疗保健服务	100.0	100.0
个人用品及服务	99.1	99.2
化妆美容用品	99.8	100.0

9－1 续表2

上年＝100

指　标	东胜区	准　旗
清洁化妆用品	100.0	100.0
个人饰品	96.6	95.0
个人服务	100.0	102.1
交通和通信	98.2	98.6
交通	99.0	99.6
交通工具	98.7	100.0
车用燃料及零配件	96.9	97.0
车辆使用及维修费	99.9	100.0
市区公共交通费	100.0	100.0
城市间交通费	99.9	100.0
通信	97.0	97.1
通信工具	92.4	89.5
通信服务	98.2	100.0
娱乐教育文化用品及服务	101.3	99.3
文娱用耐用消费品及服务	98.2	95.6
教育	100.7	100.0
教材及参考书	100.0	100.0
教育服务	100.7	100.0
文化娱乐类	99.8	100.3
文化娱乐用品	99.7	100.7
书报杂志	100.0	100.0
文娱费	99.9	100.0
旅游	106.2	101.8
居住	98.2	102.1
建房及装修材料	101.4	100.3
住房租金	97.0	98.3
自有住房	97.3	100.0
水、电、燃料	99.6	107.5

9－2 商品零售价格指数(2014年)

上年=100

指　　标	东胜区	准　旗
商品零售价格总指数	100.5	100.6
食　品	102.1	102.3
粮　食	101.7	103.0
淀粉及制品	104.4	109.9
干豆类及豆制品	103.4	103.3
油　脂	99.8	97.0
肉禽及其制品	100.6	99.5
食用畜肉及副产品	100.8	99.4
禽	96.0	99.9
加工肉禽	102.2	99.6
蛋	110.1	107.9
水产品	102.0	100.8
鱼	102.9	99.9
其他水产品	99.5	103.1
菜	88.4	97.5
调味品	100.1	100.7
糖	100.1	100.5
干鲜瓜果	120.6	106.3
糕点饼干面包	99.9	105.8
液体乳及乳制品	106.9	108.7
在外用膳食品	100.3	103.7
其他食品	100.0	100.7
饮料、烟酒	100.0	100.2
茶及饮料	100.0	100.0
茶　叶	100.0	100.2
饮　料	100.0	99.9
烟　草	100.0	100.0
酒	100.0	100.4
服装、鞋帽	103.5	104.1
服　装	103.8	104.0
男式服装	102.6	103.7
女式服装	105.2	103.7
儿童服装	101.9	105.2
鞋袜帽	103.1	104.2
鞋	103.3	104.2
袜　子	100.0	103.0
帽　子	100.0	106.4
其　他	100.0	104.0

9－2 续表

上年＝100

指　　标	东胜区	准　旗
纺织品	97.0	101.3
衣着材料	100.0	102.5
床上用品	94.8	100.0
家用电器及音像器材	99.4	97.9
家庭设备	99.9	99.5
文娱用耐用消费品	98.5	95.3
专业音像器材	99.9	100.0
文化办公用品	99.3	99.8
日用品	99.6	99.9
日用百货	98.6	100.0
日用杂品	100.0	100.3
洗涤用品	100.2	99.1
其他日用品	100.0	100.4
体育娱乐用品	99.2	98.7
体育用品	98.9	99.7
娱乐用品	99.4	97.8
交通、通信用品	98.2	94.8
交通运输机械	100.0	100.0
通信器材	92.2	89.5
家具	98.9	102.4
化妆品	99.9	100.0
金银珠宝	93.4	91.7
中西药品及医疗保健用品	99.9	103.3
医疗器具及用品	100.0	102.3
中药材及中成药	99.6	106.4
西药	100.1	101.7
保健品及器具	100.0	100.4
书报杂志及电子出版物	100.0	100.2
教材及参考书	100.0	100.0
书报杂志	100.0	100.0
电子音像制品	99.9	101.0
燃料	97.0	99.2
煤炭及制品	96.9	101.4
石油及制品	97.1	97.5
建筑材料及五金电料	100.4	100.1
建筑装璜材料	100.7	99.8
五金电料	99.0	100.9

9－3 主要年份价格指数

上年＝100

年　份	商品零售价格指数	城镇居民消费价格指数	农副产品收购价格指数
1978	102.0	102.5	102.3
1979	103.9	103.3	121.2
1980	106.5	107.1	113.0
1981	102.8	102.9	107.3
1982	102.7	102.7	100.9
1983	102.0	102.2	102.6
1984	105.4	105.9	107.9
1985	109.5	109.9	114.5
1986	106.0	106.5	115.1
1987	108.1	108.5	112.4
1988	117.3	117.3	124.6
1989	116.3	117.7	94.3
1990	101.1	103.5	91.1
1991	104.8	105.9	86.3
1992	108.0	108.8	108.3
1993	111.9	113.9	111.1
1994	122.3	121.3	154.3
1995	114.8	115.5	111.2
1996	106.5	109.7	91.6
1997	102.3	106.3	87.7
1998	97.1	100.1	96.5
1999	96.2	104.0	107.4
2000	98.1	104.1	115.7
2001	99.5	100.1	102.5
2002	98.6	99.2	99.1
2003	99.3	101.0	99.6
2004	102.9	103.7	114.5
2005	101.3	101.8	115.0
2006	101.2	102.4	101.5
2007	102.2	103.8	
2008	104.3	104.3	
2009	99.3	100.0	
2010	103.0	103.7	
2011	104.4	105.7	
2012	100.8	101.8	
2013	101.5	101.8	
2014	100.5	100.6	

注：本表2010年以后（包括2010年）为东胜区的数据。

9－4 主要年份价格指数

1978 年 =100

年份	商品零售价格指数	城镇居民消费品价格指数	农副产品收购价格指数
1978	100.0	100.0	100.0
1979	103.9	103.3	121.2
1980	110.7	110.6	136.9
1981	113.8	113.8	146.9
1982	116.8	116.9	148.3
1983	119.2	119.5	152.1
1984	125.6	126.5	164.1
1985	137.5	139.1	187.9
1986	145.8	148.1	216.3
1987	157.6	160.7	243.2
1988	184.8	188.5	302.9
1989	214.9	221.9	285.7
1990	217.3	229.6	260.3
1991	227.8	243.2	224.6
1992	245.9	264.6	243.3
1993	275.3	301.3	270.3
1994	336.7	365.5	417.0
1995	386.5	422.2	463.7
1996	411.6	463.1	424.8
1997	421.1	492.3	372.5
1998	408.9	492.8	359.5
1999	393.3	512.5	386.1
2000	385.8	533.5	446.7
2001	383.9	534.0	457.9
2002	378.5	529.8	453.7
2003	375.9	535.1	451.9
2004	386.8	554.9	517.4
2005	391.8	564.9	595.0
2006	396.5	578.5	603.9
2007	405.2	600.5	
2008	422.6	626.3	
2009	419.6	626.3	
2010	432.2	649.5	
2011	451.2	686.5	
2012	454.9	698.8	
2013	461.7	711.4	
2014			

9—5 各盟市物价

（以上年同期为100）

指　标	内蒙古自治区	城市	农村	呼和浩特市	包头市	乌海市
居民消费价格总指数	101.6	101.7	101.2	101.2	101.8	101.8
一、食品	102.9	103.2	101.9	102.7	103.8	103.3
二、烟酒	100.4	100.4	100.5	99.6	101.1	100.6
三、衣着	102.1	102.0	103.0	104.0	101.2	101.1
四、家庭设备用品及维修服务	100.6	100.4	101.3	99.6	100.2	102.7
五、医疗保健和个人用品	100.8	100.7	101.0	100.7	101.1	103.3
六、交通和通信	99.4	99.5	99.3	98.8	98.6	98.9
七、娱乐教育文化用品及服务	101.2	101.1	101.9	99.1	100.8	101.0
八、居住	101.0	101.1	100.5	99.8	102.1	100.8
商品零售价格总指数	100.7	100.5	101.1	98.6	100.2	101.7
一、食品	103.2	103.3	102.7	102.7	103.8	103.3
二、饮料、烟酒	100.5	100.3	100.8	100.3	100.6	100.2
三、服装、鞋帽	102.4	102.1	103.2	104.4	101.0	101.6
四、纺织品	100.0	99.5	101.0	101.1	97.6	101.0
五、家用电器及音像器材	98.3	98.2	98.5	97.9	97.2	100.7
六、文化办公用品	98.2	97.5	100.3	93.8	99.6	100.2
七、日用品	100.4	100.1	101.1	98.6	99.8	101.1
八、体育娱乐用品	100.2	100.0	100.5	99.9	100.0	100.0
九、交通、通信用品	94.5	93.3	97.9	91.2	94.6	97.7
十、家具	100.9	100.9	100.9	100.6	102.1	105.3
十一、化妆品	100.1	99.9	100.7	100.7	99.3	100.2
十二、金银珠宝	92.6	92.6	92.9	93.8	88.4	90.0
十三、中西药品及医疗保健用品	101.6	101.6	101.7	101.9	101.4	108.9
十四、书报杂志及电子出版物	100.2	99.9	100.7	98.8	99.9	100.3
十五、燃料	96.0	95.9	96.2	96.3	95.9	97.7
十六、建筑材料及五金电料	100.5	100.6	100.2	99.7	99.7	102.1

指数(2014年)

（以上年同期为100）

赤峰市	呼伦贝尔市（海拉尔）	兴安盟（乌兰浩特）	通辽市（科尔沁）	锡林郭勒市（锡林浩特）	乌兰察布市（集宁）	鄂尔多斯市（东胜）	巴彦淖尔市（临河）	阿拉善盟（阿拉善左旗）
101.8	101.9	100.7	102.1	101.9	102.1	100.6	101.6	101.4
103.1	102.7	99.5	104.1	104.0	102.2	101.8	101.2	102.3
99.5	99.1	100.0	100.2	100.8	102.1	100.0	99.9	102.0
101.3	102.1	100.8	99.7	100.4	103.9	103.2	100.7	103.8
100.6	104.2	100.1	100.5	100.3	100.7	99.2	100.9	101.2
99.8	103.1	100.8	99.2	100.4	102.2	99.6	103.2	102.1
98.8	99.9	99.7	101.2	99.6	100.2	98.2	101.2	98.7
99.8	100.9	100.6	101.9	103.0	102.6	101.3	105.8	97.9
103.7	100.6	104.6	102.0	101.0	101.3	98.2	99.6	101.2
100.9	101.4	100.2	101.1	101.1	101.6	100.5	100.0	100.9
103.2	102.3	100.0	103.8	103.7	102.3	102.1	101.3	102.0
99.7	100.5	100.0	100.2	102.2	102.5	100.0	100.1	103.2
101.3	102.1	100.9	99.6	100.2	103.5	103.5	100.6	103.9
101.3	102.2	101.8	100.7	100.0	104.3	97.0	101.6	100.9
98.4	100.0	99.8	99.4	99.9	100.0	99.4	98.8	99.2
98.7	100.0	100.0	98.3	100.0	100.0	99.3	100.6	99.2
102.1	100.0	100.3	99.8	100.6	100.1	99.6	100.1	101.2
99.7	100.0	106.5	100.7	100.1	100.0	99.2	102.8	100.2
98.2	97.1	99.0	98.7	99.7	98.1	98.2	99.6	96.7
102.4	100.0	100.0	97.9	99.3	100.0	98.9	98.5	100.0
98.0	100.0	100.1	100.5	100.4	106.4	99.9	99.9	104.4
92.8	98.6	88.7	88.5	96.2	98.0	93.4	93.6	101.7
100.0	104.5	101.7	98.1	100.8	100.5	99.9	106.2	101.1
100.0	99.7	100.0	98.1	99.7	100.4	100.0	104.6	100.4
97.6	99.2	99.4	99.0	98.1	101.1	97.0	86.8	95.0
98.2	100.6	100.1	110.1	100.4	101.9	100.4	99.0	102.0

主要统计指标解释

商品零售价格指数　是全面反映市场零售物价总水平变动趋势和程度的相对数。通过它，可以观察市场零售的升降水平，说明货币购买力的强弱，以及市场零售商品价格变动对人民生活支出的影响。

居民消费价格指数　是反映城乡居民所购买的生活消费价格和服务项目价格变动趋势和程度的相对数。利用居民消费价格指数，可以观察和分析消费品的零售价格和服务价格变动对城乡居民实际生活费用支出的影响程度。

农副产品收购价格指数　是反映国营、集体、个体企业和有关部门以各种价格形式收购农副产品的综合价格变动趋势和程度的相对数。用其可以观察和研究农副产品收购价格水平的变化情况，及对农民货币收入和收购部门支出的影响，以作为制订和检查农副产品价格政策的依据。

工业品出厂价格指数　是反映工业企业的产品第一次进入市场的出售价格变动趋势和程度的相对数。用以观察和研究产品价格变动对工业生产及对批发、调拨、零售一系列价格的影响。

建筑业产值价格指数　是反映一个地区（或部门）建筑业产值价格变动趋势和程度的相对数。通过它可以观察和分析建筑业产值的增长情况，以便准确地计算建设规模和发展速度，反映建筑业的真实成果和企业的实际管理水平。

工业原材料购进价格指数　是反映工业企业通过各种价格形式购进的主要工业原材料价格水平变动趋势和程度的相对数。通过它，可以观察和研究主要工业原材料购进价格变动对工业企业各项经济效益指标和对国家财政收支的影响。

固定资产投资价格指数　是反映固定资产投资活动中所涉及的建筑安装工程投资价格、设备及工器具投资价格和其他费用投资价格水平变动趋势和程度的相对数。通过它，可以观察和研究固定资产投资价格变动对固定资产投资活动和对国家财政支出的影响，消除价格变动对各项用现价计算的价值量指标的影响，正确反映固定资产投资规模、投资结构和投资效益。

农业生产资料价格指数　是反映一定时期内农业生产资料零售价格变动趋势和生产资料价格变动对农业投入及生产的影响。

十、人民生活

资料整理员：调查队

■ 青铜器广场

10－1 主要年份城乡居民家庭收入

单位：元

年 份	城镇居民人均可支配收入	农牧民人均纯收入	农 民	牧 民
1978	279	194	170	285
1980	312	214	158	312
1981	348	235	182	340
1982	388	259	208	372
1983	434	298	269	407
1984	484	281	251	445
1985	541	357	285	519
1986	604	412	317	636
1987	674	420	348	710
1988	753	591	514	869
1989	939	558	502	758
1990	1032	600	576	685
1991	1159	596	596	594
1992	1639	707	702	728
1993	1969	804	818	793
1994	2629	957	956	964
1995	2926	1251	1261	1213
1996	3534	1674	1709	1586
1997	4128	1989	1985	1997
1998	4630	2292	2309	2254
1999	5069	2371	2358	2419
2000	5502	2453	2367	2593
2001	6058	2258	2211	2350
2002	6244	2470	2349	2930
2003	7204	3090	3114	3045
2004	8770	3908	3918	3891
2005	11025	4601	4608	4588
2006	13002	5308	5353	5229
2007	16226	6123	6075	6208
2008	19435	7052	7218	6758
2009	21883	7803	7854	7714
2010	25205	8756	8795	8696
2011	29283	10047		
2012	33140	11416		
2013	36132	12800		
2014	34983	13439		

注：城镇居民人均可支配收入，在 1991 年以前为城镇居民人均生活费收入。

10－2 主要年份分旗区城镇居民人均可支配收入

单位:元

年　份	全　市	东胜区	达拉特旗	准格尔旗	鄂托克前旗	鄂托克旗	杭锦旗	乌审旗	伊金霍洛旗
1978	279	287	260	120		346	230	300	190
1980	312	398	308	250	467	414	349	340	250
1981	348	408	344	280	533	413	380	370	279
1982	388	440	384	310	615	435	413	420	300
1983	434	465	460	450	581	440	450	430	332
1984	484	496	480	680	695	441	190	440	348
1985	541	576	537	700	798	521	510	470	379
1986	604	688	599	780	889	591	522	510	402
1987	674	822	668	810	901	727	522	550	412
1988	753	982	745	900	1101	775	641	600	558
1989	939	1024	929	951	1061	899	729	670	589
1990	1032	1128	1021	985	1203	1025	856	870	601
1991	1159	1358	1147	1045	1439	1117	916	980	612
1992	1639	1636	1408	1245	1370	1251	1073	1170	721
1993	1969	2121	1743	1549	1809	1396	1286	1640	1205
1994	2629	2752	2310	1770	2313	1986	1850	1920	1852
1995	2926	3137	2600	2231	2246	1999	2364	2210	2258
1996	3534	3738	2989	2983	3062	2788	2785	2716	3144
1997	4128	4684	3802	3983	3605	3823	3290	3217	3508
1998	4630	5139	4315	4485	3908	4347	3790	3917	4028
1999	5069	5589	4787	4943	4362	4814	4326	4420	4509
2000	5502	6001	5198	5405	4773	5213	4749	4833	5012
2001	6058	6706	5705	5918	5181	5620	5151	5241	5776
2002	6244	7347	6188	6429	6058	5922	5789	6076	6564
2003	7204	7887	6716	7237	6526	6502	6204	6453	7312
2004	8770	9306	7812	9010	7835	8203	7248	7818	8808
2005	11025	11820	9465	11399	9107	10168	8587	9055	11020
2006	13002	14091	11032	14032	10602	11798	9554	11012	13598
2007	16226	17545	14002	17416	12352	15010	10580	13010	17381
2008	19435	20851	16452	20419	15579	16991	13795	16386	20401
2009	21883	23426	18524	23106	18324	19332	17595	18430	23098
2010	25205	27002	21313	26699	21046	22197	20576	21116	26684
2011	29283	30702	26057	30579	25904	26605	25503	25958	30566
2012	33140	34719	29712	34604	30382	31330	29604	30393	34586
2013	36132	37696	32565	37586	33916	35003	32463	34005	37582
2014	34983	36302	31589	36234	33096	34294	31510	33287	36193

注:城镇居民人均可支配收入,在1991年以前为城镇居民人均生活费收入。

10—3 主要年份分旗区农牧民人均纯收入

单位:元

年　份	全　市	东胜区	达拉特旗	准格尔旗	鄂托克前旗	鄂托克旗	杭锦旗	乌审旗	伊金霍洛旗
1978	194	147	210	144	–	196	171	175	172
1980	214	174	264	143	123	192	181	199	236
1981	235	163	268	164	148	202	202	213	218
1982	259	178	260	177	148	253	213	230	231
1983	298	211	274	220	163	236	212	233	275
1984	281	270	283	237	148	253	234	233	279
1985	357	291	330	239	179	368	353	248	324
1986	412	326	371	253	216	376	401	269	365
1987	420	303	442	340	252	482	350	278	332
1988	591	429	595	455	282	569	406	575	527
1989	558	391	529	454	314	521	433	610	514
1990	600	430	773	504	344	522	486	645	543
1991	596	411	720	486	361	512	493	615	553
1992	707	599	770	670	484	569	493	756	608
1993	804	631	992	740	569	696	560	859	622
1994	957	732	1117	870	640	866	737	993	728
1995	1251	1104	1540	1215	1100	1258	1190	1261	1052
1996	1674	1653	1893	1610	1600	1613	1580	1524	1510
1997	1989	2126	2205	1336	1482	2007	1539	1438	1365
1998	2292	2428	2505	2222	2135	2364	2196	2316	2150
1999	2371	2364	2463	2055	2287	2533	2371	2488	2325
2000	2453	2368	2525	2207	2443	2684	2483	2641	2338
2001	2258	2152	2672	1748	2323	2141	2008	2675	2102
2002	2470	2456	2905	2181	2525	2309	2158	2865	2236
2003	3090	3281	3200	3060	3189	2706	2814	3435	3191
2004	3908	3940	3822	3891	4135	3700	3578	4130	3986
2005	4601	4716	4655	4705	4796	4608	4136	4783	4742
2006	5308	5430	5208	5412	5485	5189	4997	5443	5446
2007	6123	6287	6198	6287	6318	6187	5995	6289	6301
2008	7052	7241	7129	7155	7289	7058	6954	7241	7262
2009	7803	7943	7864	7945	7966	7826	7783	7945	7959
2010	8756	–	8736	8766	8764	8720	8694	8755	8774
2011	10047	–	10021	10093	10093	9998	9956	10054	10098
2012	11416	–	11394	11452	11468	11365	11334	11446	11452
2013	12800	–	12728	12828	12862	12755	12657	12824	12828
2014	13439		13378	13450	13477	13437	13313	13437	13450

10－4 全体居民主要收支情况

单位:元/人

指　标	2013年	2014年	2014年比2013年增加	
			绝对值	%
可支配收入	25880	28339	2459	9.5
工资性收入	15618	16621	1003	6.4
经营净收入	5406	6176	770	14.2
第一产业净收入	1753	2058	305	17.4
#农业净收入	958	1098	140	14.6
牧业净收入	739	882	143	19.3
第二产业净收入	579	479	-100	-17.3
第三产业净收入	3074	3639	565	18.4
财产性收入	3228	3659	431	13.3
转移性收入	1628	1883	255	15.6
消费性支出	21346	22442	1096	5.1
食品	4962	5353	391	7.9
衣着	2053	2190	137	6.7
居住	4232	4689	457	10.8
生活用品及服务	1558	1463	-95	-6.1
交通和通讯	4079	4531	452	11.1
交通	3077	3532	455	14.8
通信	1001	999	-2	-0.2
教育文化娱乐服务	2126	2032	-94	-4.4
教育	1221	1182	-39	-3.2
文化娱乐	905	849	-56	-6.2
医疗保健	1648	1492	-156	-9.5
其它商品和服务	689	693	4	0.6

10－5 城镇常住居民主要收支情况

单位:元/人

指　　标	2013年	2014年	2014年比2013年增加	
			绝对值	%
可支配收入	32243	34983	2740	8.5
工资性收入	21680	22957	1277	5.9
经营净收入	4744	5428	684	14.4
第一产业净收入	516	627	111	21.5
#农业净收入	200	302	102	51.2
牧业净收入	307	332	25	8.0
第二产业净收入	715	656	-59	-8.3
第三产业净收入	3513	4145	632	18.0
财产性收入	3910	4392	482	12.3
转移性收入	1909	2206	297	15.6
消费性支出	24874	25944	1070	4.3
食品	5830	6255	425	7.3
衣着	2639	2759	120	4.6
居住	4665	5241	576	12.4
生活用品及服务	1955	1776	-179	-9.2
交通和通讯	4727	5278	551	11.7
交通	3490	4084	594	17.0
通信	1234	1194	-40	-3.3
教育文化娱乐服务	2505	2334	-171	-6.8
教育	1336	1270	-66	-4.9
文化娱乐	1169	1064	-105	-9.0
医疗保健	1676	1433	-243	-14.5
其它商品和服务	878	868	-10	-1.1

10－6 农村牧区常住居民主要收支情况

单位：元／人

指　　标	2013年	2014年	2014年比2013年增加	
			绝对值	%
可支配收入	12107	13439	1332	11.0
工资性收入	2494	2767	273	10.9
经营净收入	6841	7509	668	9.8
第一产业净收入	4431	4959	528	11.9
#农业净收入	2598	2884	286	11.0
牧业净收入	1676	1820	144	8.6
第二产业净收入	286	230	–56	–19.5
第三产业净收入	2124	2320	196	9.2
财产性收入	1751	1986	235	13.4
转移性收入	1021	1177	156	15.3
消费性支出	12577	13432	855	6.8
食品	2802	3030	228	8.1
衣着	676	715	39	5.8
居住	3074	3275	201	6.5
生活用品及服务	616	656	40	6.5
交通和通讯	2467	2608	141	5.7
交通	2024	2112	88	4.4
通信	443	496	53	12.0
教育文化娱乐服务	1196	1254	58	4.9
教育	910	961	51	5.6
文化娱乐	286	293	7	2.6
医疗保健	1502	1656	154	10.2
其它商品和服务	244	238	–6	–2.4

10－7 居民家庭基本情况(2014年)

指　　标	单位	全体居民	城镇常住居民	农村常住居民
调查户数	户	947	566	381
住户常住地	--			
居委会住户	%	50.0	83.6	
村委会住户	%	50.0	16.4	100.0
城镇居委会住户	%	50.0	83.6	
城镇村委会住户或农村住户	%	50.0	16.4	100.0
住户类型	--			
家庭居住户	%	97.5	95.8	100.0
集体居住户	%	2.5	4.2	
户主文化程度	--			
未上过学	%	3.4	1.6	6.0
小学	%	24.7	12.8	42.4
初中	%	36.1	32.8	41.1
高中	%	16.2	21.0	9.1
大学专科	%	12.5	20.2	1.1
大学本科	%	6.8	11.2	0.3
研究生	%	0.2	0.4	
住户经营情况	--			
生产经营户	%	60.9	39.6	92.6
农业生产经营户	%	38.9	10.1	81.9
非农生产经营户	%	24.6	30.7	15.5
兼营户	%	2.6	1.2	4.7
非生产经营户	%	36.6	56.2	7.4
按家庭规模分的住户类型	--			
一人户	%	3.3	2.8	4.1
二人户	%	24.8	16.4	37.3
三人户	%	40.1	47.3	29.5
四人户	%	23.3	24.9	21.0
五人户	%	4.2	3.4	5.5
六人及以上户	%	1.6	0.9	2.7
按世代分的住户类型	--			
一代户	%	29.5	25.7	35.3
二代户	%	66.1	71.3	58.4
三代户	%	4.2	3.0	6.0
四代及以上户	%	0.1		0.3
住户特征	--			
纯老人户	%	8.3	6.1	11.7
家中有未成年子女户	%	40.7	47.5	30.6
年轻夫妻无子女户	%	2.0	2.8	0.8
无劳动力户	%	1.6	1.2	2.1

10－8 居民家庭耐用消费品拥有情况(2014年)

指　　标	单位	全体居民	城镇常住居民	农村常住居民
耐用消费品拥有情况	--			
家用汽车	辆/百户	59	68	41
摩托车	辆/百户	38	21	71
助力车	辆/百户	32	40	17
洗衣机	台/百户	90	92	86
电冰箱(柜)	台/百户	95	97	92
微波炉	台/百户	28	39	7
彩色电视机	台/百户	101	102	98
其中:接入有线电视	台/百户	52	70	19
空调	台/百户	8	10	2
热水器	台/百户	45	62	12
其中:太阳能热水器	台/百户	11	15	5
消毒碗柜	台/百户	3	4	1
洗碗机	台/百户	1	1	1
排油烟机	台/百户	36	53	5
固定电话	部/百户	31	39	16
移动电话	部/百户	226	227	224
其中:接入互联网	部/百户	70	96	22
计算机	台/百户	45	58	19
其中:接入互联网	台/百户	22	30	6
摄像机	台/百户	8	12	1
照相机	台/百户	27	38	4
中高档乐器	架/百户	4	5	1
健身器材	台/百户	3	4	
组合音响	套/百户	4	5	1

10－9 居民家庭可支配收入(2014 年)

单位:元/人

指标	全体居民	城镇常住居民	农村常住居民
可支配收入	28339	34983	13439
工资性收入	16621	22957	2767
工资	14937	20902	1881
按月发放的工资	13854	19399	1680
补发工资	552	815	10
不按月发放的奖金、津贴、过节费等	531	688	192
实物福利	62	82	10
从单位或雇主得到的实物产品折价	5	4	9
食品	3	4	
谷物、薯类及豆类	3	4	
食用油(植物油)			
蔬菜及制品			
肉、禽、蛋、奶及制品			
水产品及制品			
糖、烟、酒、饮料类			
干鲜瓜果类			
其他类食品			
衣着			
居住			
家庭设备和日用品	2		8
交通、通信工具及用品			1
教育文化娱乐用品			
医疗保健用品			
其他用品			
从单位或雇主得到的服务折价	57	79	1
免费或低价提供的工作餐	40	55	
免费或低价提供的住宿	1	1	
单位缴纳的水电费、取暖费、物业费等			
免费或低价提供的交通和通信服务			
单位缴纳的教育入学赞助费			
免费或低价提供的旅游服务			
其他服务	16	22	1
单位或雇主实物福利报销所得			

10－9 续表 1

单位:元／人

指　　标	全体居民	城镇常住居民	农村常住居民
其他	1622	1973	876
住房公积金	277	408	22
辞退金	7	10	
自由职业劳动所得	204	275	14
安家费	4	5	1
股票期权	71	108	
其他劳动所得	1059	1168	840
经营净收入	6176	5428	7509
第一产业经营收入	2058	627	4959
农业	1098	302	2884
林业	7	-7	46
牧业	882	332	1820
渔业	71		210
农林牧渔服务业	479	656	230
第二产业经营收入	25	11	51
采矿业	-11	-60	84
制造业	2	2	3
电力、热力、燃气及水生产和供应业	463	704	92
建筑业	3639	4145	2320
第三产业经营收入	1188	1184	382
批发和零售业	1105	958	1449
交通运输、仓储和邮政业	664	650	102
住宿和餐饮业	43	62	25
房地产业	124	186	13
租赁和商务服务业	433	683	138
居民服务、修理和其他服务业	102	423	159
其他	-19	-2	52
财产性净收入	3659	4392	1986
利息收入	11	23	-13
红利收入	1129	790	1020
集体分配的红利	710	433	853
其他红利收入	419	357	166
储蓄性保险净收益	20	29	1
转让承包土地经营权租金净收入	192	78	416
出租房屋财产性收入	1144	1500	444
出租机械、专利、版权等资产的收入	361	497	93
其他财产净收入	36	40	27
房屋虚拟租金	817	1434	

10－9 续表 2

单位：元／人

指　　标	全体居民	城镇常住居民	农村常住居民
转移净收入	1883	2206	1177
转移性收入	2722	3389	1340
养老金或离退休金	2010	2784	490
离退休金	1803	2621	198
城镇居民社会养老保险	19	27	2
新型农村养老保险	153	85	285
其他养老金	36	51	5
社会救济和补助	61	58	68
最低生活保障费	20	15	29
五保户救助金	1		3
扶贫款	4	1	9
救灾款			
抚恤金	11	16	
其他社会救济收入	26	26	26
政策性生活补贴	71	40	60
家电补贴	0	1	
能源补贴	29	19	49
免费或低价提供的住宿			
其他生活补贴	41	20	81
报销医疗费	200	225	151
家庭外出从业人员寄回带回收入	6	2	15
赡养收入	71	100	24
其他经常转移收入	88	104	56
失业保险金	1	1	
经常性捐赠收入	3	4	2
经常性赔偿收入	2		5
其他转移性收入	82	99	48

10－9 续表3

单位:元/人

指　　标	全体居民	城镇常住居民	农村常住居民
从政府和组织得到的实物产品和服务折价	4	5	
食品			
谷物、薯类及豆类			
食用油(植物油)			
蔬菜及制品			
肉、禽、蛋、奶及制品			
水产品及制品			
糖、烟、酒、饮料类			
干鲜瓜果类			
其他类食品			
衣着			
居住			
家庭设备和日用品			
交通、通信工具及用品			
教育文化娱乐用品			
医疗保健用品			
其他用品	3	5	
从政府组织得到的其他服务折价			
现金政策性惠农补贴	212	71	476
转移性支出	839	1183	164
个人所得税	74	109	5
社会保障支出	690	978	125
个人缴纳的养老保险	457	645	90
个人缴纳的医疗保险	188	269	28
个人缴纳的失业保险	14	21	
其他社会保障支出	32	44	7
外来从业人员寄给家人的支出	3	5	
赡养支出	36	54	2
其他转移性支出	35	37	32
经常性捐赠支出	1	1	
经常性赔偿支出			
其他经常转移支出	34	36	31

10—10 居民家庭生活消费支出(2014年)

单位:元/人

指　　标	全体居民	城镇常住居民	农村常住居民
消费支出	22442	25944	13432
通过互联网购买的商品和服务			
食品烟酒	5353	6255	3030
食品	3456	4040	1952
谷物	660	749	433
薯类	83	96	52
豆类	43	54	16
食用油	92	103	65
蔬菜和食用菌	308	366	159
肉类	1118	1288	683
禽类	96	115	49
水产品	51	62	22
蛋类	73	84	46
奶类	239	297	88
干鲜瓜果类	333	415	121
糖果糕点类	74	95	21
饮料	285	319	197
其他食品	851	896	739
烟酒	542	568	478
烟草	309	328	261
酒类	75	91	35
饮食服务	970	1226	305
食堂用餐	295	360	128
其他在外饮食	670	862	173
食品加工服务费	5	5	5
衣着	2190	2759	715
衣类	1738	2190	565
鞋类	452	569	150
居住	4689	5241	3275
租赁房房租	380	431	247
住房维修及管理	1021	1085	861
水电燃料及其他	973	1063	747
自有住房折算租金	2315	2662	1420

10－10 续表

单位:元／人

指　　标	全体居民	城镇常住居民	农村常住居民
生活用品及服务	1463	1776	656
家具及室内装饰品	383	469	161
家用器具	233	258	170
家用纺织品	127	152	62
家庭日用杂品	365	431	193
个人用品	270	355	49
家庭服务	85	110	21
交通通信	4531	5278	2608
交通	3532	4084	2112
交通工具	1480	1795	665
交通费	266	325	114
交通工具用燃料	1050	1159	771
交通工具使用及维修	736	805	562
车辆保险支出	186	218	106
通信	999	1194	496
通信工具	291	347	148
通信服务	708	847	348
教育文化娱乐	2032	2334	1254
教育	1182	1270	961
学前教育	243	277	157
小学教育	125	130	111
初中教育	147	140	166
高中教育	250	254	244
中专职高教育	33	43	8
大专及以上教育	280	306	215
成人教育	104	121	62
文化娱乐	849	1064	293
文娱耐用消费品	171	209	74
其他文娱用品	239	297	92
文化娱乐服务	438	558	127
医疗保健	1492	1433	1656
医疗器具及药品	570	594	512
医疗服务	921	839	1144
门诊总费用	480	546	309
住院总费用	442	293	835
其他用品和服务	693	868	238
其他用品	413	528	117
其他服务	279	341	121

10－11 各旗区全体居民收入情况(2014 年)

单位:元

地　区	可支配收入					
		工资性收入	经营净收入			
				第一产业净收入		
					农业净收入	牧业净收入
鄂尔多斯市	28339	16621	6176	2058	1098	882
东胜区	34156	19551	6575	467	281	186
达拉特旗	22768	9093	8138	7820	6000	904
准格尔旗	28061	16933	5860	1898	1035	863
鄂托克前旗	24082	10116	10432	3329	1391	1938
鄂托克旗	25882	12124	7317	4895	45	4854
杭锦旗	22433	11648	7420	6132	4331	1801
乌审旗	23942	10463	9768	4874	1657	3217
伊金霍洛旗	28466	19281	5428	905	196	586

10－11 续表 1

单位:元

地　区			财产净收入	转移净收入
	第二产业净收入	第三产业净收入		
鄂尔多斯市	479	3639	3659	1883
东胜区	1514	4594	5554	2476
达拉特旗	-482	800	3132	2405
准格尔旗	630	3332	3500	1768
鄂托克前旗	459	6644	1016	2518
鄂托克旗	17	2405	623	5818
杭锦旗	64	1230	564	2801
乌审旗	2061	2833	1389	2322
伊金霍洛旗	544	3979	1189	2568

10－12　各旗区全体居民生活消费情况(2014年)

单位:元

地　区	消费支出	食品	衣着	居住	生活用品及服务	交通和通讯	交通
鄂尔多斯市	22442	5353	2190	4689	1463	4531	3532
东胜区	25933	7236	3093	2167	2334	6043	4819
达拉特旗	16904	4880	1286	3917	631	2398	1838
准格尔旗	22419	5202	2188	4168	1752	4125	3168
鄂托克前旗	20546	4325	1637	2122	1291	7566	6398
鄂托克旗	18606	5314	1872	2060	1311	3556	2699
杭锦旗	16697	4576	1259	2935	988	3272	2578
乌审旗	16956	4663	1882	1967	1628	2204	1243
伊金霍洛旗	20436	5293	2405	2991	1380	5520	4136

10－12　续表

单位:元

地　区	通讯	教育文化娱乐服务	教育	文化娱乐	医疗保健	其它商品和服务
鄂尔多斯市	999	2032	1182	849	1492	693
东胜区	1224	2504	1220	1284	1504	1052
达拉特旗	560	1520	943	577	1950	322
准格尔旗	957	2316	1395	921	1866	802
鄂托克前旗	1168	1719	1333	424	1490	396
鄂托克旗	857	1497	823	674	2061	935
杭锦旗	694	1963	1579	384	1136	568
乌审旗	961	2086	1120	966	1237	1289
伊金霍洛旗	1384	1641	736	905	819	387

10－13 各旗区城镇常住居民收入情况(2014年)

单位:元

地区	可支配收入					
		工资性收入	经营净收入			
				第一产业净收入		
					农业净收入	牧业净收入
鄂尔多斯市	34983	22957	5428	627	302	332
东胜区	36302	22588	5670	38	15	23
达拉特旗	31589	16682	4820	3907	2045	1861
准格尔旗	36234	24182	5036	553	351	202
鄂托克前旗	33096	15869	13268	51	33	21
鄂托克旗	34294	20805	9216	1419	2	1417
杭锦旗	31510	21328	5276	298	214	84
乌审旗	33287	18124	10036	783	365	418
伊金霍洛旗	36193	26056	5515	80	30	50

10－13 续表

单位:元

地区			财产净收入	转移净收入
	第二产业净收入	第三产业净收入		
鄂尔多斯市	656	4145	4392	2206
东胜区	1904	3728	4761	3283
达拉特旗	29	844	6089	3998
准格尔旗	768	3715	4393	2623
鄂托克前旗	963	12254	1165	2794
鄂托克旗	60	7737	551	3722
杭锦旗	50	4928	1003	3903
乌审旗	3973	5280	1214	3913
伊金霍洛旗	805	4630	1414	3208

10－14　各旗区城镇常住居民生活消费情况(2014年)

单位:元

地　区	消费支出	食品	衣着	居住	生活用品及服务	交通和通讯	交通
鄂尔多斯市	25944	6255	2759	5241	1776	5278	4084
东胜区	27562	7779	3234	2262	2276	6235	4898
达拉特旗	22184	5990	2093	5536	899	2941	2101
准格尔旗	27189	6797	2719	5253	2313	4532	3265
鄂托克前旗	25968	4894	2083	2930	1499	10910	8886
鄂托克旗	20273	5646	2316	544	1753	4755	3423
杭锦旗	19697	4959	1810	3801	1429	3623	2663
乌审旗	19262	4516	2113	2773	1682	2913	1573
伊金霍洛旗	23945	6148	3143	3064	1803	6364	4778

10－14　续表

单位:元

地　区	通讯	教育文化娱乐服务	教育	文化娱乐	医疗保健	其它商品和服务
鄂尔多斯市	1194	2334	1270	1064	1433	868
东胜区	1337	2972	1289	1683	1575	1229
达拉特旗	840	1962	1178	784	2314	449
准格尔旗	1265	2679	1581	1098	1833	1062
鄂托克前旗	2024	1689	1209	481	1222	741
鄂托克旗	1332	1893	806	1087	1995	1371
杭锦旗	960	1998	1407	591	1304	773
乌审旗	1340	2185	996	1189	1547	1533
伊金霍洛旗	1586	2062	881	1181	854	507

10－15　各旗区农村牧区常住居民收入情况(2014年)

单位:元

地　区	可支配收入					
		工资性收入	经营净收入			
				第一产业净收入		
					农业净收入	牧业净收入
鄂尔多斯市	13439	2767	7509	4959	2884	1820
达拉特旗	13378	2169	9833	9766	8425	57
准格尔旗	13450	2770	7599	1138	685	453
鄂托克前旗	13477	5208	7226	4335	1951	2384
鄂托克旗	13437	1906	6112	5561	330	5223
杭锦旗	13313	788	10717	10416	7355	3042
乌审旗	13437	2311	9010	8739	2884	5855
伊金霍洛旗	13450	6577	5454	2843	586	1999

10－15　续表

单位:元

地　区			财产净收入	转移净收入
	第二产业净收入	第三产业净收入		
鄂尔多斯市	230	2320	1986	1177
达拉特旗	-82	15	479	897
准格尔旗	1614	4847	1945	1136
鄂托克前旗	891	2000	418	625
鄂托克旗		551	496	4923
杭锦旗	88	227	138	1670
乌审旗	18	253	1507	609
伊金霍洛旗	271	2340	447	972

主要统计指标解释

城镇居民家庭全部收入 指被调查城镇居民家庭全部的实际收入,包括经常或固定得到的收入和一次性收入。不包括周转性收入,如提取银行存款、向亲友借款、收回借出款以及其他各种暂收款。

城镇居民家庭可支配收入 指被调查的城镇居民家庭在支付个人所得税、财产税及其他经常性转移支出后所余下的实际收入。

城镇居民家庭消费性支出 指被调查的城镇居民家庭用于日常生活的全部支出,包括购买商品支出和文化生活、服务等非商品性支出。不包括罚没、丢失款和缴纳的各种税款(如个人所得税、牌照税、房产税等),也不包括个体劳动者生产经营过程中发生的各项费用。

城镇居民家庭购买商品支出 指被调查的城镇居民家庭为自用或赠送亲友而购买商品的全部支出,包括从商店、工厂、饮食业、工作单位食堂、集市以及直接从农民手中购买各种商品的开支。商品支出分为以下八类:食品;衣着;家庭设备用品及服务;医疗保健;交通与通信;娱乐、教育、文化服务;居住;杂项商品和服务。

农村牧区居民家庭纯收入 指农村牧区常住居民家庭总收入中,扣除从事生产和非生产经营费用支出、缴纳税款和上交承包集体任务金额以后剩余的,可直接用于进行生产性、非生产性建设投资、生活消费和积蓄的那一部分收入。农村牧区居民家庭纯收入包括从事生产性和非生产性的经营收入,取自在外人口寄回带回和国家财政救济、各种补贴等非经营性收入;既包括货币收入,又包括自产自用的实物收入。但不包括向银行、信用社和向亲友借款等属于借贷性的收入。

农村牧区居民家庭生活消费支出 指农村牧区常住居民家庭用于日常生活的全部开支,是反映和研究农牧民家庭实际生活消费水平高低的重要指标。

城镇居民储蓄存款余额 指某一时点城乡居民存入银行及农村信用社的储蓄金额,包括城镇居民储蓄存款和农牧民个人储蓄存款,不包括居民的手存现金和工矿企业、部队、机关、团体等单位存款。

十一、城镇概况

资料整理员：白高娃

■ 会展中心

11—1 城镇建设用地情况

指　　标	单位	2012	2013	2014
建成区面积	平方公里	250.21	256.59	258.54
城镇建设用地面积	平方公里	319.83	328.79	251.39
居住用地	平方公里	99.02	102.7	77.89
公共设施用地	平方公里	33.55	34.38	21.67
工业用地	平方公里	15.22	12.34	16.25
仓储用地	平方公里	3.99	3.49	1
对外交通用地	平方公里			
道路广场用地	平方公里			
交通设施用地	平方公里	50.51	52.22	43.18
市政公用设施用地	平方公里	16.48	15.91	8.01
绿　地	平方公里	74.18	77.89	56.12
特殊用地	平方公里			
本年征用土地面积	平方公里	2.27	1.47	0.08

11—2 城镇供水情况

指　　标	单　位	2012	2013	2014
自来水综合生产能力	万立方米/日	28.90	33.50	48.46
供水管道长度	公里	2050.73	2195.05	2354.18
供水总量	万立方米	5606.78	6107.44	7198.26
售水量	万立方米	5006.34	5360.24	6344.20
# 生产运营用水	万立方米	1143.98	1126.97	1834.38
居民家庭用水	万立方米	2455.61	2840.37	3031.39
用水户数	万户	35.90	29.47	31.16
# 家庭用户	万户	31.14	24.69	26.34
用水人口	万人	122.94	117.12	109.44

注：此数据为上报数，还未经自治区建委确认反馈。

11－3 城镇天然气、液化石油气情况

指　　标	单 位	2012	2013	2014
天然气				
储气能力	万立方米	7.66	58.26	9.88
供气管道长度	公里	1453.35	1608.68	1605.09
供气总量	万立方米	13386.80	15197.47	23277.50
销售气量	万立方米	12687.72	14775.06	22834.56
# 家庭用量	万立方米	4208.51	3965.47	5832.06
用气户数	万户	18.8	19.3	22.3
# 家庭用户	万户	17.0	18.9	21.8
用气人口	万人	66.17	68.45	71.69
液化石油气				
储气能力	吨	5070	3370	3925
供气总量	吨	8583	8384	
销售气量	吨	8545		7012.6
# 家庭用量	吨	7756	7412	6096
用气户数	万户	8.20	8	7
# 家庭用户	万户	7.03	6.72	5.77
用气人口	万人	37.48	29.51	22.33

11－4 城镇集中供热情况

指　　标	单 位	2012	2013	2014
热水供热能力	兆瓦	6692	8982	7757
热水供热总量	万吉焦	4119	5804	6643
热水管道长度	公里	1682	2040	2289
供热面积	万平方米	7189	8787	8544
# 住 宅	万平方米	4517	5435	5648

11—5 城镇市政工程情况

指　标	单 位	2012	2013	2014
道路长度	公里	1907.0	2044.0	2101.6
道路面积	万平方米	5211.7	5289.0	5725.0
# 人行道	万平方米	1491	1491	1614
桥梁数	座	59	57	57
路灯盏数	千盏	85	83	114
排水管道长度	公里	3167	3564	3558
排水管道密度	公里 / 平方公里	12.66	13.89	13.76
污水排放量	万立方米	4614	4930	5460
污水处理总量	万立方米	4301	4616	5138
再生水生产能力	万立方米 / 日	11.5	11.5	16.0

11—6 城镇园林绿化情况

指　标	单 位	2012	2013	2014
绿化覆盖面积	公顷	17207	19101	20181
# 建城区	公顷	10135	10772	10876
园林绿地面积	公顷	16271	18102	19098
# 建城区	公顷	9127	9876	10047
公园绿地面积	公顷	3677	3787	3698
公园个数	个	100	119	120
公园面积	公顷	2877	3632	3500

11－7　城镇公共汽车、出租车情况

指　　标	单 位	2012	2013	2014
公共汽车				
营运车辆数	辆	750	939	756
运营线路网长度	公里	1085	2432	4321
客运总量	万人次	4947	7935	11380
出租汽车				
出租车数量	辆	6035	6045	6113
载客车次总数	万次	3708	3481	7702
客运总量	万人次	9545	8702	19255
从业人员	人	8423	7858	10347

11－8　城镇公共卫生情况

指　　标	单 位	2012	2013	2014
道路清扫保洁面积	万平方米	4132	6047	8951
生活垃圾清运量	万吨	78.49	63.24	52.27
生活垃圾无害化处理厂(场)数	座	16	16	16
生活垃圾(粪便)处理场处理能力	吨/日	2029	2650	2702
生活垃圾(粪便)处理场处理量	万吨	88.94	89.22	51.38
粪便清运量	万吨	30.55	17.09	17.86
公共厕所数	座	1270	1236	1277
市容环卫专用车辆设备总数	辆	464	458	482

11－9 城镇设施水平

指　　标	单 位	2012	2013	2014
人均日生活用水量	升	79.08	94.16	106.32
用水普及率	%	98.85	98.94	98.97
燃气普及率	%	81.88	80.78	83.87
人均道路面积	平方米	41.17	43.61	51.07
污水处理率	%	93.22	93.63	94.10
人均公共绿地面积	平方米	29.05	31.23	32.99
建成区绿地率	%	36.48	38.49	38.86
建成区绿化覆盖率	%	40.51	41.98	42.07
生活垃圾处理率	%	94.28	94.32	94.40

11－10 分旗区城镇建成区面积

单位:平方公里

地　　区	2012	2013	2014
东 胜 区	78	78	78
达拉特旗	29	29	30
准格尔旗	18	19	19
鄂托克前旗	8	8	8
鄂托克旗	10	10	10
杭 锦 旗	9	9	10
乌 审 旗	20	20	20
伊金霍洛旗	43	48	48

主要统计指标解释

年末自来水生产能力 指年底城建部门管理的自来水厂和自备水源的社会单位取水、净化、送水、出厂输水干管等环节的实际生产能力。

年末供水管道长度 指从送水泵到用户水表之间所有管道的长度。全年供水总量指公用自来水厂和自备水源的社会单位全年的供水总量,包括有效供水量及损失水量。

年末供水总量 指报告期供水企业(单位)供出的全部水量,包括有效供水量及损失水量。

生活用水量 指居民日常生活与公共福利设施的用水量,包括居民、饮食店、旅馆、医院、理发店、浴池、洗衣店、游泳池、商店、学校、机关、部队等单位的用水量。

城市人口用水普及率 指城市用水的非农业人口数(不包括临时人口和流动人口)与城市非农业人口总数之比。计算公式为:

$$用水普及率=\frac{城市用水的非农业人口数}{城市非农业人口数}\times 100\%$$

全年供气总量 指全年售给各类用户的全部煤气量,包括工业用量、家庭用量和其他用量。

城市用气普及率 指使用煤气(包括人工煤气、液化石油气、天然气)的城市非农业人口数(不包括临时人口和流动人口)与城市非农业人口总数之比。计算公式为:

$$城市煤气普及率=\frac{城市用气的非农业人口数}{城市非农业人口总数}\times 100\%$$

城市供热能力 指热电厂、热力公司和达到标准的集中采暖锅炉房和城市输送的供热源的设计能力,即每小时向城市输送蒸汽、热水的能力。

城市供热总量 指热电厂、热力公司和达到标准的集中采暖锅炉房向城市输送的全部蒸汽、热水量。

城市供热管道长度 指热电厂、热力公司和达到标准的集中采暖锅炉房管理的集中供热热源到用户之间的全部供气、供热水的管道长度。

城市桥梁 指城市范围内,修建在河道上的桥梁和道路与道路立交、道路跨越铁路的立交桥及人行天桥。包括永久性桥和半永久性桥,不包括临时性桥、铁路桥、涵洞。

城市下水道总长度 指所有排水总管、干管、支管及暗渠、检查井、连接井进出水口等长度之和。

城市污水日处理能力 指污水处理厂每昼夜处理污水量的设计能力。

年末实有公共汽车 指年底可参加营运的全部车辆数,包括营运车辆数和库存查封未参加营运的车辆。不包括非营运车辆,如架线车、油罐车、工程车、货车及其他专用车辆和借入的客运车辆。

城市园林绿地面积 指城市公共绿地、专用绿地、生产绿地、防护绿地、郊区风景名胜区的全部面积。

公共绿地 指供游览休息的各种公园、动物园、植物园、陵园以及花园、游园和供游览休息用的林荫道绿地、广场绿地,不包括一般栽植的行道树及林荫道的面积。

十二、农牧业

资料整理员：巴音娜

鄂尔多斯机场

12－1　农村牧区基层组织和农牧业基本情况(2014年)

指　　标	合　计	农　村	牧　区
一、农村基层组织情况			
乡(苏木)镇政府个数(个)	42	30	12
# 镇个数(个)	34	27	7
村委会个数(个)	739	535	204
二、农村基础设施			
自来水受益村数(个)	501	406	95
通有线电视村数(个)	466	309	157
通宽带村数(个)	274	208	66
三、乡村人口与从业人员			
乡村户数(户)	203664	163041	40623
乡村人口数(人)	572721	451309	121412
乡村从业人员数(人)	413179	329877	83302
按性别分:			
男	220860	175584	45276
女	192319	154293	38026
按国民经济行业分:			
农林牧渔业	304072	234465	69607
工　业	21803	19338	2465
建筑业	20535	18608	1927
交通运输仓储业和邮政业	19962	18125	1837
信息传输计算机服务和软件业	2478	2067	411
批发与零售业	20080	17583	2497
住宿和餐饮业	18208	15508	2700
其他行业	6041	4183	1858
四、农牧业生产条件			
农作物总播种面积(千公顷)	397.6		
农牧业机械总动力(万千瓦)	302.82		
化肥施用量(折纯)(吨)	114809		
农村牧区用电量(万千瓦时)	46405		
五、主要农牧业生产情况			
粮食总产量(万吨)	149.6		
年末牲畜总头数(万头只)	761.7		

12－2 分旗区农村牧区基层组织和农牧业基本情况(2014 年)

指 标	东胜区	达拉特旗	准格尔旗	鄂托克前旗	鄂托克旗	杭锦旗	乌审旗	伊金霍洛旗
一、农村基层组织情况								
乡(苏木)镇个数(个)	3	7	8	3	5	5	5	6
#镇个数(个)	3	6	5	3	3	4	4	6
村委会个数(个)	34	130	159	68	75	76	59	138
二、农村基础设施								
自来水受益村数(个)	34	91	86	28	43	50	38	131
通有线电视村数(个)	34	0	56	48	55	76	59	138
通宽带村数(个)	23	0	3	3	16	48	43	138
三、乡村人口与从业人员								
乡村户数(户)	14512	55125	35618	13299	11244	25017	18349	30500
乡村人口数(人)	40927	153984	98512	37853	38882	72870	50925	78768
乡村从业人员数(人)	26258	102520	79656	24056	24532	54450	40069	61638
按性别分:								
男	14757	51451	42229	12388	14081	29902	22052	34000
女	11501	51069	37427	11668	10451	24548	18017	27638
按国民经济行业分:								
农林牧渔业	7558	79992	45216	20207	21151	47683	32684	49581
工 业	4845	2901	8226	1286	665	1002	1298	1580
建筑业	5603	2851	5745	386	522	1045	1996	2387
交通运输仓储业和邮政业	979	6305	8483	715	517	433	902	1628
信息传输计算机服务和软件业	309	320	635	66	193	280	105	570
批发与零售业	2488	5515	5289	459	603	1741	1297	2688
住宿和餐饮业	2316	4215	5642	408	506	908	1409	2804
其他行业	2160	421	420	529	375	1358	378	400
四、农牧业生产条件								
农作物总播种面积(千公顷)	2.3	132.0	65.3	27.0	24.6	74.3	42.4	29.8
农牧业机械总动力(万千瓦)	11.3	92.3	28.4	25.8	18.1	46.5	51.7	28.8
化肥施用量(折纯)(吨)	712	47234	9790	19154	4359	23302	6854	3404
农村牧区用电量(万千瓦时)	731	24152	3752	4083	896	5384	1587	5820
五、主要农牧业生产情况								
粮食总产量(万吨)	1.2	58.7	8.5	9.9	10.4	38.9	12.6	9.2
年末牲畜总头数(万头只)	11.3	204.3	48.7	91.2	113.1	140.2	112.2	40.8

12—3 主要年份农、林、牧、渔业增加值

单位:万元

年　份	农林牧渔业增加值	农　业	林　业	牧　业	渔　业
1952	5001	3129	7	1865	
1957	6557	3289	92	3174	2
1965	7552	2965	408	4173	6
1970	10670	5403	249	5015	3
1975	13839	5671	1085	7070	13
1978	15568	6273	1226	8052	17
1980	15369	6773	1223	7361	12
1981	15942	6041	4775	5109	17
1982	18885	8561	3926	6385	13
1983	18603	8906	3698	5981	18
1984	21997	10738	4450	6792	17
1985	28851	13241	6122	9448	40
1986	31292	15323	5063	10827	79
1987	34737	16087	4612	13889	149
1988	54192	26377	8496	19115	204
1989	61235	29612	8896	22371	356
1990	71248	30021	6840	33977	410
1991	70041	27818	6556	35265	402
1992	76513	34769	7420	33899	425
1993	82383	31687	6882	35494	840
1994	140693	55836	6592	65832	1575
1995	169560	76714	9721	71794	2040
1996	196572	96807	7518	84558	2477
1997	218507	102427	11189	94753	2631
1998	240050	130794	12847	81139	5194
1999	221087	78530	13328	115923	5010
2000	245271	103655	18289	108198	3729
2001	243751	97608	20040	116459	3468
2002	281131	127404	24182	117347	3536
2003	331111	162811	40590	123801	3909
2004	370199	162593	37825	158684	4422
2005	406369	211952	18337	165497	3577
2006	430795	227203	20888	170704	4328
2007	477829	249417	32329	182314	4757
2008	576525	284937	34978	239625	5076
2009	606088	300439	37543	250274	5251
2010	708135	354264	41009	292756	6663
2011	831600	408984	46829	350812	9812
2012	901374	460598	45769	367358	11046
2013	974967	493255	45621	404610	13400
2014	1015149	529358	49307	401961	15266

注:1.本表按当年价格计算。

2.2004年(包括2004年)以后农林牧渔业增加值包括农林牧渔服务业增加值。

12－4 农、林、牧、渔业总产值

单位：万元

指标	2013	2014
农林牧渔业总产值	1655104	1716575
农业产值	756063	812897
林业产值	66339	71647
牧业产值	782157	776587
渔业产值	20111	23032
农林牧渔服务业	30434	32412

12－5 分旗区农、林、牧、渔业总产值及增加值(2014年)

单位：万元

指标	东胜区	达拉特旗	准格尔旗	鄂托克前旗	鄂托克旗	杭锦旗	乌审旗	伊金霍洛旗
按现行价格计算								
农林牧渔业总产值	26424	552058	160912	195344	136433	298239	223262	123902
农　业	5570	290087	77852	92934	43840	162521	94506	45585
林　业	5303	7421	9013	9223	5670	15099	5558	14360
牧　业	13312	240379	66136	88864	80366	114337	116681	56511
渔　业	488	8239	3741	495	3028	2736	2258	2047
农林牧渔服务业	1752	5932	4169	3828	3529	3547	4258	5399
农林牧渔业增加值	15531	327417	96089	115464	78152	179326	129788	73382
农　业	3627	188905	50697	60518	28549	105834	61543	29685
林　业	3649	5107	6203	6347	3902	10391	3825	9883
牧　业	6890	124420	34232	45996	41597	59181	60394	29250
渔　业	323	5461	2480	328	2007	1813	1497	1356
农林牧渔服务业	1041	3524	2477	2274	2096	2107	2530	3208

12－6 主要农牧业机械年末拥有量

指　　标	2012	2013	2014
农牧业机械总动力(万千瓦)	278.82	290.86	302.82
大中型拖拉机(台)	24479	27196	30401
大中型拖拉机(千瓦)	587529	650823	737395
小型拖拉机(台)	6993	7045	6510
小型拖拉机(千瓦)	90024	90426	83271
播种机(台)	4292	4335	4788
地膜覆盖机(台)	695	800	869
农用水泵(台)	51209	52104	50460
农用排灌用电动机(台)	29795	31081	30797
农用排灌用电动机(千瓦)	226669	241954	237992
农用柴油机(台)	20514	20866	20902
农用排灌用柴油机(千瓦)	215963	218725	219036
农产品初加工动力机械(台)	11477	12102	12270
农产品初加工动力机械(千瓦)	104139	110454	112240
饲料粉碎机(台)	2449	2528	2587
机动脱粒机(台)	9470	9536	9646

12－7 分旗区主要农牧业机械年末拥有量(2014年)

指　　标	东胜区	达拉特旗	准格尔旗	鄂托克前旗	鄂托克旗	杭锦旗	乌审旗	伊金霍洛旗
农牧业机械总动力(万千瓦)	11.27	92.29	28.40	25.76	18.12	46.53	51.69	28.76
大中型拖拉机(台)	418	10253	1489	2751	2113	6924	3940	2513
大中型拖拉机(千瓦)	11569	221641	39579	78800	69629	174113	90630	51434
小型拖拉机(台)	160	1724	511	130	365	2239	450	931
小型拖拉机(千瓦)	2087	22303	6633	1711	4298	29107	5850	11282
播种机(台)	157	1150	176	348	356	2166	238	197
地膜覆盖机(台)	29	402	31		26	164		217
农用水泵(台)	1078	10698	7240	7166	2503	1487	14237	6051
农用排灌用电动机(台)	720	11487	462	4078	780	942	8293	4035
农用排灌用电动机(千瓦)	6176	67474	4646	27086	15152	14130	91223	12105
农用排灌用柴油机(台)	152	2514	391	3550	1498	1217	8853	2727
农用排灌用柴油机(千瓦)	1754	20534	4157	42118	14822	21906	97383	16362
农副产品初加工动力机械(台)	232	8741	396	32	844	140	1690	195
农副产品初加工动力机械(千瓦)	1140	81379	3552	243	7048	980	16142	1756
饲料粉碎机(台)	503	443	265	436	396	42	321	181
机动脱粒机(台)	74	786	547	718	400	1320	5089	712

12－8　农用化肥施用量、农村牧区用电情况

指　　标	2012	2013	2014
农用化肥施用量(按折纯量计算,吨)	111407	105965	114809
#氮　肥	61839	59531	60593
磷　肥	22688	20299	21399
复合肥	22491	21825	23321
农村牧区用电量(万千瓦时)	46287	45148	46405

12－9　农业机械化情况

指　　标	2012	2013	2014
农业机械化程度(%)	73.5	76.0	80.0
机耕地面积(千公顷)	373.6	373.8	369.3
机械播种面积(千公顷)	334.5	335.2	336.4
占农作物总播种面积的比重(%)	86.5	86.7	89.0
机械收割面积(千公顷)	122.6	154.7	178.5
占农作物总播种面积的比重(%)	31.7	40.0	47.7

12－10 主要年份各类土地利用情况

单位：千公顷

年　份	耕地面积	有效灌溉面积	农作物总播种面积	实有林地面积
1957	552.3	36.4	476.9	143.7
1965	497.1	45.3	474.1	157.0
1970	459.5	54.8	441.3	96.0
1975	323.5	73.7	311.7	238.8
1978	266.3	65.6	262.0	425.6
1980	244.0	57.2	237.4	533.6
1981	225.1	51.8	215.9	572.3
1982	220.1	92.6	213.7	618.8
1983	216.6	61.7	208.5	657.5
1984	219.7	59.2	226.2	797.2
1985	216.8	61.0	216.8	712.2
1986	213.5	61.0	219.3	764.2
1987	208.7	65.9	207.5	803.7
1988	216.1	73.6	220.8	887.2
1989	217.0	77.2	225.3	961.5
1990	226.4	90.1	229.0	1008.9
1991	232.4	97.1	240.9	1077.8
1992	238.4	108.7	245.4	1108.2
1993	243.6	110.0	230.0	1032.0
1994	248.3	127.4	230.2	1063.0
1995	256.0	134.1	240.8	1078.2
1996	256.1	140.1	255.7	1105.6
1997	471.4	183.6	268.3	1045.0
1998	471.0	190.2	275.8	1051.4
1999	475.3	195.6	291.5	1052.0
2000	460.7	199.6	265.5	1058.6
2001	435.8	195.8	214.2	1187.1
2002	415.4	195.3	258.7	1199.3
2003	394.3	199.4	272.3	1211.9
2004	401.4	236.9	323.1	1321.6
2005	407.4	229.6	342.9	1413.4
2006	420.8	250.5	368.0	1572.7
2007	423.5	250.9	375.1	1746.9
2008	403.0	292.1	372.1	1876.9
2009	407.1	256.5	378.8	1933.0
2010	407.0	302.3	379.0	2003.1
2011	408.1	304.8	376.6	2009.4
2012	408.1	307.4	381.5	2177.7
2013	411.5	311.8	383.2	2206.5
2014	412.6	313.4	397.6	2242.4

注：2014 年耕地面积数据未经国家反馈。

12－11 主要年份主要粮食作物播种面积

单位:千公顷

年份	农作物总播种面积	粮食作物播种面积	#小麦	#薯类	#玉米	#高粱	#大豆
1957	476.9	376.7	7.9	19.0	6.8	9.4	18.2
1965	474.1	375.2	24.7	26.4	8.0	10.9	19.6
1970	441.3	363.6	24.3	25.2	10.7	11.3	14.9
1975	311.7	247.4	19.7	27.0	8.6	10.2	8.2
1978	262.0	204.3	22.9	24.5	12.4	7.3	6.7
1980	237.4	180.6	14.0	21.4	13.6	3.7	5.5
1981	215.9	169.3	12.1	18.3	10.1	2.3	2.9
1982	213.7	168.1	15.2	18.4	10.9	2.3	5.5
1983	208.5	166.1	17.0	18.6	11.3	2.4	4.6
1984	226.2	163.9	17.9	21.3	12.3	2.6	4.5
1985	216.8	160.4	17.8	20.1	13.5	2.2	4.1
1986	219.3	162.3	19.4	20.1	16.7	2.0	4.0
1987	207.5	158.7	21.6	19.3	23.1	1.8	2.9
1988	221.0	169.5	24.0	20.2	23.8	1.9	3.1
1989	225.3	172.4	26.4	19.7	29.4	2.0	3.3
1990	229.0	178.2	28.9	20.1	38.3	3.0	2.9
1991	240.9	183.6	34.2	20.5	40.1	2.6	2.6
1992	245.4	184.5	40.7	20.5	39.2	2.3	2.5
1993	230.0	168.1	27.7	19.8	47.7	2.2	4.1
1994	230.2	176.0	24.6	20.3	55.6	1.9	3.3
1995	240.8	182.2	26.5	20.8	65.2	1.3	2.6
1996	255.7	194.8	26.7	25.5	72.4	2.1	3.1
1997	268.3	205.6	29.1	26.5	75.0	2.1	3.9
1998	275.8	211.4	27.8	27.1	81.6	2.2	3.9
1999	291.5	199.7	19.9	26.9	90.7	2.9	3.6
2000	265.5	166.5	15.6	25.5	72.1	1.7	2.6
2001	214.2	124.7	13.0	14.4	70.8	1.2	1.5
2002	258.7	147.0	7.7	21.4	78.4	1.0	2.1
2003	272.3	127.5	4.1	20.2	77.8	0.6	1.9
2004	323.1	155.1	5.6	19.7	105.0	0.6	1.5
2005	342.9	182.1	7.7	20.7	127.9	0.4	2.8
2006	368.0	206.2	7.1	20.2	157.1	0.4	2.5
2007	375.1	219.8	7.1	19.8	161.5	1.9	2.4
2008	372.1	224.3	5.7	23.2	170.2	1.1	2.1
2009	378.8	233.6	7.7	25.9	174.6	0.5	2.1
2010	379.0	233.8	6.0	21.2	185.0	0.2	3.4
2011	376.6	239.6	6.5	21.7	190.6	0.2	4.4
2012	381.5	240.8	6.8	24.1	187.9	0.2	4.7
2013	383.2	241.9	5.9	22.6	196.1	0.1	4.4
2014	397.6	243.6	4.1	21.4	201.0	0.1	4.4

12－12 主要年份主要经济作物播种面积

单位：千公顷

年 份	油料合计	#胡麻籽	#油菜籽	#向日葵	麻类合计	甜 菜	蔬 菜及食用菌
1957	78.0	24.3				0.3	
1965	63.8	18.7				0.5	
1970	57.7	18.2				1.2	
1975	43.0	9.2	6.7	0.4	0.4	1.9	4.2
1978	36.0	9.8	6.1	2.3	0.4	2.0	2.4
1980	38.8	10.5	4.1	12.7	0.2	2.0	1.5
1981	27.7	6.8	4.3	7.0	0.1	2.1	2.0
1982	29.8	7.3	3.8	8.6	0.1	1.8	2.0
1983	29.3	7.0	6.6	10.2	0.2	2.2	1.8
1984	38.0	6.0	7.3	18.9	0.1	2.6	2.3
1985	35.9	6.2	5.3	19.7	0.4	5.2	2.0
1986	33.7	5.9	3.6	17.3	0.1	3.7	1.9
1987	26.4	5.5	1.6	14.7	0.1	3.6	1.6
1988	29.3	6.6	2.3	14.8	0.1	5.5	2.1
1989	32.4	6.2	3.1	17.5	0.1	4.5	2.2
1990	32.4	6.2	3.5	17.7	0.1	4.0	2.1
1991	40.0	6.1	2.6	26.1	0.1	5.0	2.1
1992	44.0	6.3	3.1	30.3	0.1	5.1	2.2
1993	42.2	4.7	2.1	31.8	0.1	5.2	2.1
1994	36.9	5.3	3.1	27.3	0.6	5.0	1.8
1995	40.7	5.8	1.9	32.4	0.2	7.0	2.0
1996	41.9	6.1	2.0	31.3	0.2	7.3	2.0
1997	42.7	5.6	1.8	33.6	0.1	6.5	2.0
1998	45.6	4.5	1.9	37.2	0.2	5.5	2.0
1999	70.2	4.1	1.7	63.1	0.1	3.0	2.4
2000	61.2	2.6	1.1	56.5		2.5	3.7
2001	44.9	1.9	0.7	41.5		2.5	3.4
2002	49.5	2.8	1.4	44.8	0.2	3.3	3.9
2003	41.1	2.0	1.4	37.0	0.8	2.7	6.2
2004	30.1	1.5	1.2	23.0		3.0	6.7
2005	35.9	2.1	1.4	30.3		3.2	6.3
2006	27.1	1.9	1.4	23.2		2.8	6.1
2007	22.4	0.7	0.4	20.8	0.2	1.9	4.0
2008	34.5	1.0	0.8	32.4	0.1	2.2	5.3
2009	29.2	1.0	1.0	26.6	0.1	2.1	5.0
2010	30.0	0.9	1.0	27.7	0.03	1.8	5.5
2011	32.5	0.7	1.2	30.0	0.03	2.6	5.8
2012	31.9	0.8	1.2	29.7	0.003	2.7	7.8
2013	33.5	0.8	1.2	31.3		2.4	7.9
2014	40.6	1.0	1.2	38.1		2.5	9.7

12－13　分旗区主要农作物播种面积(2014年)

单位:公顷

指　　标	东胜区	达拉特旗	准格尔旗	鄂托克前旗	鄂托克旗	杭锦旗	乌审旗	伊金霍洛旗
农作物总播种面积	2267	132015	65287	26974	24557	74308	42366	29824
粮食作物	2100	82273	37587	17621	18071	42307	21750	21918
#稻　谷		614			82			35
小　麦		3698				360	67	
薯　类	778	5583	6374	2383	1365	855	821	3258
#马铃薯	778	5583	6374	2383	1365	855	821	3258
玉　米	1102	68727	20180	15187	16622	40980	20345	17819
糜　子	50	820	3279	20			154	439
荞　麦	55	334	726					21
高　粱		8	45			64	19	
大　豆	3	400	3633	24		30	259	11
经济作物	167	49742	27700	9353	6486	32001	20616	7906
#油料合计	26	12127	3501	1105	2413	20910	485	
#胡麻籽		44	1183					
油菜籽	26	466	430	59				
葵花籽		11617	1672	1046	2413	20910	485	
麻类合计								
甜　菜	1	2500	31					
蔬菜及食用菌	46	6400	767	908	75	644	677	144
瓜果类	18	2733	2338	1235	294	255	1596	30

12－14　主要年份主要粮食作物平均每公顷产量

单位:公斤

年　份	粮　食	#小　麦	#薯　类	#玉　米	#高　粱	#大　豆
1957	299	662	1155	354	558	327
1965	296	844	472	745	579	373
1970	596	650	908	1277	792	596
1975	801	1205	1184	2116	1608	526
1978	983	1419	1231	3732	1582	655
1980	959	2081	1058	2430	1609	458
1981	1155	3143	1290	2895	1920	833
1982	1373	3503	1515	2828	2400	848
1983	1433	3480	1650	3090	2340	720
1984	1725	3623	2213	4035	2340	608
1985	1530	3450	1920	4020	1935	540
1986	1335	3158	1500	3500	1867	495
1987	1335	2130	1410	3735	1425	495
1988	1955	2415	2460	4740	1980	780
1989	1935	2925	1890	4995	2265	525
1990	2610	3615	2400	5865	3045	570
1991	2355	3675	1320	5550	2655	360
1992	3165	3900	2985	6270	3135	780
1993	2758	4070	2629	4765	3501	1069
1994	3402	3550	2305	6617	4002	933
1995	3747	4270	3003	6731	2779	966
1996	4477	4498	3983	7544	4178	1190
1997	4347	4537	3984	7325	4826	887
1998	4656	4325	4452	7724	5474	1181
1999	3452	4058	2099	5501	4130	447
2000	4009	4589	3299	6393	5814	496
2001	4718	4487	3358	6420	5012	1020
2002	5162	4297	5128	7389	3935	886
2003	5959	3976	4995	7747	3710	1168
2004	6441	4691	5948	7750	4199	1519
2005	6453	4627	5139	7743	3583	1432
2006	5927	4351	5264	6689	6280	1089
2007	5657	4043	6631	6250	5641	1639
2008	5844	4866	7096	6285	6855	1466
2009	5843	5305	5516	6505	6106	1504
2010	6031	4900	5006	6703	4611	1240
2011	5950	4889	6316	6448	4816	1424
2012	6025	4590	7671	6076	7336	1413
2013	6409	5339	6429	6836	11091	1837
2014	6138	4778	5931	6573	3059	1685

12－15 主要年份主要经济作物平均每公顷产量

单位:公斤

年 份	油 料	#胡麻籽	#油菜籽	#葵花籽	麻 类	甜 菜	蔬菜及食用菌
1957	131	157				1326	
1965	89	114				4996	
1970	153	151				10614	
1975	148	178	116	358	142	6510	17025
1978	133	127	68	358	230	5386	14198
1980	503	165	99	1245	225	11092	20574
1981	428	195	308	1219	140	12275	26700
1982	780	293	201	2143	190	17078	22510
1983	795	300	171	1868	220	29318	23368
1984	833	428	170	1398	240	21675	18129
1985	765	495	129	1139	433	27135	33363
1986	870	495	121	1398	110	23475	35120
1987	825	435	143	1224	114	26205	24884
1988	855	390	248	1374	233	28035	27951
1989	1020	645	240	1500	270	31350	30555
1990	1170	870	345	1590	675	35295	34695
1991	900	495	210	1200	1110	38835	29175
1992	1155	600	360	1455	615	34320	25890
1993	1251	717	319	1488	745	38727	29400
1994	1124	659	454	1321	2414	21650	31303
1995	1378	598	193	1599	668	28290	26768
1996	1418	676	275	1680	318	30385	35093
1997	1337	577	339	1546	567	26196	27616
1998	2073	918	431	2035	713	25548	35014
1999	1406	396	435	1517	643	21232	33652
2000	1913	722	249	2008	421	34092	19294
2001	2045	739	63	2142	429	32162	41668
2002	1860	504	373	1999	1803	25463	39366
2003	1570	963	1095	1560	1938	35882	36590
2004	1713	949	1058	1809	2250	35741	36528
2005	2198	1056	556	2413		43752	37245
2006	2303	1049	761	2531	2083	42321	39120
2007	2247	1171	1092	2186	974	42904	45883
2008	2390	1476	1469	2404	1333	39321	36949
2009	2351	1132	482	2443	1221	39973	37815
2010	2321	1178	61	2448	400	48877	42168
2011	2322	1371	61	2446	2036	39977	42795
2012	2456	1304	70	2590	1000	40010	44268
2013	2610	1390	74	2747		38701	48265
2014	2534	1395	74	2650		38528	43756

12－16 分旗区主要农作物平均每公顷产量(2014年)

单位:公斤

指 标	东胜区	达拉特旗	准格尔旗	鄂托克前旗	鄂托克旗	杭锦旗	乌审旗	伊金霍洛旗
粮食作物	5804	7134	2273	5645	5781	9186	5809	4201
#稻 谷		7397			5805			
小 麦		5162				1006	3836	
薯 类	8396	2322	3272	15520	6546	7942	17102	6118
玉 米	4819	7941	2478	4106	5718	9301	5407	3997
糜 子	1960	473	1392	5150			4857	1499
荞 麦	3273	1913	1211					6238
高 粱		6500	3111			2375	3789	
大 豆	1333	1528	1603	875		3167	2977	2000
经济作物								
#油料合计	769	2081	929	2950	2594	3024	3136	
#胡麻籽		159	71					
油菜籽	769	1373	1456	1390				
葵花籽		2122	1340	3028	2594	3024	3136	
麻类合计								
甜 菜	10000	38800	17516					
蔬菜及食用菌	37000	47813	17937	44400	59453	46483	36251	14028
瓜果类	24500	22584	20032	75000	725587	58192	40701	29667

12－17 主要年份主要粮食作物产量

单位:吨

年　份	粮　食	#小　麦	#薯　类	#玉　米	#高　粱	#大　豆
1957	112354	5207	21977	2421	5225	5963
1965	142462	20801	12456	5935	6310	7284
1970	216832	15779	22876	13630	8977	8843
1975	198175	23734	31934	18170	16465	4311
1978	200801	32521	30169	33808	11506	4354
1980	173293	29113	22145	32965	5963	2512
1981	195723	37951	23610	29144	4359	2446
1982	231472	53315	27815	30779	5438	4635
1983	237940	59223	30636	34884	5609	3269
1984	282348	64716	47079	48678	5976	2757
1985	245736	61343	38484	54185	4277	2193
1986	216431	61234	30216	58559	3735	1966
1987	212168	46025	27389	86036	2584	1440
1988	331429	58114	49857	112877	3809	2398
1989	332467	77062	37234	146923	4612	1727
1990	464343	104688	48255	224313	9177	1638
1991	431936	125997	26985	222416	6929	949
1992	582949	158946	61074	246072	7327	1984
1993	463639	112788	52127	227331	7738	4342
1994	598731	87483	46823	368222	7564	3068
1995	682630	113283	62502	438892	3724	2501
1996	872352	120234	101359	546053	8819	3740
1997	893887	131944	105701	549667	10135	3493
1998	984400	120153	120725	630237	12261	4571
1999	689230	80677	56500	498912	12059	1592
2000	667336	71729	84217	461211	10005	1307
2001	588193	58403	48431	454654	6140	1545
2002	759004	33238	109739	579112	3785	1832
2003	759929	16266	100725	602975	2285	2177
2004	998681	26384	117441	813586	2448	2329
2005	1175014	35822	106248	990504	1476	3991
2006	1222140	30956	106193	1050538	2179	2745
2007	1243483	28501	131300	1009699	10644	3858
2008	1310942	27573	164441	1069816	7410	3044
2009	1365088	41027	143027	1135860	3047	3228
2010	1410000	29039	105920	1240171	936	4171
2011	1425357	31730	137325	1228804	761	6294
2012	1450400	31178	185061	1141732	1414	6685
2013	1550500	31540	145320	1340590	1220	8130
2014	1495500	19708	127034	1320858	416	7346

12－18 主要年份主要经济作物产量

单位：吨

年　份	油　料	#胡麻籽	#油菜籽	#葵花籽	麻　类	甜　菜	蔬菜及食用菌
1957	10212	3807				398	
1965	5649	2131				2464	
1970	8828	2744				12674	
1975	6359	1631	774	143	57	12282	71503
1978	4790	1243	415	824	92	10701	34075
1980	19477	1746	407	15810	45	24284	30861
1981	11759	1326	1326	8535	14	26137	53400
1982	23114	2131	762	18432	19	30546	45020
1983	23303	2070	1130	19055	44	65776	42062
1984	31818	2595	1238	26426	24	55786	41697
1985	27570	3019	685	22448	173	142636	66726
1986	29072	2871	435	24184	11	87652	67868
1987	21611	2366	229	18011	8	93445	39814
1988	25241	2584	578	20264	14	153994	58139
1989	33249	3965	743	26169	21	141496	65590
1990	37821	5307	1195	28174	89	140456	72388
1991	36259	3083	555	31088	125	194461	61279
1992	51017	3736	1130	43842	86	175260	57132
1993	52842	3399	669	47329	82	200604	62622
1994	41467	3507	1398	36016	1400	108684	56658
1995	56027	3446	372	51853	127	196899	52198
1996	59426	4105	539	52524	54	220912	70839
1997	57074	3253	627	51854	68	170009	54403
1998	94596	4114	797	75646	114	141281	68978
1999	98659	1626	752	95676	45	64544	82111
2000	117118	1907	265	113373	23	86627	72045
2001	91906	1407	45	88875	6	80406	141587
2002	91995	1389	509	89504	384	84028	153607
2003	64547	1891	1531	57679	1601	98315	225831
2004	51627	1464	1310	41592	27	105615	246125
2005	78886	2249	784	73089		140137	233264
2006	62312	1960	1093	58642	25	118498	239963
2007	50251	772	440	45559	151	80188	181835
2008	77100	1455	1199	77808	84	88198	197270
2009	68599	1171	549	64928	138	83863	190286
2010	69644	1020	62	67883	10	86219	233948
2011	75492	1020	71	73963	57	104859	249150
2012	78297	1054	86	77032	3	107707	343698
2013	87489	1152	88	85977		94585	380182
2014	102787	1368	91	101069		97553	422731

12—19 分旗区主要农作物产量(2014年)

单位:吨

指　　标	东胜区	达拉特旗	准格尔旗	鄂托克前旗	鄂托克旗	杭锦旗	乌审旗	伊金霍洛旗
粮食作物	12188	586923	85429	99464	104465	388616	126341	92074
#稻　谷		4542			476		276	
小　麦		19089				362	257	
薯　类	6532	12963	20855	36984	8935	6790	14041	19934
玉　米	5310	545779	50000	62352	95042	381158	110000	71217
糜　子	98	388	4565	103			748	658
荞　麦	180	639	879					131
高　粱		52	140			152	72	
大　豆	4	611	5822	21		95	771	22
经济作物								
#油料合计	20	25240	3254	3260	6260	63232	1521	
#胡麻籽		7	84					
油菜籽	20	640	626	82				
葵花籽		24593	2285	3178	6260	63232	1521	
麻类合计								
甜　菜	10	97000	543					
蔬菜及食用菌	1702	306000	13758	40315	4459	29935	24542	2020
瓜果类	441	61721	46835	92625	21332	14839	64958	890

12－20　林业生产情况(2014 年)

项　　目	单位	全市	东胜区	达拉特旗	准格尔旗
荒山荒(沙)地造林面积	千公顷	67.5	6.4	6.9	8.1
人工造林	千公顷	49.1	6.4	6.1	6.1
飞机播种	千公顷	9.4			
无林地和疏林地新封	千公顷	9.0		0.8	2.0
按经济成分分组					
公有经济造林	千公顷	30.9	0.6	1.3	8.1
国有经济造林	千公顷	9.4		1.3	8.1
集体经济造林	千公顷	21.5	0.6		
非公有经济造林	千公顷	36.7	5.8	5.6	
按用途分组					
# 经济林	千公顷	1.4			
防护林	千公顷	66.2	6.4	6.9	8.1
年末实有封山封(沙)育林面积	千公顷	295.0	6.9	32.8	38.0
零星(四旁)植树	万株	20.5	14.5		

12－20　续表

项　　目	单位	鄂托克前旗	鄂托克旗	杭锦旗	乌审旗	伊金霍洛旗
荒山荒(沙)地造林面积	千公顷	5.2	7.9	13.0	14.4	5.6
人工造林	千公顷	2.5	3.8	6.7	11.9	5.6
飞机播种	千公顷		3.4	6.0		
无林地和疏林地新封	千公顷	2.7	0.7	0.3	2.5	
按经济成分分组						
公有经济造林	千公顷		7.9	13.0		
国有经济造林	千公顷					
集体经济造林	千公顷		7.9	13.0		
非公有经济造林	千公顷	5.2			14.5	5.6
按用途分组						
# 经济林	千公顷			1.4		
防护林	千公顷	5.2	7.9	11.6	14.5	5.6
年末实有封山封(沙)育林面积	千公顷	25.9	41.3	97.3	35.5	17.3
零星(四旁)植树	万株				6.0	

12－21　分旗区草原、林业、水果及水产品情况(2014年)

指　标	全市	东胜区	达拉特旗	准格尔旗	鄂托克前旗	鄂托克旗	杭锦旗	乌审旗	伊金霍洛旗
草原总面积(千公顷)	6500	142	488	462	992	1813	1269	881	454
#可利用面积	5806	135	442	427	883	1610	1106	799	404
人工种草保有面积(万亩)	1753	5	152	246	361	224	263	464	38
#当年种草面积(万亩)	262	1	44	38	25	40	58	41	16
草原生态补助奖励机制补贴面积(万亩)	10069	234	598	712	1662	3068	2000	1145	650
园林水果产量合计(吨)	8010		1564	1598	1686	53		3109	
#苹果	4944		1216	238	1305	22		2163	
年末果园面积合计(公顷)	5085		561	1425	1209	21		1869	
#苹果园	2280		371	490	1124	14		281	
水产品产量(鱼,吨)	15576	330	5572	2530	335	2048	1850	1527	1384

12－22 林业重点工程

指 标	单位	2001	2002	2003	2004	2005	2006
退牧还草工程任务面积	千公顷			340	198.7	443.3	406.7
天然林资源保护工程	千公顷	114.7	90.7	77.3	71.3	67.3	39.3
人工造林	千公顷						
飞播造林	千公顷	112.0	89.3	72.0	56.0	45.3	29.3
封山育林	千公顷	2.7	1.3	5.3	15.3	22.0	10.0
退耕还林工程	千公顷	24.3	74.6	92.0	60.9	34.0	7.0
荒山荒地造林	千公顷	15.6	49.3	58.7	58.7	20.0	5.3
退耕地造林	千公顷	8.7	25.3	33.3	2.2	10.7	1.7
封山育林	千公顷					3.3	
退耕还林后续产业	千公顷						
“三北”防护林工程	千公顷				1.3	7.5	4.5
人工造林	千公顷				1.3	7.5	4.5
林业重点工程造林面积	千公顷	139.0	165.3	169.3	133.6	108.9	50.9
本年新封山育林面积	千公顷	2.7	1.3	5.3	15.3	25.3	10.0
年末实有自然保护区	个	6	6	9	9	9	9
# 国家级	个	2	2	2	2	2	2
年末实有自然保护区面积	千公顷	557.8	557.8	859.8	859.8	859.8	859.8

和生态建设

2007	2008	2009	2010	2011	2012	2013	2014
620	340	333.3	326.7	346.6	226.7		
44.0	60.7	24.0	26.7	27.0	25.0	19.3	10.9
				3.3	3.7	1.3	1.2
20.0	20.0	4.0	8.0	16.7	13.3	13.3	6.0
24.0	40.7	20.0	18.7	7.0	8.0	4.7	3.7
10.7	12.0	8.7	6.7	6.7	3.3	10.5	1.3
10.7	3.3	4.7	2.7	4.0	3.3	1.3	1.3
	8.7	4.0	4.0	2.7		0.7	
	4.4	3.6	4.5	8.9	6.8	8.5	13.1
7.9	26.6	9.3	20.0	15.3	12.3		
7.9	26.6	9.3	20.0	15.3	12.3		
62.6	103.6	45.6	57.9	57.9	47.4		32.7
24.0	49.3	24.0	22.7	9.7	8.0	5.3	3.7
9	10	10	10	10	10	10	10
2	2	2	2	2	2	2	2
897.8	897.8	897.8	897.8	897.8	897.8	897.9	897.9

12－23 牲畜总头数和总增头数

单位：头(只)

指　　标	2013			2014		
	总头数		总增头数	总头数		总增头数
	年中数	年末数		年中数	年末数	
大牲畜和羊合计	11202684	7154705	6100384	11253325	7199092	6065384
大牲畜	348371	253807	112391	355552	254437	127275
牛	296886	209508	106059	305787	212327	121284
#良种及改良种乳牛	56877	42542	27743	57339	41949	23584
#黑白花乳用牛	35082	32267	18646	36652	31892	12170
马	12332	9353	1593	13425	9502	1617
驴	19324	17336	3043	17303	15843	2517
骡	15316	14895	1017	13491	13915	959
骆　驼	4513	2715	679	5546	2850	898
羊	10854313	6900898	5987993	10897773	6944655	5938109
绵　羊	4977994	2793439	2942126	4949793	2761581	2881584
#细毛羊及改良羊	1247758	1078741		1310284	1058256	
半细毛羊及改良羊	111070	43515		78481	47820	
山　羊	5876319	4107459	3045867	5947980	4183074	3056525
生　猪	1032558	427900	947226	1024130	418293	909641

12－24 主要年份牲畜总头数

单位:万头(万只)

年　份	年末数	大牲畜	羊	生　猪	年中数	大牲畜	羊	生　猪
1957	336.1	40.2	286.6	9.3	381.5	45.1	325.5	10.9
1965	509.1	44.9	448.9	15.3	639.5	54.6	565.2	19.7
1970	511.3	47.7	448.7	14.9	596.7	49.7	527.4	19.6
1975	489.2	36.4	429.0	23.7	605.2	38.6	538.4	28.2
1978	495.7	35.0	430.0	30.7	594.8	36.7	518.6	39.5
1980	500.9	34.3	436.5	30.1	649.1	39.1	569.0	41.0
1981	527.7	33.2	468.3	26.3	623.6	35.8	554.1	33.7
1982	523.8	31.3	467.8	24.7	679.7	35.3	613.4	31.0
1983	441.9	28.8	387.9	25.1	540.8	30.4	479.8	30.6
1984	476.9	29.9	421.5	25.5	581.3	30.8	519.2	31.3
1985	497.5	31.6	438.2	27.7	605.8	32.4	539.5	33.9
1986	477.9	31.6	417.9	28.4	614.9	33.5	545.6	35.8
1987	447.1	28.4	392.1	26.6	599.0	32.7	530.6	35.7
1988	486.1	27.7	430.6	27.8	580.4	29.3	520.0	31.1
1989	502.3	27.0	446.2	29.1	637.1	28.8	573.3	35.0
1990	497.3	26.4	440.0	30.9	659.7	28.0	594.0	37.7
1991	449.7	24.0	393.2	32.5	671.6	26.5	603.4	41.7
1992	438.4	23.1	376.2	39.1	622.9	24.7	547.8	50.4
1993	433.3	22.7	367.0	43.6	612.3	23.6	532.2	56.5
1994	463.5	22.9	393.0	47.6	617.6	23.8	531.5	62.3
1995	504.6	23.8	430.5	50.3	685.8	24.3	594.8	66.7
1996	524.8	25.0	452.7	47.2	735.3	26.9	633.8	74.6
1997	520.5	24.3	447.3	48.9	756.4	27.0	657.0	72.4
1998	524.5	24.2	448.9	51.4	764.8	28.4	653.2	83.2
1999	464.7	23.1	392.8	48.8	724.7	28.6	620.2	75.9
2000	418.3	22.1	351.6	44.6	614.9	26.6	523.5	64.8
2001	454.4	19.0	391.4	44.0	625.8	21.9	543.7	60.2
2002	521.7	19.2	459.8	42.7	637.2	18.6	558.6	60.0
2003	651.1	22.6	580.6	47.9	820.2	22.9	725.9	71.4
2004	809.0	28.1	726.3	54.6	1094.0	33.3	978.7	82.0
2005	794.7	32.1	711.7	50.9	1383.2	38.3	1261.3	83.6
2006	901.2	39.5	811.1	50.6	1498.8	38.4	1367.7	92.7
2007	831.4	30.4	758.3	42.7	1351.3	33.0	1253.7	64.6
2008	832.9	28.0	763.5	41.4	1316.3	28.0	1227.6	60.7
2009	808.6	24.5	742.0	42.1	1294.8	30.0	1193.1	71.6
2010	826.3	24.6	759.3	42.4	1266.1	31.0	1163.5	71.6
2011	760.9	25.4	693.1	42.5	1213.2	31.3	1113.7	68.2
2012	751.8	25.4	683.2	43.1	1208.4	33.3	1097.3	77.8
2013	758.3	25.4	690.1	42.8	1223.5	34.8	1085.4	103.3
2014	761.7	25.4	694.5	41.8	1227.7	35.6	1089.8	102.4

12－25 主要年份大牲畜和羊(年末数)

单位:万头(万只)

年 份	合 计	牛	马	驴	骡	骆 驼	绵 羊	山 羊
1957	326.7	23.5	9.3	5.3	0.9	1.1	99.0	187.6
1965	493.8	24.8	9.7	7.2	1.7	1.5	152.5	296.4
1970	496.4	22.3	11.6	8.9	3.4	1.5	167.6	281.1
1975	465.5	13.2	9.4	7.6	4.6	1.7	181.6	247.4
1978	465.0	12.5	9.0	7.0	4.6	1.9	197.1	232.9
1980	470.8	11.5	8.6	7.5	4.8	1.9	228.9	207.6
1981	501.4	9.6	8.9	7.8	5.1	1.8	251.6	216.6
1982	499.1	7.7	8.6	7.9	5.4	1.7	262.9	204.9
1983	416.7	5.6	8.0	8.1	5.7	1.3	222.6	165.4
1984	451.5	5.4	8.3	8.8	6.2	1.3	239.3	182.2
1985	469.8	6.0	8.5	9.3	6.5	1.3	244.8	193.4
1986	449.4	6.0	8.1	9.4	6.9	1.2	231.5	186.3
1987	420.5	5.3	6.7	8.7	6.8	0.9	214.1	178.0
1988	458.3	5.0	6.0	8.8	7.1	0.8	229.4	201.2
1989	473.2	5.0	5.4	8.7	7.2	0.7	229.2	217.0
1990	466.4	4.6	4.9	8.8	7.5	0.6	223.0	217.0
1991	417.2	3.7	4.1	8.2	7.6	0.4	203.7	189.5
1992	399.4	3.4	3.7	8.1	7.6	0.3	203.6	172.7
1993	389.6	3.3	3.4	8.0	7.7	0.2	198.9	168.1
1994	415.9	3.6	3.2	7.9	8.0	0.2	210.3	182.7
1995	454.3	4.2	3.2	7.9	8.4	0.2	223.7	206.7
1996	477.7	4.6	2.7	8.5	9.0	0.2	238.5	214.2
1997	471.7	5.5	2.7	7.9	8.1	0.2	241.8	205.5
1998	473.1	5.8	2.6	7.6	8.1	0.1	234.6	214.3
1999	415.9	5.9	2.4	7.1	7.6	0.1	210.2	182.6
2000	373.7	6.4	2.0	6.6	7.0	0.1	180.2	171.4
2001	410.4	6.0	1.5	5.3	6.1	0.1	166.4	225.0
2002	479.0	7.7	1.3	4.8	5.3	0.1	180.6	279.2
2003	603.2	12.4	1.2	4.3	4.6	0.1	239.5	341.1
2004	754.4	19.5	0.9	3.8	3.8	0.1	325.7	400.6
2005	743.8	24.6	0.8	3.3	3.3	0.1	321.5	390.2
2006	850.5	33.1	0.6	2.9	2.8	0.1	380.5	430.6
2007	788.7	24.3	0.6	2.7	2.7	0.1	269.1	489.2
2008	791.5	22.1	0.7	2.5	2.6	0.1	272.0	491.5
2009	766.6	19.8	0.6	2.1	1.9	0.1	263.8	478.2
2010	783.9	20.2	0.7	1.9	1.7	0.1	279.5	479.8
2011	718.5	21.1	0.8	1.8	1.6	0.1	261.6	431.4
2012	708.7	21.1	0.8	1.8	1.5	0.2	257.1	426.1
2013	715.5	21.0	0.9	1.7	1.5	0.3	279.3	410.7
2014	719.9	21.2	1.0	1.6	1.4	0.3	276.2	418.3

12－26 主要年份大牲畜和羊(年中数)

单位:万头(万只)

年份	合计	牛	马	驴	骡	骆驼	绵羊	山羊
1957	370.6	26.3	10.7	5.8	1.0	1.2	113.6	212.0
1965	619.8	31.9	11.4	8.0	1.7	1.6	199.1	366.1
1970	577.1	23.5	12.1	9.1	3.4	1.6	198.7	328.7
1975	577.0	14.4	9.9	7.8	4.7	1.8	227.5	310.9
1978	555.2	13.3	9.5	7.2	4.7	2.0	233.2	285.3
1980	608.1	15.1	9.5	7.6	4.8	2.0	277.5	291.6
1981	589.9	11.5	9.4	7.8	5.1	2.0	286.8	267.3
1982	648.6	10.1	9.6	8.1	5.4	2.0	326.0	287.4
1983	510.2	6.7	8.3	8.1	5.7	1.6	265.0	214.8
1984	550.0	5.9	8.6	8.7	6.2	1.4	287.7	231.5
1985	571.9	6.1	8.7	9.5	6.6	1.4	298.6	241.0
1986	579.1	6.7	8.6	9.9	7.0	1.4	300.7	244.8
1987	563.3	6.6	7.8	9.8	7.3	1.2	292.5	238.1
1988	549.3	5.6	6.3	9.1	7.4	0.9	277.1	242.9
1989	602.1	5.5	5.8	9.1	7.5	0.8	293.3	280.1
1990	622.1	5.2	5.1	9.2	7.9	0.7	293.9	300.1
1991	629.9	4.4	4.4	9.1	8.0	0.6	300.3	303.1
1992	572.4	3.7	3.7	8.7	8.2	0.3	279.9	267.9
1993	555.8	3.6	3.2	8.4	8.1	0.2	270.9	261.4
1994	555.3	3.7	3.0	8.4	8.5	0.2	281.7	249.8
1995	619.1	4.1	3.0	8.3	8.7	0.2	303.6	291.2
1996	660.7	5.2	3.1	9.0	9.4	0.2	329.1	304.7
1997	684.0	6.2	3.0	8.7	8.9	0.2	341.1	315.9
1998	681.6	7.9	3.1	8.5	8.8	0.2	337.5	315.6
1999	648.8	8.4	3.1	8.4	8.4	0.2	321.0	299.3
2000	550.1	8.2	2.7	7.8	7.7	0.2	272.7	250.8
2001	565.6	7.8	1.7	5.9	6.4	0.1	242.6	301.1
2002	577.2	7.0	1.4	4.9	5.2	0.1	218.4	340.2
2003	748.8	12.7	1.2	4.3	4.6	0.1	296.1	429.8
2004	1012.0	23.8	1.1	4.0	4.3	0.1	432.4	546.4
2005	1299.5	29.7	0.9	3.7	3.8	0.1	582.7	678.5
2006	1406.1	30.1	1	3.6	3.6	0.1	622.1	745.6
2007	1286.6	25.6	0.9	3.1	3.1	0.1	511.1	742.6
2008	1255.6	21.5	0.8	2.9	2.6	0.3	495.0	732.6
2009	1223.2	24.2	0.8	2.5	2.3	0.3	487.2	705.9
2010	1194.5	25.4	0.9	2.3	2.1	0.3	512.2	651.2
2011	1145.0	26.3	0.9	2.0	1.8	0.3	500.7	613.0
2012	1130.6	28.2	1.2	1.9	1.6	0.4	513.2	584.1
2013	1120.3	29.7	1.2	1.9	1.5	0.5	497.8	587.6
2014	1125.3	30.6	1.3	1.7	1.3	0.6	495.0	594.8

12－27 分旗区牲畜总头数(2014年,年末数)

单位:头(只)

指　　标	东胜区	达拉特旗	准格尔旗	鄂托克前旗	鄂托克旗	杭锦旗	乌审旗	伊金霍洛旗
牲畜总头数	112717	2042726	486615	911648	1131402	1402455	1122218	407604
大牲畜和羊合计	103654	1983386	436196	854912	1091150	1370455	979735	379604
大牲畜	4004	59309	12457	34912	27040	19717	86994	10004
牛	3598	46029	5622	31000	22460	14129	81425	8064
马	33	1289	147	1109	2680	1395	2398	451
驴	299	5002	3934	1765	1230	1382	1086	1145
骡	74	6877	2705	893	195	749	2082	340
骆　驼		112	49	145	475	2062	3	4
羊	99650	1924077	423739	820000	1064110	1350738	892741	369600
绵　羊	24362	841907	98650	462000	138510	288080	818072	90000
山　羊	75288	1082170	325089	358000	925600	1062658	74669	279600
生　猪	9063	59340	50419	56736	40252	32000	142483	28000

12－28 分旗区牲畜总头数(2014年,年中数)

单位:头(只)

指　　标	东胜区	达拉特旗	准格尔旗	鄂托克前旗	鄂托克旗	杭锦旗	乌审旗	伊金霍洛旗
牲畜总头数	126883	3022970	679045	2278204	1750347	2021964	1982789	415253
大牲畜和羊合计	110725	2877210	615751	2214561	1709478	1967079	1374939	383582
大牲畜	4203	68510	6434	105775	29323	38889	91784	10634
牛	3776	52270	2216	98649	25192	29562	85193	8929
马	79	2380	12	3029	2712	1766	2717	730
驴	255	5760	2552	3423	775	2325	1418	795
骡	93	7620	1598	375	179	997	2453	176
骆　驼		480	56	299	465	4239	3	4
羊	106522	2808700	609317	2108786	1680155	1928190	1283155	372948
绵　羊	33642	1227600	185918	1363834	294610	635186	1126967	82036
山　羊	72880	1581100	423399	744952	1385545	1293004	156188	290912
生　猪	16158	145760	63294	63643	40869	54885	607850	31671

12－29　牲畜增减变化情况(2014年,年末数)

单位:头(只)

指　　标	繁殖仔畜		成活仔畜		成幼畜死亡	
	头　数	繁殖率(%)	头　数	成活率(%)	头　数	死亡率(%)
牲畜总头数	5364015	127.1	5204966	97.0	54918	0.7
大牲畜和羊合计	4614725	111.3	4537468	98.3	45537	0.6
大牲畜	105504	82.2	95857	90.9	1550	0.6
牛	96696	81.8	87375	90.4	993	0.5
马	1491	41.6	1474	98.9	84	0.9
驴	3558	66.0	3524	99.0	199	1.1
骡	2757		2526	91.6	152	1.0
骆　驼	1002	85.1	958	95.6	122	4.5
羊	4509221	112.2	4441611	98.5	43987	0.6
绵　羊	1865788	126.8	1831438	98.2	15724	0.6
山　羊	2643433	103.8	2610173	98.7	28263	0.7
生　猪	749290	1008.2	667498	89.1	9381	2.2

12－29　续表

单位:头(只)

指　　标	自宰自食头数		出卖牲畜头数		
	合　计	自食率(%)	合　计	出卖肉畜	出卖率(%)
牲畜总头数	1422400	18.8	5352900	4071958	70.6
大牲畜和羊合计	1244833	17.4	4617631	3524957	64.5
大牲畜	25570	10.1	105865	85075	41.7
牛	24097	11.5	92443	74510	44.1
马	86	0.9	2016	1067	21.6
驴	717	4.1	5726	5170	33.0
骡	350	2.3	4735	3950	31.8
骆　驼	320	11.8	945	378	34.8
羊	1219263	17.7	4511766	3439882	65.4
绵　羊	458708	16.4	1696444	1326543	60.7
山　羊	760555	18.5	2815322	2113339	68.5
生　猪	177567	41.5	735269	547001	171.8

12－30 牲畜增减变化情况(2014年,年中数)

单位:头(只)

指　　标	繁殖仔畜		成活仔畜		成幼畜死亡	
	头　数	繁殖率(%)	头　数	成活率(%)	头　数	死亡率(%)
牲畜总头数	7172228	107.6	7050505	98.3	75480	0.6
大牲畜和羊合计	6221250	95.7	6130753	98.5	65369	0.6
大牲畜	129419	90.4	128007	98.9	732	0.2
牛	123231	93.2	121923	98.9	639	0.2
马	1671	53.0	1649	98.7	32	0.3
驴	2594	43.1	2559	98.7	42	0.2
骡	979		964	98.5	5	0.0
骆　驼	944	57.6	912	96.6	14	0.3
羊	6091831	95.9	6002746	98.5	64637	0.6
绵　羊	2963666	102.2	2912305	98.3	30721	0.6
山　羊	3128165	90.5	3090441	98.8	33916	0.6
生　猪	950978	559.5	919752	96.7	10111	1.0

12－30 续表

单位:头(只)

指　　标	自宰自食头数		出卖牲畜头数		
	小　计	自食率(%)	小　计	出卖肉畜头数	出卖率(%)
牲畜总头数	1414628	11.6	6848063	5498900	56.0
大牲畜和羊合计	1202851	10.7	5908401	4683611	52.7
大牲畜	20932	6.0	134319	94547	38.6
牛	19814	6.7	123214	86535	41.5
马	122	1.0	1699	1246	13.8
驴	669	3.5	5105	3739	26.4
骡	288	1.9	3364	2432	22.0
骆　驼	39	0.9	937	595	20.8
羊	1181919	10.9	5774082	4589064	53.2
绵　羊	520172	10.4	2723986	2144320	54.7
山　羊	661747	11.3	3050096	2444744	51.9
生　猪	211777	20.5	939662	815289	91.0

12－31 能繁殖母畜、耕役畜及改良畜(2014 年,年末数)

单位:头(只)

指 标	能繁殖母畜	耕役畜	良种牲畜	改良种牲畜
牲畜总头数	**4779160**	**16914**	**3960431**	**3537019**
大牲畜和羊合计	4729053	16914	3677102	3408498
大牲畜	129471	16914	173558	60633
牛	120081	3935	160331	44943
马	3088	2082	4161	2509
驴	5109	6427	8307	4694
骡		4432		7770
骆 驼	1193	38	759	717
羊	4599582		3503544	3347865
绵 羊	1597528		1717454	1036291
山 羊	3002054		1786090	2311574
生 猪	50107		283329	128521

12－32 能繁殖母畜、耕役畜及改良畜(2014 年,年中数)

单位:头(只)

指 标	能繁殖母畜	耕役畜	良种牲畜	改良种牲畜
牲畜总头数	**6618146**	**18060**	**7004810**	**4600326**
大牲畜和羊合计	6445543	18060	6205027	4417191
大牲畜	140731	18060	193791	68410
牛	130766	3210	174952	58965
马	2818	2693	6289	2693
驴	5417	6568	9835	4832
骡		5507		
骆 驼	1730	82	2715	1920
羊	6304812		6011236	4348781
绵 羊	2859859		3217703	1377346
山 羊	3444953		2793533	2971435
生 猪	172603		799783	183135

12－33 主要年份主要畜产品产量

年　份	猪牛羊肉（吨）	山羊毛（吨）	绵羊毛（吨）	山羊绒（吨）	山羊皮（万张）	绵羊皮（万张）	牛　奶（吨）
1957	12770	470	1158	340	50.4	36.9	1059
1965	15410	728	2225	592	26.3	39.0	930
1970	13965	632	2350	476	45.9	30.9	1390
1975	17735	610	3260	507	49.7	41.3	897
1978	19405	574	3864	407	36.9	32.9	1047
1980	19682	654	6298	492	42.2	36.7	433
1981	17729	571	5968	492	29.7	29.1	687
1982	28257	649	8529	519	41.6	41.7	613
1983	28881	410	7444	457	47.0	55.9	913
1984	26533	437	5399	437	27.5	29.7	886
1985	28515	587	7275	486	30.5	40.3	951
1986	30763	411	6192	394	36.6	44.7	1247
1987	34003	379	6697	408	30.2	44.7	1738
1988	35264	419	7036	396	23.7	37.2	1395
1989	43960	388	7677	416	30.4	39.7	1691
1990	44339	397	7731	441	50.3	51.4	2173
1991	51440	414	6350	444	71.8	73.4	1639
1992	45790	423	6285	480	78.2	81.3	1656
1993	49396	422	6317	555	81.7	90.5	1197
1994	52387	471	6894	591	58.7	79.1	882
1995	61501	561	7802	649	72.7	78.5	2080
1996	81236	712	9191	696	103.5	110.5	3975
1997	94230	725	9831	739	156.8	139.4	5230
1998	82419	724	10067	751	89.1	97.4	5106
1999	94812	689	9013	672	114.9	117.1	7710
2000	85506	587	7674	559	96.3	114.3	9721
2001	80632	734	6780	733	88.5	102.2	7795
2002	77523	715	6052	821	93.8	94.3	25855
2003	119021	1137	7285	1053	138.4	115.4	136461
2004	139823	1257	8081	1336	173.9	151.4	248115
2005	158249	1562	9119	1723	256.1	278.7	260139
2006	173149	1714	9553	1734	240.9	245.6	291018
2007	143303	1971	7136	1642	273.7	214.6	295155
2008	136301	2228	7667	2155	269.0	159.3	285773
2009	135805	6642	8194	1808	271.4	165.0	285000
2010	143893	2020	10005	2620	302.4	162.3	285494
2011	145473	2029	12498	2654	243.0	187.5	267007
2012	146925	1872	11864	2549	259.0	155.8	137726
2013	155519	4186	11937	2710	255.0	147.6	130840
2014	152802	4195	11878	2678	273.6	168.1	134028

12－34　主要畜禽产品产量

指　　标	2013	2014	2014年比2013年增长(%)
当年出栏肉猪头数(头)	724796	724568	-0.03
当年出售和自宰肉用牛(头)	96000	98607	2.7
当年出售和自宰肉用羊(只)	4295900	4659145	8.5
当年肉类总产量(吨)	155608	157612	1.3
#猪　肉	58143	55067	-5.3
牛　肉	15572	15543	-0.2
羊　肉	81803	82192	0.5
奶类产量(吨)	155357	158676	2.1
#牛　奶	130840	134028	2.4
山羊毛产量(吨)	4186	4195	0.2
绵羊毛产量(吨)	11937	11878	-0.5
山羊绒产量(吨)	2710	2678	-1.2
蜂蜜产量(吨)	26	28	7.7
禽蛋产量(吨)	7240	7203	-0.5
年末实有家禽(万只)	97	98	1.0
年内牛皮产量(张)	102240	96633	-5.5
绵羊皮产量(万张)	147.55	168.09	13.9
山羊皮产量(万张)	255.00	273.60	7.3
驼绒产量(吨)	11.63	7	-39.8
出售肉类总量(吨)	134007	97591	-27.2
#猪　肉	79278	41051	-48.2
牛　肉	11205	10337	-7.7
羊　肉	43190	45627	5.6
出售羊毛数量(吨)	6432	6608	2.7

主要统计指标解释

农林牧渔业总产值 指以货币表现的农、林、牧、渔业全部产品的总量，它反映一定时期内农业生产总规模和总成果。农业总产值的计算方法通常是按农林牧渔业产品及其副产品的产量分别乘以各自单位产品价格求得；少数生产周期较长，当年没有产品或产品产量不易统计的，则采用间接方法匡算其产值；然后将四业产品产值相加即为农业总产值。

粮食产量 指全社会的产量。包括国有经济经营的、集体统一经营的和农民家庭经营的粮食产量，还包括工矿企业办的农场和其他生产单位的产量。粮食除包括稻谷、小麦、玉米、高粱、谷子及其他杂粮外，还包括薯类和豆类。其产量计算方法，豆类按去豆荚后的干豆计算；薯类（包括甘薯和马铃薯，不包括芋头和木薯）1963 年以前按每 4 公斤鲜薯折 1 公斤粮食计算，从 1964 年开始改为按 5 公斤鲜薯折 1 公斤粮食计算。城市郊区作为蔬菜的薯类（如马铃薯等）按鲜品计算，并且不作粮食统计。其他粮食一律按脱粒后的原粮计算。

油料产量 指全部油料作物的生产量。包括花生、油菜籽、芝麻、向日葵籽、胡麻籽（亚麻籽）和其他油料。不包括大豆，木本油料和野生油料。花生以带壳干花生计算。

水产品产量 指人工养殖的水产品和天然生长的水产品的捕捞量。包括海水的鱼类、虾蟹类、贝类和藻类以及内陆水域的鱼类、虾蟹类和贝类，不包括淡水生植物。

猪、牛、羊肉产量 指当年出栏并已屠宰、除去头蹄下水后带骨肉（即胴体重）的重量。

牲畜总增头数 是反映牲畜的总体增长情况、牲畜头数增殖情况和死亡损失情况的一项数量指标，以大畜、小畜和猪分畜种计算。

总增头数＝

期内繁殖成活仔畜头数－期内成幼畜死亡头数

期末牲畜存栏头数 指调查期末农村各种合作经济组织和国营农场，农民个人，机关、团体、学校、工矿企业，部队等单位以及城镇居民饲养的大牲畜、猪、羊的存栏头数。

耕地面积 指可以用来种植农作物、经常进行耕锄的田地，包括熟地、当年新开荒地、连续撂荒未满三年的耕地和当年的休闲地（轮歇地），还包括以种植农作物为主并附带种植桑树、茶树、果树和其他林木的土地，以及沿海、沿湖地区已围垦利用的“海涂”、“湖田”等面积。不包括属于专业性的桑园、茶园、果园、果木苗圃、林地、芦苇地、天然或人工草地面积。

农作物播种面积 指实际播种或移植有农作物的面积。凡是实际种植有农作物的面积，不论种植在耕地上还是种植在非耕地上，均包括在农作物播种面积中。在播种季节基本结束后，因遭灾而重新改种和补种的农作物面积，也包括在内。

有效灌溉面积 指具有一定的水源，地块比较平整，灌溉工程或设备已经配套，在一般年景下当年能够进行正常灌溉的耕地面积。

农用化肥施用量 指本年内实际用于农业生产的化肥数量，包括氮肥、磷肥、钾肥和复合肥。化肥施用量要求按折纯量计算数量。折纯量是把氮肥、磷肥、钾肥分别按含氮、含五氧化二磷、含氧化钾的百分之一百成分进行折算后的数量。复合肥按其所含主要成分折算。

农业机械总动力 指主要用于农、林、牧、渔业的各种动力机械的动力总和。包括耕作机械、排灌机械、收获机械、农用运输机械、植物保护机械、牧业机械、林业机械、渔业机械和其他农业机械[内燃机按引擎马力折成瓦（特）计算、电动机按功率折成瓦（特）计算]。不包括专门用于乡、镇、村、组办工业、基本建设、非农业运输、科学试验和教学等非农业生产方面用的动力机械与作业机械。

十三、工业

资料整理员：潘萌　才慧岚

高新产业园区

13—1 年销售收入2000万元以上全部独立法人工业企业单位数和工业总产值

指　　标	2006	2007	2008	2009	2010	2011	2012	2013	2014
单位企业个数(个)	443	420	469	488	451	385	371	390	372
在总计中:									
国有控股	39	29	34	33	35	51	29	64	72
在总计中:									
轻工业	93	84	78	97	84	54	43	37	30
重工业	350	336	391	391	367	331	328	353	342
在总计中:									
国有企业	21	15	17	19	19	24	29	19	18
集体企业	12	13	14	12	12	11	7	6	5
联营企业						1			
股份合作企业	6	5	3	4	4	3	5	1	1
有限责任公司	145	132	175	185	179	159	191	236	231
股份有限公司	25	22	26	25	26	28	27	29	27
私营企业	207	207	210	218	191	136	74	73	65
其他经济类型企业	2	1				4	21	8	8
港澳台及外商投资企业	25	25	24	25	20	19	17	18	7
工业总产值(现价、亿元)	634.98	959.56	1613.58	1897.97	2681.07	3745.03	3983.66	4267.94	4375.73
在总计中:									
国有控股	194.50	300.83	463.40	572.06	771.09	1068.73	1126.42	1242.82	1197.73
在总计中:									
轻工业	93.25	114.11	109.91	129.80	200.41	212.41	197.53	235.03	203.13
重工业	541.73	845.45	1503.67	1768.17	2480.66	3532.63	3786.13	4032.91	4172.60
在总计中:									
国有企业	36.08	70.21	112.53	100.65	200.32	292.96	367.02	424.12	414.72
集体企业	2.35	3.00	10.87	9.58	14.72	21.18	2.98	4.03	1.06
联营企业						1.20			
股份合作企业	16.88	36.86	54.10	59.47	111.20	197.50	220.50	0.96	2.05
有限责任公司	298.85	441.30	715.20	913.20	1109.45	1486.10	1821.40	2048.50	2079.38
股份有限公司	91.73	98.60	201.90	301.64	437.36	780.60	884.29	1073.92	1081.62
私营企业	127.50	164.00	299.10	371.47	566.63	737.80	342.10	336.06	424.18
其他经济类型企业	0.38	0.79				18.80	149.87	41.53	65.53
港澳台及外商投资企业	61.10	144.90	219.80	141.95	241.09	208.82	195.45	338.80	21.76

13－2 年销售收入2000万元以上全部独立法人工业企业年平均人数

单位:人

指标	2013	2014
总计	189870	192628
按登记注册类型分		
国有企业	31437	30399
集体企业	553	307
股份合作企业	32	28
有限责任公司	93362	94777
股份制有限公司	26947	25469
私营企业	14764	17427
外商投资企业	18478	2566
港、澳、台投资企业	3312	3070
按工业行业划分		
煤炭开采和洗选业	105613	100585
石油和天然气开采业	712	741
非金属矿采选业	658	660
农副食品加工业	323	491
食品制造业	1360	1195
酒、饮料制造业	1112	855
纺织业	10097	8648
纺织服装、鞋、帽制造业	85	85
木材加工及木、竹、藤、棕、草制品业	140	65
印刷业和记录媒介的复制	231	170
石油加工、炼焦及核燃料加工业	12030	12691
化学原料及化学制品制造业	18177	20223
医药制造业	613	624
塑料制品业	566	455
非金属矿物制品业	4514	3326
黑色金属冶炼及压延加工业	12711	14375
有色金属冶炼及压延加工业	489	1784
金属制品制造业	507	655
通用设备制造业	375	451
专用设备制造业	899	812
交通运输设备制造业	2422	3440
电气机械及器材制造业	201	2312
电力、热力的生产和供应业	14442	15869
燃气生产和供应业	694	1217
水的生产和供应业	899	899

13－3　分旗区年销售收入2000万元以上全部独立法人工业企业单位数和工业总产值(2014年)

单位:亿元

地　区	规模以上工业企业		#国有企业		#集体企业	
	企业单位数(个)	总产值(当年价)	企业单位数(个)	总产值(当年价)	企业单位数(个)	总产值(当年价)
东　胜　区	53	412.54	3	17.48		
达拉特旗	55	624.30				
准格尔旗	102	1077.09	5	255.66	3	0.80
鄂托克前旗	15	164.34				
鄂托克旗	49	601.65	2	38.70	1	0.20
杭　锦　旗	17	20.83	1	2.39		
乌　审　旗	21	631.09	1	3.59		
伊金霍洛旗	56	804.02	6	96.90	1	0.06
康巴什	4	39.86	6	96.90	1	0.06

13—3 续表1

单位:亿元

地区	#股份合作企业		#有限责任公司		#外商及港澳台商投资企业	
	企业单位数(个)	总产值(当年价)	企业单位数(个)	总产值(当年价)	企业单位数(个)	总产值(当年价)
东胜区			40	245.35	2	76.13
达拉特旗			37	395.17	3	15.62
准格尔旗			65	436.67	5	15.48
鄂托克前旗			11	77.48		
鄂托克旗			25	261.26	4	177.86
杭锦旗			11	7.05		
乌审旗			12	26.19	2	14.20
伊金霍洛旗	1	2.05	26	590.36	1	7.89
康巴什			4	39.86		

13—3 续表2

单位:个、亿元

地区	轻工业		重工业		大型企业		中型企业		小型企业		微型企业	
	企业单位数	总产值(当年价)	企业单位数	总产值(当年价)	企业单位数	总产值(当年价)	企业单位数	总产值(当年价)	企业单位数	总产值(当年价)	企业单位数	总产值(当年价)
东胜区	9	18.06	44	394.48	3	106.35	12	85.51	38	220.67	2	16.42
达拉特旗	10	174.39	45	449.92	5	195.19	14	233.04	36	196.08	3	0.51
准格尔旗	4	2.75	98	1074.35	8	625.82	20	224.26	74	227.01	4	34.44
鄂托克前旗	3	5.59	12	158.75	2	35.23	3	18.18	10	110.93	1	1.20
鄂托克旗	2	1.28	47	600.37	10	441.06	7	133.27	32	27.32	3	0.84
杭锦旗	1	0.73	16	20.10			1	2.39	16	18.45	3	2.05
乌审旗	1	0.33	20	630.76			8	606.21	13	24.88		
伊金霍洛旗			56	804.02	6	567.54	12	84.71	38	151.77	3	9.04
康巴什			4	39.86			3	32.50	1	7.36		

13—4　年销售收入2000万元以上全部独立法人工业企业主要经济指标(2014年)

单位:万元

指　　标	企业单位数(个)	亏损企业	工业总产值(当年价格)	工业销售产值(当年价格)
总　计	372	108	43757272.10	42839082.40
在总计中:国有控股企业	72	21	11977316.00	11521110.30
按轻重工业分				
轻工业	30	7	2031269.90	2078961.40
重工业	342	101	41726002.20	40760121.00
按企业规模分				
大型企业	34	10	19711948.90	19051065.50
中型企业	80	25	14200606.70	14007376.40
小型企业	258	73	9844716.50	9780640.50
微型企业	19	5	645098.30	644091.70
按登记注册类型分				
内资企业	355	103	40685484.60	40042725.30
国有企业	18	3	4147198.10	3791828.20
集体企业	5	4	10561.50	10644.50
股份合作企业	1		20511.30	20511.30
有限责任公司	231	64	20793846.80	20563983.30
国有独资公司	10	5	3991156.30	3958203.20
其他有限责任公司	221	59	16802690.50	16605780.10
股份有限公司	27	7	10816248.70	10861423.10
私营企业	65	21	4241786.50	4149810.00
其他企业	8	4	655331.70	644524.90
港、澳、台商投资企业	7	2	217574.20	195822.50
外商投资企业	10	3	2854213.30	2600534.60

13—4 续表1

单位:万元

指　　标	资产总计	流动资产合计	固定资产合计	固定资产原价
总　计	80850213.90	28145542.90	33326262.90	43154864.80
在总计中:国有控股企业	28670747.50	9315459.30	14143041.00	20083752.90
按轻重工业分				
轻工业	5217663.50	1632629.60	1142321.10	987517.70
重工业	75632550.40	26512913.30	32183941.80	42167347.10
按企业规模分				
大型企业	45207266.00	17218431.60	18343417.00	26013772.90
中型企业	22420744.80	6030776.90	9323247.80	9742887.20
小型企业	13222203.10	4896334.40	5659598.10	7398204.70
微型企业	1627546.10	530958.80	928395.70	1289982.00
按登记注册类型分				
内资企业	68811425.30	25083844.10	28525340.50	36886277.50
国有企业	11351472.50	3005635.10	6221905.60	8597950.90
集体企业	19009.50	10138.90	5017.20	8364.80
股份合作企业	12561.30	3561.10		
有限责任公司	38875811.40	14565808.00	14766530.90	18831386.60
国有独资公司	8127220.70	4260521.10	1919627.50	3882387.40
其他有限责任公司	30748590.70	10305286.90	12846903.40	14948999.20
股份有限公司	11849210.60	4775785.00	5437817.90	7303874.50
私营企业	5830309.10	2168955.20	1875625.80	1849107.60
其他企业	873050.90	553960.80	218443.10	295593.10
港、澳、台商投资企业	1274527.10	162172.10	789628.20	850575.90
外商投资企业	10764261.50	2899526.70	4011294.20	5418011.40

13—4 续表2

单位:万元

指 标	负债合计	流动负债合计	所有者权益合计	实收资本
总 计	46339901.40	22353322.10	35448655.10	12357054.60
在总计中:国有控股企业	14724284.00	6839133.00	15084150.30	5515724.80
按轻重工业分				
轻工业	2952349.40	1503759.40	2265313.50	1070962.00
重工业	43387552.00	20849562.70	33183341.60	11286092.60
按企业规模分				
大型企业	22854747.00	11176232.00	22352514.30	6517467.10
中型企业	13846389.80	6956781.60	8493261.70	4070828.20
小型企业	9638767.60	4220308.50	4602879.10	1768759.30
微型企业	1217095.30	429749.10	125798.10	58067.50
按登记注册类型分				
内资企业	39538684.90	19072042.80	30211083.10	10504278.70
国有企业	4891690.80	2288064.80	6201902.60	2909084.70
集体企业	10620.10	5900.20	8267.10	931.00
股份合作企业	4785.30		7776.00	776.00
有限责任公司	22205364.90	11641511.90	17921104.20	5402822.10
国有独资公司	3598815.60	1447856.90	5923919.20	1095479.80
其他有限责任公司	18606549.30	10193655.00	11997185.00	4307342.30
股份有限公司	7510104.00	1857486.70	4287732.90	1175153.00
私营企业	4086917.00	2475495.40	1740452.20	1003639.70
其他企业	829202.80	803583.80	43848.10	11872.20
港、澳、台商投资企业	943118.10	752835.50	331409.10	342689.30
外商投资企业	5858098.40	2528443.80	4906162.90	1510086.60

13—4 续表3

单位:万元

指标	主营业务收入	主营业务成本	主营业务税金及附加	营业利润	利润总额
总计	**43639426.90**	**31767680.90**	**684908.60**	**6082845.40**	**6074850.40**
在总计中:国有控股企业	10546762.10	7230638.50	239652.90	1686994.10	1683320.80
按轻重工业分					
轻工业	2007086.90	1326166.70	13021.80	262064.00	282246.70
重工业	41632340.00	30441514.20	671886.80	5820781.40	5792603.70
按企业规模分					
大型企业	19771718.80	14087303.70	407061.60	2427680.60	2447797.70
中型企业	14253102.30	10850650.30	125645.20	2085996.10	2019216.10
小型企业	9614606.08	6829727.90	152201.80	1569168.70	1607836.60
微型企业	311526.90	220219.80	8579.40	63002.20	52667.00
按登记注册类型分					
内资企业	39075010.70	28487541.00	581068.70	5546795.20	5519193.10
国有企业	3760712.00	2396158.60	131305.90	537591.10	509816.10
集体企业	11734.80	10752.10	28.40	-980.10	-980.10
股份合作企业	20511.30	11883.20	816.80	6694.70	6694.70
有限责任公司	19858906.10	14097228.50	301474.60	2889680.90	2877280.00
国有独资公司	3266085.90	2122591.50	76954.20	813761.50	813710.20
其他有限责任公司	16592820.20	11974637.00	224520.40	2075919.40	2063569.80
股份有限公司	10545889.10	8471201.30	80611.00	1335518.80	1346772.40
私营企业	4232465.70	2992727.20	57799.80	713008.90	709655.60
其他企业	644791.70	507590.10	9032.20	65280.90	69954.40
港、澳、台商投资企业	223389.20	137095.40	17585.00	23690.70	23575.60
外商投资企业	4341027.00	3143044.50	86254.90	512359.50	532081.70

13－4 续表4

单位:万元

指　　标	应交所得税	亏损企业亏损总额	本年应付工资总额	本年应交增值税
总　计	866009.40	472514.30	1742187.40	2921392.60
在总计中:国有控股企业	385820.60	148388.40	849996.80	823680.90
按轻重工业分				
轻工业	51036.30	11795.20	86531.60	145507.20
重工业	814973.10	460719.10	1655655.80	2775885.40
按企业规模分				
大型企业	455617.70	132939.70	1109514.20	1315688.80
中型企业	137766.50	207925.50	398146.20	1147257.70
小型企业	272625.20	131649.10	234527.00	458446.10
微型企业	1860.10	4647.30	61916.60	56276.00
按登记注册类型分				
内资企业	765596.10	444713.00	1561540.50	2623044.80
国有企业	76294.20	14390.40	313469.00	319411.10
集体企业	-41.00	1023.40	1027.00	213.80
股份合作企业			403.20	2256.20
有限责任公司	421501.20	251654.40	896240.10	1214186.80
国有独资公司	150062.00	67873.50	337784.50	345741.00
其他有限责任公司	271439.20	183780.90	558455.60	868445.80
股份有限公司	160994.80	33908.70	221726.50	890839.50
私营企业	95377.20	111179.10	109076.80	144853.20
其他企业	11469.70	32557.00	19597.90	51284.20
港、澳、台商投资企业	2641.20	8169.10	17370.70	18256.90
外商投资企业	97772.10	19632.20	163276.20	280090.90

13－5 大中型工业企业主要经济指标(2014年)

单位:万元

指 标	企业单位数(个)	亏损企业	工业总产值(当年价)	工业销售产值(当年价)
总 计	114	35	33912555.60	33058441.90
在总计中:国有控股企业	35	12	9739547.30	9291718.10
按轻重工业分				
轻工业	8	4	1662058.10	1717506.40
重工业	106	31	32250497.50	31340935.50
按企业规模分				
大型企业	34	10	19711948.90	19051065.50
中型企业	80	25	14200606.70	14007376.40
按登记注册类型分				
内资企业	102	32	31023948.30	30435329.80
国有企业	13	3	3848732.00	3493362.10
集体企业				
股份合作企业				
有限责任公司	65	19	15916622.80	15701249.40
国有独资公司	6	3	3948988.40	3916090.30
其他有限责任公司	59	16	11967634.40	11785159.10
股份有限公司	11	3	9456403.60	9504832.30
私营企业	10	6	1352440.40	1298267.10
其他企业	3	1	449749.50	437618.90
港、澳、台商投资企业	5	2	170274.90	152329.90
外商投资企业	7	1	2718332.40	2470782.20

13－5 续表1

单位:万元

指　　标	资产总计	流动资产合计	固定资产合计	固定资产原价
总　计	**67628010.80**	**23249208.50**	**27666664.80**	**35756660.10**
在总计中:国有控股企业	23517216.60	8085226.90	10637579.50	15379133.90
按轻重工业分				
轻工业	4755160.50	1487947.00	922770.60	746784.10
重工业	62872850.30	21761261.50	26743894.20	35009876.00
按企业规模分				
大型企业	45207266.00	17218431.60	18343417.00	26013772.90
中型企业	22420744.80	6030776.90	9323247.80	9742887.20
按登记注册类型分				
内资企业	55879662.10	20255519.60	23026009.10	29737126.60
国有企业	9745336.80	2660561.70	5096915.00	6768803.90
集体企业				
股份合作企业				
有限责任公司	30794059.60	11190441.30	11618883.50	14965050.40
国有独资公司	7968388.70	4206094.10	1884360.60	3840110.10
其他有限责任公司	22825670.90	6984347.20	9734522.90	11124940.30
股份有限公司	10749986.00	4461439.10	4829597.90	6563067.20
私营企业	3816787.80	1441307.80	1272438.30	1164236.30
其他企业	773491.90	501769.70	208174.40	275968.80
港、澳、台商投资企业	1253180.40	143786.10	786745.50	842429.00
外商投资企业	10495168.30	2849902.80	3853910.20	5177104.50

13－5 续表2

单位：万元

指　　标	负债合计	流动负债合计	所有者权益合计	实收资本
总　计	36701136.80	18133013.60	30845776.00	10588295.30
在总计中：国有控股企业	10091345.90	5468856.90	13425870.50	4812311.60
按轻重工业分				
轻工业	2691652.20	1300950.30	2063508.20	928710.00
重工业	34009484.60	16832063.30	28782267.80	9659585.30
按企业规模分				
大型企业	22854747.00	11176232.00	22352514.30	6517467.10
中型企业	13846389.80	6956781.60	8493261.70	4070828.20
按登记注册类型分				
内资企业	30051160.90	14950600.20	25747403.30	8811894.40
国有企业	3815708.60	2070987.30	5929628.10	2692557.70
集体企业				
股份合作企业				
有限责任公司	15710597.40	8605792.10	15083457.10	4377962.60
国有独资公司	2127213.70	1371768.90	5841175.20	1038479.80
其他有限责任公司	13583383.70	7234023.20	9242281.90	3339482.80
股份有限公司	6827330.80	1634514.80	3841562.70	1038739.70
私营企业	2904948.50	1849356.30	911839.10	695743.20
其他企业	792575.60	789949.70	-19083.70	6891.20
港、澳、台商投资企业	940168.80	750786.20	313011.70	337889.30
外商投资企业	5709807.10	2431627.20	4785361.00	1438511.60

13－5 续表3

单位：万元

指　　标	主营业务收入	主营业务成本	主营业务税金及附加	营业利润	利润总额
总　计	34024821.10	24937954.00	532706.80	4513676.70	4467013.80
在总计中：国有控股企业	8531795.80	5781652.70	222958.50	1377159.60	1358029.60
按轻重工业分					
轻工业	1663534.80	1120902.90	10004.50	216371.30	235148.10
重工业	32361286.30	23817051.10	522702.30	4297305.40	4231865.70
按企业规模分					
大型企业	19771718.80	14087303.70	407061.60	2427680.60	2447797.70
中型企业	14253102.30	10850650.30	125645.20	2085996.10	2019216.10
按登记注册类型分					
内资企业	29634530.30	21823988.30	430147.30	3964928.50	3898726.50
国有企业	3432747.50	2178153.10	125202.30	462149.70	435958.50
集体企业					
股份合作企业					
有限责任公司	14949631.90	10581932.50	211286.90	2179907.80	2135943.10
国有独资公司	3224269.70	2082376.00	76932.00	817419.90	817169.40
其他有限责任公司	11725362.20	8499556.50	134354.90	1362487.90	1318773.70
股份有限公司	9455608.10	7724557.00	75046.20	1146685.30	1152534.10
私营企业	1363524.60	1016420.40	13858.00	119516.70	112704.80
其他企业	433018.20	322925.30	4753.90	56669.00	61586.00
港、澳、台商投资企业	177670.20	96879.90	17404.40	22985.40	22870.30
外商投资企业	4212620.60	3017085.80	85155.10	525762.80	545417.00

13—5 续表4

单位:万元

指　　标	应交所得税	亏损企业亏损总额	本年应付职工薪酬	本年应交增值税
总　计	593384.20	340865.20	1507660.40	2462946.50
在总计中:国有控股企业	241915.70	128908.80	741698.90	710911.40
按轻重工业分				
轻工业	44244.10	11630.80	74843.00	134131.20
重工业	549140.10	329234.40	1432817.40	2328815.30
按企业规模分				
大型企业	455617.70	132939.70	1109514.20	1315688.80
中型企业	137766.50	207925.50	398146.20	1147257.70
按登记注册类型分				
内资企业	493232.50	327605.40	1333260.60	2170520.80
国有企业	67925.10	14390.40	260721.20	267915.60
集体企业				
股份合作企业				
有限责任公司	355287.40	177938.70	794750.50	964742.40
国有独资公司	149956.10	64011.80	335842.60	345715.80
其他有限责任公司	205331.30	113926.90	458907.90	619026.60
股份有限公司	30695.90	15394.10	190173.90	864512.10
私营企业	27854.40	93239.70	70820.50	34081.00
其他企业	11469.70	26642.50	16794.50	39269.70
港、澳、台商投资企业	2500.20	8169.10	14894.90	17915.30
外商投资企业	97651.50	5090.70	159504.90	274510.40

13－6　年销售收入2000万元以上全部独立法人工业企业分行业主要经济指标(2014年)

单位:万元

指标	企业单位数(个)	亏损企业	工业总产值(当年价)	工业销售产值(当年价)
按工业行业种类分	372	108	43757272.10	42839082.40
采矿业				
煤炭开采和洗选业	166	34	22448943.80	21994836.50
石油和天然气开采业	2		5783864.70	5888690.70
非金属矿采选业	8		54250.20	45737.70
制造业				
农副食品加工业	2		519586.70	520006.30
食品制造业	2		97462.50	97462.50
饮料制造业	4	2	94959.90	94149.80
纺织业	6	1	1168054.00	1222758.00
纺织服装、鞋、帽制造业	1		3395.90	3395.90
木材加工及木、竹、藤、棕、草制品业	1	1	3020.00	3286.00
印刷业和记录媒介的复制	2	1	7547.80	7547.80
石油加工、炼焦及核燃料加工业	10	6	1753012.10	1638970.60
化学原料及化学制品制造业	56	22	3430910.20	3317545.80
医药制造业	5		71099.20	68733.20
塑料制品业	5	2	48737.30	49000.40
非金属矿物制品业	17	10	210429.10	191564.60
黑色金属冶炼及压延加工业	4	1	2065499.20	1724740.60
有色金属冶炼及压延加工业	4	2	809361.90	808332.60
金属制品业	5	2	259479.20	259711.00
通用设备制造业	1		22418.40	22010.30
专用设备制造业	5	2	108484.80	108210.00
交通运输设备制造业	9	3	598836.40	581636.90
电气机械及器材制造业	3	1	89474.40	85218.40
电力、燃气及水的生产和供应业				
电力、热力的生产和供应业	37	12	2321743.00	2320604.70
燃气生产和供应业	11	3	1742793.40	1741024.10
水的生产和供应业	6	3	43908.00	43908.00

13－6 续表 1

单位:万元

指　　标	资产总计	流动资产合计	固定资产合计	固定资产原价
按工业行业种类分	80850213.90	28145542.90	33326262.90	43154864.80
采矿业				
煤炭开采和洗选业	43737095.60	17783740.50	13923105.10	20340473.90
石油和天然气开采业	512428.70	58018.40	373717.30	116399.80
非金属矿采选业	39010.30	17358.90	16395.00	13629.50
制造业				
农副食品加工业	57801.30	24983.70	32817.60	28737.70
食品制造业	175571.30	45526.30	96799.20	111225.60
饮料制造业	420907.50	193868.30	21898.10	25972.80
纺织业	2770423.50	849203.90	737879.60	515396.40
纺织服装、鞋、帽制造业	3236.60	3138.10	93.20	701.40
木材加工及木、竹、藤、棕、草制品业	33888.30	24289.50	7379.60	8928.30
印刷业和记录媒介的复制	13251.30	9309.40	3246.90	7152.50
石油加工、炼焦及核燃料加工业	3819128.50	1017356.80	2054966.30	3122421.70
化学原料及化学制品制造业	9505955.50	2610691.10	5504041.00	5238325.30
医药制造业	105351.70	44670.80	16087.20	29301.30
塑料制品业	87510.80	32073.00	32359.80	31491.20
非金属矿物制品业	937042.30	325104.40	393663.10	527085.70
黑色金属冶炼及压延加工业	4302101.50	1547492.40	1967521.80	2598769.50
有色金属冶炼及压延加工业	844498.10	414644.10	350144.50	340079.70
金属制品业	979913.90	379691.20	599921.20	802718.00
通用设备制造业	76021.90	43370.40	24364.60	29028.40
专用设备制造业	109574.80	63347.80	40863.90	51497.80
交通运输设备制造业	1768135.70	757685.20	575620.70	723627.60
电气机械及器材制造业	1330562.50	323567.20	46995.40	51098.00
电力、燃气及水的生产和供应业				
电力、热力的生产和供应业	7874105.80	1177600.30	5730724.10	7560539.40
燃气生产和供应业	924809.30	213259.10	581891.60	649991.00
水的生产和供应业	421887.20	185552.10	193766.10	230272.30

13－6　续表 2

单位：万元

指　　标	负债合计	流动负债合计	所有者权益合计	实收资本
按工业行业种类分	46339901.40	22353322.10	35448655.10	12357054.60
采矿业				
煤炭开采和洗选业	20867713.30	8776792.90	22398095.40	4414517.00
石油和天然气开采业	61723.50	7200.30	369612.70	31634.80
非金属矿采选业	17931.20	14696.90	21079.10	5077.80
制造业				
农副食品加工业	32993.30	25773.00	24808.00	6890.00
食品制造业	101038.30	58476.20	74532.60	52000.00
饮料制造业	272592.80	80880.70	148314.70	133897.60
纺织业	1521893.00	940719.20	1248530.50	135951.80
纺织服装、鞋、帽制造业	2278.50	1378.50	958.10	800.00
木材加工及木、竹、藤、棕、草制品业	36855.10	25855.10	-2966.70	5643.00
印刷业和记录媒介的复制	4906.20	4006.20	8345.10	3952.20
石油加工、炼焦及核燃料加工业	1926439.20	1340974.10	1892689.30	1675401.40
化学原料及化学制品制造业	6998753.80	3756543.10	2506765.20	1774407.70
医药制造业	63238.30	47903.90	42113.30	49986.40
塑料制品业	23346.80	18706.00	64164.00	66749.90
非金属矿物制品业	512726.00	466908.70	424316.30	154249.80
黑色金属冶炼及压延加工业	2622591.40	1976782.20	1679510.10	1044000.00
有色金属冶炼及压延加工业	681121.10	359419.50	231405.10	223013.20
金属制品业	401834.20	370082.10	598951.80	42000.00
通用设备制造业	53264.40	48968.40	22757.50	21830.00
专用设备制造业	94080.50	91070.20	15494.10	26785.00
交通运输设备制造业	1450406.20	1284864.00	317729.60	79897.20
电气机械及器材制造业	703338.50	230919.00	627224.00	635400.00
电力、燃气及水的生产和供应业				
电力、热力的生产和供应业	7123462.90	2086432.30	2146208.50	1590715.80
燃气生产和供应业	444597.80	153562.30	486904.80	112670.00
水的生产和供应业	320775.10	184407.30	101112.00	69584.00

13－6 续表3

单位：万元

指　　标	主营业务收入	主营业务成本	主营业务税金及附加	营业利润	利润总额
按工业行业种类分	43639426.90	31767680.90	684908.60	6082845.40	6074850.40
采矿业					
煤炭开采和洗选业	23060032.70	15316135.80	485037.00	4296023.20	4230081.70
石油和天然气开采业	5891914.20	5031348.50	5029.80	830208.30	830206.30
非金属矿采选业	53846.80	16598.00	602.40	16578.40	16651.70
制造业					
农副食品加工业	520914.90	366884.50	2221.10	75275.50	75375.50
食品制造业	86942.00	67269.20	1.20	6912.30	6914.70
饮料制造业	90118.90	35930.40	2133.30	9337.80	9405.10
纺织业	1183483.20	758412.50	6612.20	184242.70	189043.70
纺织服装、鞋、帽制造业	3395.90	2948.80	18.10	34.30	34.30
木材加工及木、竹、藤、棕、草制品业	2552.40	2245.60		−2021.20	−2021.20
印刷业和记录媒介的复制	7567.80	5575.10	63.50	371.60	370.00
石油加工、炼焦及核燃料加工业	1626600.70	1303325.10	99305.10	−28637.80	−23363.90
化学原料及化学制品制造业	3301834.80	2595361.90	17371.90	127036.50	140688.30
医药制造业	41123.30	28492.30	199.80	2250.60	2292.10
塑料制品业	47986.30	32497.30	150.10	5219.30	6726.30
非金属矿物制品业	185451.70	153896.50	647.00	−27635.00	−8476.00
黑色金属冶炼及压延加工业	1727058.50	1375030.70	36554.30	114446.70	132289.30
有色金属冶炼及压延加工业	799041.10	465419.80	1577.50	156321.80	97507.30
金属制品业	267230.90	248166.00	716.10	14070.00	13923.90
通用设备制造业	21992.00	18312.60	22.00	−12.60	67.10
专用设备制造业	110186.70	94048.40	161.50	7463.30	7469.60
交通运输设备制造业	622253.30	563283.60	6014.80	−24800.40	−17080.50
电气机械及器材制造业	70182.60	55095.00	460.20	−9353.40	−856.10
电力、燃气及水的生产和供应业					
电力、热力的生产和供应业	2067924.00	1501510.60	16367.70	240090.60	267094.50
燃气生产和供应业	1798221.60	1683904.40	2251.50	95235.70	99518.60
水的生产和供应业	51570.60	45988.30	1390.50	−5812.80	988.10

13－6　续表4

单位：万元

指　　标	应交所得税	亏损企业亏损总额	本年应付职工薪酬	本年应交增值税
按工业行业种类分	866009.40	472514.30	1742187.40	2921392.60
采矿业				
煤炭开采和洗选业	682597.00	205210.40	953133.50	1604853.70
石油和天然气开采业	462.40		37598.30	658689.80
非金属矿采选业	1651.10		3138.70	6197.60
制造业				
农副食品加工业	13541.30		2496.30	3092.40
食品制造业	560.90		9047.60	639.80
饮料制造业	1783.50	4347.10	3954.70	7656.60
纺织业	34097.50	2346.10	48423.20	131618.00
纺织服装、鞋、帽制造业	-8.10		625.80	174.10
木材加工及木、竹、藤、棕、草制品业		2021.20	208.50	
印刷业和记录媒介的复制	52.80	103.80	1254.10	239.10
石油加工、炼焦及核燃料加工业	11404.10	54369.30	112670.50	79229.60
化学原料及化学制品制造业	31309.10	73844.50	160337.70	114544.90
医药制造业	76.30		3320.80	1308.60
塑料制品业	823.40	1592.80	3199.40	1074.20
非金属矿物制品业	-451.60	21471.40	19600.10	10340.00
黑色金属冶炼及压延加工业	22538.70	23568.20	108781.90	58533.20
有色金属冶炼及压延加工业	23216.70	1474.20	16614.20	9042.40
金属制品业	13.80	4805.60	1402.80	569.10
通用设备制造业	38.50		3589.10	18.00
专用设备制造业	47.40	3777.30	5150.80	826.50
交通运输设备制造业	427.20	31794.70	17671.10	5444.80
电气机械及器材制造业	439.50	4097.20	13315.40	476.70
电力、燃气及水的生产和供应业				
电力、热力的生产和供应业	33467.00	32774.50	204927.90	185865.00
燃气生产和供应业	7420.40	3820.60	6719.60	40179.90
水的生产和供应业	500.50	1095.40	5005.40	778.60

13－7 大中型工业企业分行业主要经济指标(2014年)

单位:万元

指标	企业单位数(个)	亏损企业	工业总产值(当年价)	工业销售产值(当年价)
按工业行业种类分	114	35	33912555.60	33058441.90
采矿业				
煤炭开采和洗选业	55	11	16711153.40	16297172.00
石油和天然气开采业	1		5766210.70	5871040.70
非金属矿采选业				
制造业				
农副食品加工业	1		516292.80	516557.00
食品制造业	1		79033.90	79033.90
饮料制造业	1	1	7949.20	7790.20
纺织业	2	1	1026323.20	1086308.10
纺织服装、鞋、帽制造业				
木材加工及木、竹、藤、棕、草制品业				
印刷业和记录媒介的复制				
石油加工、炼焦及核燃料加工业	8	4	1699973.80	1587602.70
化学原料及化学制品制造业	14	7	2600252.00	2484043.40
医药制造业	1		14629.30	14243.50
塑料制品业				
非金属矿物制品业	3	2	75511.40	60465.90
黑色金属冶炼及压延加工业	3	1	2021595.80	1684643.90
有色金属冶炼及压延加工业	2	1	688822.20	688424.00
金属制品业				
通用设备制造业	1		22418.40	22010.30
专用设备制造业	1		66395.00	66395.00
交通运输设备制造业	4	2	579882.70	561351.40
电气机械及器材制造业	1	1	7308.70	3052.70
电力、燃气及水的生产和供应业				
电力、热力的生产和供应业	13	3	1520545.9	1520050
燃气生产和供应业	1		497736.20	497736.20
水的生产和供应业	1	1	10521.00	10521.00

13－7 续表1

单位:万元

指　　标	资产总计	流动资产合计	固定资产合计	固定资产原价
按工业行业种类分	67628010.80	23249208.50	27666664.80	35756660.10
采矿业				
煤炭开采和洗选业	37909431.50	15135159.00	12604468.30	18743861.50
石油和天然气开采业	492451.90	56112.30	356836.70	97774.90
非金属矿采选业				
制造业				
农副食品加工业	49651.80	19573.50	30078.30	28737.70
食品制造业	137140.40	32323.90	84832.40	101097.20
饮料制造业	397306.30	181477.80	13023.00	17993.60
纺织业	2738616.70	827235.00	728527.40	510594.50
纺织服装、鞋、帽制造业				
木材加工及木、竹、藤、棕、草制品业				
印刷业和记录媒介的复制				
石油加工、炼焦及核燃料加工业	3774002.30	989871.40	2050357.90	3116601.20
化学原料及化学制品制造业	8618050.70	2247066.40	5156659.40	4785318.70
医药制造业	39520.80	27784.50	8448.50	18657.30
塑料制品业				
非金属矿物制品业	700651.20	264054.80	250121.80	331446.70
黑色金属冶炼及压延加工业	4283991.40	1532244.50	1964732.30	2591324.00
有色金属冶炼及压延加工业	562784.30	180376.00	342458.60	331931.70
金属制品业				
通用设备制造业	76021.90	43370.40	24364.60	29028.40
专用设备制造业	37959.20	20599.20	15630.80	19721.70
交通运输设备制造业	1580958.20	657724.50	504277.80	633268.70
电气机械及器材制造业	1229961.00	269857.70	34880.40	36602.10
电力、燃气及水的生产和供应业				
电力、热力的生产和供应业	4613256.50	605501.10	3279876.70	4170123.60
燃气生产和供应业	223291.20	29181.90	194109.30	159474.90
水的生产和供应业	162963.50	129694.60	22980.60	33101.70

13－7 续表2

单位：万元

指　　标	负债合计	流动负债合计	所有者权益合计	实收资本
按工业行业种类分	36701136.80	18133013.60	30845776.00	10588295.30
采矿业				
煤炭开采和洗选业	17857274.30	7228309.50	20052152.00	3972942.00
石油和天然气开采业	50689.20		360670.20	26634.80
非金属矿采选业				
制造业				
农副食品加工业	25786.80	18566.50	23865.00	5890.00
食品制造业	78098.30	35536.20	59042.10	50000.00
饮料制造业	262169.10	76481.90	135137.20	128000.00
纺织业	1504098.40	926407.30	1234518.30	129200.00
纺织服装、鞋、帽制造业				
木材加工及木、竹、藤、棕、草制品业				
印刷业和记录媒介的复制				
石油加工、炼焦及核燃料加工业	1884294.20	1328912.10	1889708.10	1664201.40
化学原料及化学制品制造业	6351593.40	3357425.10	2266457.00	1552815.30
医药制造业	35249.80	34266.40	4271.00	4000.00
塑料制品业				
非金属矿物制品业	345783.90	306100.80	354867.40	92705.50
黑色金属冶炼及压延加工业	2621920.60	1976111.40	1662070.80	1040000.00
有色金属冶炼及压延加工业	339715.60	336491.30	223068.70	200613.20
金属制品业				
通用设备制造业	53264.40	48968.40	22757.50	21830.00
专用设备制造业	16425.50	16425.50	21533.60	3285.00
交通运输设备制造业	1333767.70	1188723.90	247190.50	60000.00
电气机械及器材制造业	626919.30	155499.80	603041.70	610400.00
电力、燃气及水的生产和供应业				
电力、热力的生产和供应业	3130987.70	1044595.30	1482268.90	1019558.10
燃气生产和供应业	23768.10		199523.10	5000.00
水的生产和供应业	159330.50	54192.20	3632.90	1220.00

13－7 续表3

单位:万元

指 标	主营业务收入	主营业务成本	主营业务税金及附加	营业利润	利润总额
按工业行业种类分	34024821.10	24937954.00	532706.80	4513676.70	4467013.80
采矿业					
煤炭开采和洗选业	17336472.70	11694653.70	349327.30	2938306.80	2887347.70
石油和天然气开采业	5871040.70	5014563.80	5008.90	827123.00	827123.00
非金属矿采选业					
制造业					
农副食品加工业	517229.50	363435.20	2221.10	75229.30	75229.30
食品制造业	68536.50	52913.80	0.80	3731.80	3738.50
饮料制造业	6728.30	4156.00	1757.20	-4312.40	-4312.40
纺织业	1041985.80	669120.10	5942.60	160545.30	165094.50
纺织服装、鞋、帽制造业					
木材加工及木、竹、藤、棕、草制品业					
印刷业和记录媒介的复制					
石油加工、炼焦及核燃料加工业	1591194.30	1266248.90	99293.70	-23919.00	-18693.60
化学原料及化学制品制造业	2452587.00	1876093.80	14591.70	106806.80	119875.10
医药制造业	14243.50	12350.80	25.70	331.60	370.50
塑料制品业					
非金属矿物制品业	55710.40	54594.30		-14200.00	-11751.30
黑色金属冶炼及压延加工业	1684735.40	1337764.00	36391.80	113775.70	131618.30
有色金属冶炼及压延加工业	689684.80	400236.20	1120.80	136268.10	77352.10
金属制品业					
通用设备制造业	21992.00	18312.60	22.00	-12.60	67.10
专用设备制造业	66395.00	53243.90	86.10	11050.60	11050.60
交通运输设备制造业	556251.20	506579.40	5008.00	-23811.60	-19815.00
电气机械及器材制造业	4023.30	3867.00		-12347.80	-4097.20
电力、燃气及水的生产和供应业					
电力、热力的生产和供应业	1538183.60	1152375.70	11338.30	174186.20	175960.30
燃气生产和供应业	497039.20	442384.80	513.70	51731.40	51731.40
水的生产和供应业	10787.90	15060.00	57.10	-6806.50	-875.10

13－7 续表4

单位:万元

指　　标	应交所得税	亏损企业亏损总额	本年应付职工薪酬	本年应交增值税
按工业行业种类分	593384.20	340865.20	1507660.40	2462946.50
采矿业				
煤炭开采和洗选业	452744.80	153218.90	883785.60	1321324.40
石油和天然气开采业			36968.60	657669.80
非金属矿采选业				
制造业				
农副食品加工业	13541.30		2340.40	3092.40
食品制造业	560.90		7959.10	639.30
饮料制造业		4312.40	2245.70	
纺织业	30141.80	2346.10	46015.60	129565.80
纺织服装、鞋、帽制造业				
木材加工及木、竹、藤、棕、草制品业				
印刷业和记录媒介的复制				
石油加工、炼焦及核燃料加工业	11404.10	49699.00	111067.50	79131.40
化学原料及化学制品制造业	22789.50	40458.70	137145.40	84124.80
医药制造业			1995.40	186.50
塑料制品业				
非金属矿物制品业	-1799.10	11751.30	11296.10	2199.30
黑色金属冶炼及压延加工业	22389.60	23568.20	106931.90	58365.70
有色金属冶炼及压延加工业	19547.80	1246.20	13813.20	2923.30
金属制品业				
通用设备制造业	38.50		3589.10	18.00
专用设备制造业			1786.40	27.00
交通运输设备制造业	337.40	30733.30	15806.20	
电气机械及器材制造业	0.10	4097.20	11591.60	
电力、燃气及水的生产和供应业				
电力、热力的生产和供应业	21687.50	18558.80	109602.80	85768.00
燃气生产和供应业			1024.60	37263.60
水的生产和供应业		875.10	2695.20	647.20

13－8 分旗区年销售收入2000万元以上全部独立法人工业企业主要经济指标(2014年)

单位:万元

指　标	2013	2014	东胜区	达拉特旗	准格尔旗
企业单位数(个)	390	372	53	55	102
内资企业(个)	372	355	51	52	97
工业总产值(当年价)	42679352.30	43757272.10	4125374.90	6243047.70	10770944.30
内资企业(万元)	39291350.70	3364119.00	3762681.40	6086818.00	10616187.10
国有企业(万元)	4844607.00	4147198.10	174760.50		2556620.60
集体企业(万元)	40348.90	10561.50			8022.10
股份合作企业(万元)	14377.00	20511.30			
联营企业(万元)	7510.10				
有限责任公司(万元)	19851670.30	20793846.80	2453516.10	3951662.40	4366705.50
股份有限公司(万元)	10756924.20	10816248.70	407991.70	530992.10	3264454.20
私营企业(万元)	3360609.90	4241786.50	20367.70	1338395.00	420384.70
其他企业(万元)	415303.30	655331.70	307483.00	265768.50	
港澳台商投资企业(万元)	214410.90	217574.20	3395.90	10182.00	95453.40
外商投资企业(万元)	3173590.70	2854213.30	757860.00	146047.70	59303.80
工业销售产值(当年价)	45295054.20	42839082.40	4171426.80	6185817.60	10382078.80
资产合计	66992473.50	80850213.90	14950898.80	5797646.10	24975759.90
流动资产合计	23242247.20	28145542.90	4622068.70	1602128.90	9367650.90
固定资产合计	26974662.40	33326262.90	4756058.90	2968098.60	10784510.50
固定资产原价	34640054.40	43154864.80	6187198.60	3426461.90	15177159.80
负债合计	35883246.80	46339901.40	9636099.50	3193486.00	13716210.70
流动负债合计	18049605.70	22353322.10	4273070.90	1774116.60	5738111.50
所有者权益合计	30770654.30	35448655.10	5057160.70	2672187.80	11258965.10
实收资本	10264068.30	12357054.60	1652049.10	978149.00	3440167.10
主营业务收入	44073288.10	43639426.90	5947182.20	6174981.50	10020165.10
主营业务成本	29419210.60	31767680.90	4873917.30	3714360.70	6587173.00
主营业务税金及附加	782697.20	684908.60	92639.60	30415.00	204077.60
营业利润	8982265.20	6082845.40	360616.90	1379417.40	1797069.20
利润总额	9024681.70	6074850.40	375308.40	1330068.60	1803538.90
本年所得税费用	1160143.80	866009.40	72826.70	334262.50	204924.70
本年应交增值税	3164984.70	2921392.60	319022.40	319392.40	681779.40
本年应付工资总额	1596041.50	1742187.40	172900.00	197313.20	440589.30
年平均人数(人)	189870.00	192628.00	192628.00	22963.00	54190.00

13—8 续表

单位：万元

指标	鄂托克前旗	鄂托克旗	杭锦旗	乌审旗	伊金霍洛旗	康巴什
企业单位数(个)	15	49	17	21	56	4
内资企业(个)	15	45	17	19	55	4
工业总产值(当年价)	1643405.00	6016458.00	208336.40	6310919.40	8040224.00	398562.40
内资企业(万元)	1643405.00	4237869.00	208336.40	6168895.20	7961292.50	398562.40
国有企业(万元)		387028.50	23885.30	35903.30	968999.90	
集体企业(万元)		1987.60			551.80	
股份合作企业(万元)					20511.30	
联营企业(万元)						
有限责任公司(万元)	774781.70	2612644.60	70471.70	261868.00	5903634.40	398562.40
股份有限公司(万元)	22664.70	566366.60	55506.40	5810573.90	157699.10	
私营企业(万元)	845958.60	659713.50	58473.00	60550.00	837944.00	
其他企业(万元)		10128.20			71952.00	
港澳台商投资企业(万元)				29611.40	78931.50	
外商投资企业(万元)		1778589.00		112412.80		
工业销售产值(当年价)	1572428.10	5533134.40	209260.60	6374383.40	8015464.60	395088.10
资产合计	1521783.00	12412006.60	605973.40	4334543.10	14820610.50	1430992.50
流动资产合计	194066.30	4717537.10	189874.20	665326.30	6547632.70	239257.80
固定资产合计	658398.80	5156149.70	299645.10	3209155.20	4813701.30	680544.80
固定资产原价	883843.00	6384848.50	380660.40	2983225.80	7044040.70	687426.10
负债合计	1036278.00	8585805.10	511643.50	4250691.30	4487817.60	921869.70
流动负债合计	677204.60	5718839.90	252823.80	1146404.40	2221872.00	550878.40
所有者权益合计	485221.40	3832746.80	113020.00	1397870.30	1012236020	509122.80
实收资本	511244.50	2192212.60	133154.40	1121252.80	2102391.10	226434.00
主营业务收入	1477086.30	5541928.30	221433.50	6407365.80	7445417.20	403867.00
主营业务成本	1452928.00	4673394.20	187650.10	5506670.80	4462377.20	309209.60
主营业务税金及附加	3280.00	68408.40	1319.60	6721.50	276391.70	1655.20
营业利润	-52487.40	100829.20	242.00	768026.40	1719385.50	9746.20
利润总额	-52590.50	136753.30	1311.80	767908.40	1700296.70	12254.80
本年所得税费用	688.00	35402.30	1304.50	981.20	214000.30	1619.20
本年应交增值税	6918.30	192744.30	6147.50	680489.70	702197.20	12701.40
本年应付工资总额	92541.90	272615.60	11315.50	83324.30	461847.10	9740.50
年平均人数(人)	6061	38903	1963	6480	39441	2159

13－9 主要年份主要工业产品产量

年 份	原 煤（万吨）	洗 煤（万吨）	原 盐（万吨）	发电量（万千瓦时）	烧碱（折100%）（吨）
1952	9.23		0.25		36
1957	25.70		3.54	17	4243
1965	32.90		0.12	182	7200
1970	63.40		2.51	445	4798
1975	128.70		0.75	2211	5324
1978	219.30		1.76	3646	631
1980	188.50		3.32	3771	3134
1981	170.30		2.10	4050	3427
1982	226.30		2.08	3844	4816
1983	231.90		2.05	4052	3614
1984	214.24		1.17	4778	6400
1985	261.70	0.90	1.45	5250	5918
1986	291.53	1.29	2.49	5245	6656
1987	379.05	7.48	3.20	7449	7105
1988	424.33	10.36	2.13	7929	11729
1989	522.56	16.59	2.71	8497	21997
1990	610.64	26.20	2.98	7867	11673
1991	700.92	25.94	2.94	6368	8393
1992	763.68	23.00	2.60	11023	16939
1993	967.00	18.00	2.73	46500	13400
1994	1213.00	27.00	3.88	82649	20268
1995	1969.75	39.70	4.48	144688	34932
1996	2073.43	26.00	5.54	336526	42751
1997	2634.10	27.16	5.78	459981	38361
1998	2818.54	47.59	4.00	480800	32447
1999	2549.78	98.75	4.21	695159	40764
2000	2678.91	65.60	5.19	905266	27101
2001	3629.44	43.36	4.67	951747	26707
2002	5919.12	120.26	5.84	1188885	27752
2003	8103.29	193.61	5.48	1503756	15433
2004	12776.99	161.14	6.24	1914326	25580
2005	15252.72	282.91	9.25	2326003	22434
2006	17625.00	195.31	5.32	2750172	13529
2007	19849.90	219.04	11.63	3477496	9747
2008	27877.80	484.20	2.00	4186752	204673
2009	33840.00	937.20	7.56	4356851	250555
2010	44934.20	1588.67	1.68	4875080	366055
2011	58793.75	1831.14	5.33	5574417	331601
2012	63937.90	1558.85		5701067	329226
2013	63071	3051.00	1.00	6526850.00	424733
2014	63119	2971.59	1.00	6997700.00	896663

13－9 续表

年 份	化 肥(折纯)(吨)	呢 绒(万米)	羊绒衫(万件)	水 泥(万吨)	天然气(万立方米)
1952					
1957					
1965					
1970	587				
1975	1340			0.59	
1978	2333			1.31	
1980	2952			1.78	
1981	2868	1.70	1.86	0.78	
1982	3930	6.00	6.63	1.43	
1983	5237	16.10	10.12	3.04	
1984	6639	24.59	16.00	1.72	
1985	6125	35.00	22.43	2.51	
1986	5645	54.73	23.37	3.46	
1987	4320	37.83	32.91	3.09	
1988	5729	29.94	50.88	3.31	
1989	4620	23.70	39.19	3.17	
1990	6847	29.13	18.35	3.84	
1991	11206	29.80	29.88	3.85	
1992	13441	17.99	51.50	6.97	
1993	17600	12.56	124.00	12.00	
1994	26801	25.00	140.00	12.00	
1995	18226	111.00	167.80	18.58	
1996	18922	81.34	293.59	33.28	
1997	17268	94.12	507.47	54.54	
1998	15383	37.25	400.14	67.86	
1999	20193	46.93	404.73	90.06	
2000	7548	53.66	405.90	125.98	45491
2001	10846	32.00	428.00	128.75	70059
2002	17692	46.00	525.76	130.27	84895
2003	18200	26.00	625.90	258.60	115688
2004	30377	26.83	879.00	281.43	171900
2005	19695	37.24	803.17	365.68	385679
2006	19425	33.40	860.10	445.73	530678
2007	18476	21.92	891.22	675.48	704797
2008	276435	6.18	473.61	597.17	1005252
2009	1198866	7.13	516.88	853.21	1460271
2010	555020	6.00	1174.30	823.90	2020487
2011	678468	7.40	1360.21	973.82	2486043
2012	620447	10.30	1010.51	609.69	2590897
2013	534921	15881.90	1189.10	656.70	2706185
2014	490174	3.80	1255.70	486.40	2809876

13－10 主要工业产品产量

指　　标	2013	2014	东胜区	达拉特旗	准格尔旗
原　煤(万吨)	63071	63119	8295	4761	27041
洗　煤(万吨)	3051.00	2971.59			
原　盐(吨)	10217.00	9805.00			
白　酒(万升)	2458.18	2985.70	228.00	1912.40	
羊绒衫(万件)	1189.10	1255.70	164.00	1091.70	
呢　绒(万米)	15881.90	3.80	3.80		
化学原料药(吨)	5364.50	1114.50			
中成药(吨)	2524.90	948.00			
天然气(万立方米)	2706185	2809876			
水　泥(万吨)	565.70	486.40	30.30	148.20	
生　铁(万吨)	13.20	14.30			
铁合金(万吨)	79.60	93.70			7.10
发电量(亿千瓦时)	652.69	699.77	43.33	212.04	211.80
#火　电	631.62	648.79	43.10	217.10	187.67
水　电	17.00	17.06			17.06
焦　炭(万吨)	740.18	772.28			67.29
烧　碱(万吨)	42.50	89.70	42.20		
氮　肥(折100%)(万吨)	53.50	49.00			

13—10 续表

指　　标	鄂托克前旗	鄂托克旗	杭锦旗	乌审旗	伊金霍洛旗
原　煤(万吨)	207	2869		164	19782
洗　煤(万吨)	410.96	2560.63			
原　盐(吨)	9805.00				
白　酒(万升)	693.00				152.30
羊绒衫(万件)					
呢　绒(万米)					
化学原料药(吨)	426.50				688.00
中成药(吨)			948.00		
天然气(万立方米)				2809876	
水　泥(万吨)		253.80	3.80		50.30
生　铁(万吨)		14.30			
铁合金(万吨)		86.50			
发电量(亿千瓦时)		128.01	6.28	2.13	96.18
#火　电		122.78	1.82	1.16	75.16
水　电					
焦　炭(万吨)	99.17	586.43			19.39
烧　碱(万吨)		47.50			
氮　肥(折100%)(万吨)		49.00			

主要统计指标解释

工业总产值 是以货币表现的工业企业在一定时间内工业生产的工业最终产品或提供工业性劳务活动的总价值量。工业总产值计算方法作了如下四个方面的修订：

(1)凡自备原材料，不论其加工繁简程度如何，一律按全价，即包括自备原材料的价值，计算工业总产值。

(2)凡来料加工，加工企业一律按财务上结算的加工费计算工业总产值，即不包括定货者来料的价值。

(3)自制半成品、在制品期末期初差额价值，原则上应计入工业总产值，但如果会计产品成本核算中不计算自制半成品，在制品成本，则不计入工业总产值；如果会计产品成本核算中计算自制半成品、在制品成本的，则计入工业总产值。

(4)从 1995 年第三次工业普查开始，包括今后的工业年度，进度统计报表，工业企业填报现价工业总产值，计算中间投入中的中间物质消耗价值，直接利用现有的会计核算资料，一律按不含增值税的价格计算。

按修订后的新规定计算的工业总产值包括三项内容：本年生产成品价值、对外加工费收入、自制半成品在制品期末期初差额。

轻工业 指提供生活的消费品和制作手工工具的工业，按其所使用的原料不同，可分为两大类：

(1)以农产品为原料的轻工业，是指直接或间接以农产品为基本原料的轻工业。主要包括食品制造、饮料制造、烟草加工、纺织、缝纫、毛皮制作、造纸以及印刷等工业。

(2)以非农业产品为原料的轻工业，是指以工业产品为原料的轻工业。主要包括文教用品、工艺美术用品制造、化学药品制造、合成纤维制造、日用化学制品、日用玻璃制品、日用金属制品、手工工具制造、医疗器械制造、文化和办公用机械制造等工业。

重工业 指生产资料的工业，是为国民经济各部门提供物质技术基础的工业。按其生产和产品用途，可以分为下列三类：

(1)采掘(伐)工业，是指对自然资源的开采，包括石油开采、煤炭开采、金属矿开采、非金属矿开采和木材采伐工业。

(2)原料工业，是指提供国民经济各部门使用的原料动力和燃料的工业。包括金属冶炼及加工、炼焦及焦炭化学、化工原料、水泥、人造板等原材料工业，以及电力、石油和煤炭等加工工业。

(3)制造工业，是指对原料进行加工制造的工业。包括装备国民经济各部门的机械设备制造工业、金属结构、水泥制品等工业，以及为农业提供的生产资料和化肥、农药等工业。

根据上述划分原则，修理业中修理作业对象是工业的划为重工业，否则划为轻工业。

轻重工业总产值的划分也是按“工厂法”计划的，即一个工业企业在正常情况下生产的主要产品的性质属于轻工业，则该企业的全部总产值作为轻工业的总产值，一个工业企业的主要产品的性质属于重工业，则该企业的全部总产值作为重工业总产值。

工业产品生产量 是指报告期内本企业（单位）生产的，经验收合格、符合规定的质量标准或订货合同要求的，办理入库手续的产品数量。

对于企业或单位来讲：不论是主要车间生产的或辅助车间、附属车间、副产品车间生产的；不论是要销售的商品量或本企业的自用量；不论自备原材料生产的或用定货者来料生产的；也不是计划内或计划外生产的，只要是本企业生产的合格品，均应统计为生产量。

工业产品销售量 指报告期内本企业（单位）实际销售的工业产品数量。包括本期生产本期销售的产品和上期生产、本期销售的产品。不包括尚未生产，但已预收货款或预开提货单位的产品数量和本期销售、本期退回的产品数量。

工业产品库存量 是指报告期期初、期末本企业（单位）实际结存的合格产品数量。

独立核算工业企业 工业企业按其行政和财务核算是否独立，分为独立核算工业企业和非独立核算工业企业。

独立核算工业企业，应同时具备下列三个条件：

(1)行政上有独立的组织形式；

(2)经济上独立核算、自负盈亏、编制独立的资金平衡表；

(3)有权与其他单位签订合同，并在银行设有独立户头。独立核算工业企业无论是单一性生产或联合性生产的企业，均以整个企业作为一个基层单位进行统计。

工业增加值 是指货币表现的工业企业（单位）在报告期内进行工业生产活动的最终成果。按照工业增加值的三种表现形态(价值形态、收入形态和产品形态)产生三种计算方法，即：生产法、收入法和支出法。目前，工业增加值计算一般采用生产法和收入法(也称分配法)。

生产法是从生产的角度，以产品的价值构成为基础，计算工业增加值的一种方法。目前暂以工业总产值作为工业总产出，扣除中间投入后，所得余额即为工业增加值。其计算公式为：

报告期工业增加值＝报告期工业总产值－报告期工业中间投入

分配法是从生产要素所有者获得收入的角度，以分配项目来计算工业增加值的一种方法。其计算公式为：

工业增加值＝劳动者报酬＋生产税净额＋营业盈余＋固定资产折旧

工业经济效益综合指数 工业经济效益综合指数是综合衡量工业经济效益各方面在数量上总体水平一种特殊相对数，是反映工业经济运行质量的指标。工业经济效益综合指数根据反映经济效益各个侧面的若干新时期指标经过综合计算得到，它是以各项工业经济效益指标实际数值分别除以该项指标的全国标准值并乘以各自的权数，加总后除以总权数求得。计算公式为：

$$工业经济效益综合指数=\sum\frac{某项经济效益指标报告期数值}{该项指标全国标准值}\times 权数\div 总权数$$

工业产品销售率 指报告期工业销售产值与同期全部工业总产值之比，是反映工业产品生产已实现销售的程度，分析工业产销衔接情况，研究工业产品满足社会需求程度的重要分析指标。计算公式为：

$$工业产品销售率(\%)=\frac{报告期现价工业销售产值}{报告期现价工业总产值}\times 100\%$$

工业资金利税率 是指报告期已实现的利润、税金总额与同期的资产（流动资产和固定资产净值)之比，是反映工业企业资金运用的经济效益，分析资金投入效果的主要分析指标。计算公式为：

$$资金利税率(\%)=\frac{报告期累计实现利税总额}{报告期流动资产平均余额+报告期固定资产净值平均余额}\times 100\%$$

十四、建筑业

资料整理员：杨淑珍

■ 体育馆

14—1 1997-2014年建筑业企业概况

年　份	企业单位个数(个)	从业人员(万人)	建筑业总产值(万元)
1997	49		44149
1998	54	0.54	64846
1999	53	0.45	82946
2000	52	1.05	134155
2001	51	1.22	165811
2002	60	1.41	256696
2003	62	1.63	380982
2004	63	2.09	482600
2005	68	3.07	684870
2006	75	2.96	1006741
2007	87	2.84	1455481
2008	106	4.21	1534134
2009	130	4.72	2162026
2010	198	6.33	2758006
2011	198	8.38	4108635
2012	191	7.33	4350358
2013	221	8.32	4718022
2014	218	6.51	3632970

14－2 建筑业企业主要经济指标(2014 年)

指标	建筑业总产值(万元)	建筑工程产值	安装工程产值	其他产值	竣工产值(万元)	房屋建筑施工面积(平方米)	房屋建筑竣工面积(平方米)
总计	3632970	3154333	182061	296577	1747105	5473028	3237747
按登记注册类型分组							
内资企业	3632970	3154333	182061	296577	1747105	5473028	3237747
国有企业	8800	6000	2800		8800	30000	30000
联营企业							
有限责任公司	793864	675322	61105	57438	206074	395575	148096
股份有限公司	13983	13600		383			
私营企业	2816324	2459411	118157	238756	1532231	5047453	3059651
其他企业							
按国民经济行业分组							
房屋和土木工程建筑业	3502390	3055788	164799	281804	1669861	5473028	3237747
房屋工程建筑	1427283	1352274	63684	11325	814481	5315789	3093378
土木工程建筑业	2075108	1703513	101116	270479	855380	157239	144369
建筑安装业	14791	13901	890		350		
建筑装饰业和其他建筑业	115789	84644	16372	14773	76894		
按企业资质等级分组							
施工总承包	3323358	3058217	127316	137825	1681088	5473028	3237747
一级	1375149	1313730	50814	10605	549055	1781442	1060922
二级	1176002	1076161	33336	66506	577527	975354	647977
三级及以下	772207	668326	43167	60714	554506	2716232	1528848
专业承包	309613	96116	54745	158752	66016		
一级	10519	371	6558	3590	4314		
二级	141098	7051	400	133646	350		
三级及以下	157996	88694	47787	21515	61352		

14—2 续表

指　标	年末自有施工机械设备净值(万元)	年末自有施工机械设备台数(台)	年末自有施工机械设备总功率(千瓦)	年末从业人员(人)	房屋建筑面积竣工率(%)	产值利润率(%)
总　计	**238635**	**4997**	**337455**	**65141**	**59.16**	**10.56**
按登记注册类型分组						
内资企业	238635	4997	337455	65141	59.16	10.56
国有企业	30767	704	56855	158	100.00	6.58
联营企业						
有限责任公司	27222	1096	58608	9304	37.44	6.32
股份有限公司	10315	113	9944	180		15.05
私营企业	170331	3084	212048	55499	60.62	11.75
其他企业						
按国民经济行业分组						
房屋和土木工程建筑业	2211856	4860	324985	62178	59.16	10.56
房屋工程建筑	79365	2807	149726	39531	58.19	8.13
土木工程建筑业	132491	2053	175259	22647	91.82	12.24
建筑安装业				376		14.02
建筑装饰业和其他建筑业	26779	137	12470	2587		9.96
按企业资质等级分组						
施工总承包	232450	4794	330087	59584	59.16	11.03
一级	40086	861	53545	23888	59.55	6.32
二级	123282	2302	154900	19822	66.44	16.57
三级及以下	69082	1631	121642	15874	56.29	11.00
专业承包	6185	203	7368	5557		5.52
一级	162	2	159	245		26.88
二级	2842	45	5789	1232		1.18
三级及以下	3181	156	1420	4080		7.98

14—3 建筑施工企业主要财务指标(2014年)

单位:万元

指标	资产合计	流动资产合计	其中:存货	固定资产合计	固定资产原价	累计折旧	其中:本年折旧
总计	8021607	6044527	985928	934626	1121335	328017	71869
按登记注册类型分组							
内资企业	8021607	6044527	985928	934626	1121335	328017	71869
国有企业	18100	2560	800	12147	902	66	6
联营企业							
有限责任公司	980919	745199	199035	108182	160357	66636	37843
股份有限公司	15128	4466	6	1392	1608	574	222
私营企业	7007460	5292301	786088	812905	958467	260741	33799
其他企业							
按国民经济行业分组							
房屋和土木工程建筑业	7833777	5897834	966698	903891	1076758	312684	69768
房屋工程建筑	2265553	1889985	215625	184233	181368	62799	7621
土木工程建筑业	5568224	4007848	751073	719659	895390	249885	62146
建筑安装业	13519	7429	-917	5406	4814	426	171
建筑装饰业和其他建筑业	174311	139264	20147	25329	39763	14907	1930
按企业资质等级分组							
施工总承包	7601860	5737054	889030	866562	1026227	295805	68530
一级	2546893	2035964	205205	180923	233872	73118	5216
二级	3381322	2636902	556187	372531	471755	133686	47175
三级以下	1673645	1064189	127638	313108	320599	89002	16139
专业承包	419747	307472	96898	68064	95108	32212	3339
一级	47297	43634	17472	3662	7080	3418	190
二级	43166	33995	9722	8293	12547	4299	943
三级以下	329284	229843	69703	56109	75481	24495	2207

14—3 续表1

单位:万元

指　标	负债合计	流动负债合计	长期负债合计	所有者权益合计	其中:实收资本	营业收入
总　计	5195325	4442953	500380	2826282	886323	3568476
按登记注册类型分组						
内资企业	5195325	4442953	500380	2826282	886323	3568476
国有企业	1900	1000	900	16200	2550	8800
联营企业						
有限责任公司	546598	498520	19139	434321	129141	774946
股份有限公司	3471	3471		11656	8300	7295
私营企业	4643356	3939962	480341	2364105	746332	2777434
其他企业						
按国民经济行业分组						
房屋和土木工程建筑业	5080268	4328600	499847	2753509	850098	3439761
房屋工程建筑	1454009	1260925	18611	821165	293761	1302395
土木工程建筑业	3626259	3067676	481237	1932344	556337	2137365
建筑安装业	4654	4589	65	8865	4893	11167
建筑装饰业和其他建筑业	110403	109764	468	63908	31332	117548
按企业资质等级分组						
施工总承包	4913632	4173203	495129	2688228	834046	3391672
一级	1560363	1458026	81090	986530	217447	1378338
二级	2340108	1909156	393004	1041214	387553	1372871
三级以下	1013161	806021	21034	660484	229046	640463
专业承包	281693	269750	5251	138054	52277	176804
一级	29785	29785		17511	4490	16921
二级	23293	12933	3670	19873	3405	16016
三级以下	228614	227032	1581	100670	44382	143867

14－3 续表2

单位:万元

指　标	营业成本	营业税金及附加	其他业务利　润	管理费用	其中:税金	财务费用
总　计	2814183	121064	28046	120437	5723	117167
按登记注册类型分组						
内资企业	2814183	121064	28046	120437	5723	117167
国有企业	7684	430		80	3	12
联营企业						
有限责任公司	652296	23350	26800	38538	548	10492
股份有限公司	4266	670		234	1	20
私营企业	2149937	96614	1246	81585	5171	106643
其他企业						
按国民经济行业分组						
房屋和土木工程建筑业	2715537	117492	28046	114931	5399	114894
房屋工程建筑	1085399	46975	113	30945	3632	23346
土木工程建筑业	1630137	70517	27933	83987	1767	91549
建筑安装业	5971	610		708	224	304
建筑装饰业和其他建筑业	92675	2962		4798	100	1969
按企业资质等级分组						
施工总承包	2685910	114542	28046	100847	5289	114444
一级	1168579	45386	1133	36346	2457	41890
二级	1030352	45118		38004	1163	54994
三级以下	486979	24038	26913	26497	1668	17560
专业承包	128272	6522		19590	434	2724
一级	12560	391		791	16	352
二级	8010	902		5188	3	228
三级以下	107702	5230		13611	414	2144

14－3 续表3

单位:万元

指　　标	营业利润	利润总额	营业外收入	营业外支出	应交所得税	应付职工薪　酬
总　计	387723	383760	2070	5706	93285	281160
按登记注册类型分组						
内资企业	387723	383760	2070	5706	93285	281160
国有企业	579	579			1	534
联营企业						
有限责任公司	50359	50201	358	190	9169	45542
股份有限公司	2105	2105			21	150
私营企业	334680	330875	1712	5517	84094	234933
其他企业						
按国民经济行业分组						
房屋和土木工程建筑业	374021	370151	2025	5600	90789	265113
房屋工程建筑	115316	116107	827	36	28916	172503
土木工程建筑业	258705	254043	1198	5564	61873	92611
建筑安装业	2073	2073			46	801
建筑装饰业和其他建筑业	11629	11536	45	106	2450	15246
按企业资质等级分组						
施工总承包	370712	366661	1706	5461	91066	265315
一级	86497	86887	1152	762	20445	100573
二级	199065	194843	299	4521	51695	92936
三级以下	85150	84932	255	178	18927	71806
专业承包	17011	17099	364	245	2218	15845
一级	2828	2828			502	1041
二级	1661	1661			302	3534
三级以下	12522	12610	364	245	1414	11270

主要统计指标解释

建筑施工企业 指从事房屋、构筑物和设备安装生产活动的独立施工单位,分为建筑安装企业和自营施工单位两种组织形式。建筑安装企业是指行政上有独立组织、经济上实行独立核算的企业。一般称为建筑公司、安装公司、工程公司、工程局(处)等。自营施工单位是指附属于现有生产企业、事业内部或行政单位的,为建造和修理本单位固定资产而自行组织的,并同时具备下述条件:(1)对内独立核算;(2)有固定组织和施工队伍;(3)全年施工期在半年以上。

建筑业总产值 在一定时期内完成的以价值表现的生产总量,是反映建筑业生产成果的综合指标。建筑业总产值包括:①施工产值,即建筑企业自行完成的建筑工程产值、设备安装工程产值、建筑物大修理价值及非标准设备制作的产值。②附属、辅助生产单位为外单位提供的建筑制品和工业性作业价值。③为外单位进行建筑安装提供服务的产值和建筑机械租赁收入。④其他产值,如企业所属勘察设计单位向外单位提供的科研成果、技术服务和劳务的收入等。⑤勘察设计产值等。

施工产值:指建筑施工企业自行完成的按工程进度计算的建筑安装生产总值,它包括建筑工程产值;设备安装工程产值;房屋、构筑物修理产值;非标准设备制造产值。

竣工产值 又称竣工工程产值,一般是以单位工程为对象。它是指在报告期内,按照设计所规定的工程内容全部完成,达到了设计规定的交工条件,经有关部门检查验收鉴定合格的单位工程价值之和。

房屋建筑面积 是指房屋全部平面面积的总和。它从房屋的外墙线算起,包括可供使用的有效面积和墙柱等结构占用面积,多层房屋按各层(包括地下室)面积总和计算,旧房加层或改造,只计算增加的建筑面积;旧房拆除重建,计算其全部面积。临时房屋不计算建筑面积。

房屋建筑施工面积 是指报告期内施过工的全部房屋建筑面积,它包括本期新开工的面积,上期跨入本期继续施工的房屋面积,以及上期停缓建在本期继续施工的房屋面积。本期竣工的房屋面积和本期施工后又停缓建的面积仍应包括在施工面积中。

房屋建筑竣工面积 是指在报告期内房屋建筑按照设计要求已全部完工,达到了使用条件,经检查验收鉴定合格的房屋建筑面积。

住宅竣工面积 指房屋建筑竣工面积中的供居住用的房屋建筑竣工面积。如单位职工家属宿舍和集体宿舍(包括职工单身宿舍和学生宿舍)等房屋建筑竣工面积。

十五、交通运输和邮电

资料整理员：康雅慧

鄂尔多斯国际赛车场

15－1 交通及邮电业务基本情况

指　　标	2003	2004	2005	2006	2007	2008	2009	2010	2011	2012	2013	2014
交　通												
公路通车里程(公里)	8315	9041	9554	12184	13824	14574	15992	17508	17682	18102	18475	18820
#等级公路	7365	8093	8674	9249	9959	11158	13237	15848	15958	16409	16782	17127
高速公路	79	136	232	279	279	279	658	658	658	658	682	720
一级公路		71	71	140	140	160	183	395	395	815	1322	1493
二级公路	718	948	1157	1579	1590	1676	1849	1973	2065	2065	2445	2334
等外公路	950	948	880	2935	3865	3416	2755	1659	1724	1693	1693	1693
铁路通车里程(公里)	324	324	328	364	669	725	1024	1208	1231	1280	1576	1667
邮　电												
邮电业务收入(万元)	9.98	14.12	19.48	17.03	7.26	11.44	15.34	20.43	22.85	24.93	28.4	23.0
邮政业务收入	0.60	0.53	0.52	0.52	0.59	0.62	0.72	0.81	0.93	1.19	1.21	1.1
电信业务收入	9.38	13.59	18.96	16.51	6.66	10.82	14.61	19.62	21.91	23.74	27.23	21.9
国内业务量												
包　裹(万件)	7.50	6.52	7.01	6.42	5.74	5.18	5.34	5.86	7.39	8.31	8.22	6.62
汇　兑(万笔)	12.45	12.39	11.34	17.66	32.54	46.51	61.75	93.61	122.89	110.87	77.60	52.16
报纸累计份数(万份)	2245	1942	2163	1830	1992	2341	2408	2414	2702	2257	2374	2474
杂志累计份数(万份)	144	119	119	104	94	110	114	125	134	167	148	138
邮政储蓄年末余额(万元)	114264	118462	106310	104266	101704	127954	106607	117716	145255	217556	283586	303984
固定电话用户(万户)	29.38	31.44	23.60	30.34	33.47	26.96	26.81	24.49	25.03	25.04	23.34	22.40
移动电话用户(万户)	40.69	52.86	76.01	100.01	139.21	164.66	235.29	296.22	299.43	301.24	306.21	249.82
互联网注册拨号用户(万户)	0.40	0.42	0.53	3.10	6.78	6.88	7.16	13.53	10.44	13.07	17.80	18.60
邮路单程长度(公里)	4255	4255	4255	4369	4369	4369	4369	4369	4455	4528	5300	5300

注:1.电信业务收入2007年及以前为电信业务总量。

2.2008年开始,电信业务数据来源移动、联通、电信三大运营商。

15－2 主要年份交通线路、客货运输量及周转量

年份	公路运输					民航		
	通车里程（公里）	货运量（万吨）	货运周转量（万吨公里）	客运量（万人）	客运周转量（万人公里）	线路	旅客吞吐量（人）	货邮吞吐量（吨）
1990	3068	353	35998	300	25245			
1991	3068	407	37300	372	29535			
1992	3068	474	44813	389	29817			
1993	3068	538	48973	202	12675			
1994	3200	598	51389	188	10014			
1995	3194	1093	84069	254	17433			
1996	3648	2029	134077	736	27775			
1997	3298	2635	181880	807	72057			
1998	5560	2821	190418	837	75187			
1999	6030	3022	226117	821	67252			
2000	6658	3319	250560	861	71280			
2001	7236	4007	278661	1021	72991			
2002	7976	4163	316388	1045	77853			
2003	8315	4321	346588	1065	79875			
2004	9041	9910	755131	1491	114601			
2005	12852	15800	1203277	2001	148935			
2006	12184	21330	1599622	2102	156537			
2007	13824	29512	2239790	2921	221328	4	77488	390
2008	14574	14574	2683956	1784	243368	7	307513	1085
2009	15992	18604	3494511	1948	270381	9	472656	1823
2010	17508	23450	4367811	2095	289554	12	816737	3074
2011	17682	30356	5680800	2305	318700	26	1301806	5993
2012	18102	35258	6877146	2423	335066	38	1800572	9752
2013	18475	13328	1808106	1306	240971	38	1731900	9500
2014	18820	16997	1944995	1063	209720	42	1503000	7000

注：公路运输从2013起计算口径有变化，所以和以前年份不可比。

15－3　分旗区交通及邮电业务基本情况(2014年)

指　　标	东胜区	达拉特旗	准格尔旗	鄂托克前旗	鄂托克旗	杭锦旗	乌审旗	伊金霍洛旗
交　通								
公路通车里程(公里)	1152.7	2387.3	2669.4	2026.8	3774.0	2902.7	2089.6	1817.1
#国　道	241.2	176.5	220.8		420.8	159.1		170.3
邮　电								
邮政业务总量(万元)	3210.29	1059.63	1344.81	314.23	733.86	393.95	373.06	906.88
国内业务量								
包　裹(万件)	1.97	0.53	1.46	0.19	0.63	0.28	0.60	0.97
汇　兑(万笔)	11.01	9.79	10.70	1.55	4.37	2.34	3.26	9.14
报纸累计份数(万份)	842.17	240.66	366.25	144.25	204.92	152.94	226.13	296.82
杂志累计份数(万份)	61.28	12.41	22.34	6.32	8.80	4.22	7.98	14.48
邮政储蓄年末余额(万元)	82142.45	41434.51	58510.21	11239.19	38748.59	16842.70	13228.88	41837.86
邮路单程长度(公里)	969	1436	620	327	471	418	623	436

15—4 机动车保有量(2014年)

单位:辆

项目	机动车保有量								
	总计	营运						非营运	校车
		合计	#公路客运	#公交客运	#出租客运	#货运	#租赁		
总计	534419	44711	1396	767	5945	36341	262	489701	7
汽车合计	483858	39284	1354	758	5809	31103	260	444567	7
载客汽车	399485	7984	1353	758	5809		64	391494	7
大型	2697	1888	1230	643			15	802	7
中型	874	273	122	114			37	601	
小型	379820	5823	1	1	5809		12	373997	
微型	16094							16094	
载货汽车	71459	25223				25213	10	46236	
重型	18554	18134				18126	8	420	
中型	620	309				309		311	
轻型	51961	6746				6744	2	45215	
微型	324	34				34		290	
其他汽车	12914	6077	1			5890	186	6837	
摩托车	45324	215	42	9	136	28		45109	
挂车	5237	5212				5210	2	25	
重型	4409	4385				4383	2	24	
中型	828	827				827		1	
轻型									
其他类型									

主要统计指标解释

公路通车里程 是反映公路建设发展规模的重要指标,也是计算运输网密度等指标的基础资料,是指实际达到交通部制定的公路工程技术标准规定的等级的公路长度。

客(货)运量 指运输业实际运送的旅客(货物)数量,货运按吨计算,客运按人计算。客(货)运量反映运输业为国民经济和人民生活服务的数量指标,也是制定和检查运输生产计划,研究运输发展规模和速度的重要指标。

旅客(货物)周转量 指运输业运送的旅客(货物)数量与其相应运输距离的乘积之总和。是反映运输业生产总成果的重要指标,也是编制和检查运输生产计划、计算运输效率、劳动生产率以及核算运输单位成本的主要基础资料。通常以人公里和吨公里为计算单位。计算货物周转量通常按发出站与到达站之间最短距离,也就是计费距离计算。

邮电业务总量 指以货币表现的邮电部门为用户传递信息和提供其他邮电服务的总量，它综合反映一定时期邮电工作的总成果,是研究邮电业务量构成和发展趋势的重要指标。

机动车保有量 是指内燃机车(包含摩托车,汽车,货车,不包含电动车)在某地区的总量。

十六、国内贸易

资料整理员：乌日娜　陈　芳

鄂尔多斯CBD中心

16—1 主要年份社会消费品零售总额(按销售单位所在地分)

单位:万元

年份	合计	市的零售额	县及县以下零售额
1978	13107		13107
1980	17203		17203
1981	17711		17711
1982	20978		20978
1983	22311	7062	15249
1984	24587	8773	15814
1985	38610	10814	27796
1986	49330	16870	32460
1987	63417	22140	41277
1988	77910	27375	50535
1989	73867	26364	47503
1990	90080	31927	58153
1991	123396	44530	78866
1992	147441	57805	89636
1993	176415	68337	108078
1994	220330	98843	121487
1995	271601	114886	156715
1996	334769	141712	193057
1997	379770	162842	216928
1998	422019	178980	243039
1999	482423	204950	277473
2000	556934	215239	341695
2001	641388	256695	384693
2002	925125	342996	582129
2003	1058413	402403	656010
2004	1313486	552741	760745
2005	1528822	640263	888559
2006	1855813	837965	1017848
2007	2233080	1042768	1190312
2008	2782962	1335227	1447735
2009	3131525	1495516	1636009
2010	3721770	2918074	803695
2011	4399977	3606577	793400
2012	5013886	4091483	922403
2013	5538138	4605363	932775
2014	6094847	5104482	990365

16－2 主要年份社会消费品零售总额(按行业分)

单位:万元

年 份	批发零售贸易业	餐饮业	其他行业
1978	12006	206	895
1980	15252	400	1551
1981	15741	292	1678
1982	18019	396	2563
1983	19243	665	2403
1984	20500	524	3563
1985	35892	706	2012
1986	45998	1098	2234
1987	58779	2135	2503
1988	70667	4089	3154
1989	67112	3380	3375
1990	80590	5655	3835
1991	110120	7409	5867
1992	130750	10003	6688
1993	157735	12701	5979
1994	198353	14006	7971
1995	240087	18228	13286
1996	299821	20511	14437
1997	333162	31294	15314
1998	355584	43023	23412
1999	383355	70456	28612
2000	439747	88254	28933
2001	501708	109462	30218
2002	733097	174429	17599
2003	835291	204484	18638
2004	1029246	262313	21927
2005	1253017	275805	
2006	1562337	293476	
2007	1916784	316296	
2008	2442680	340282	
2009	2772041	359484	
2010	3332805	388965	
2011	3589226	810751	
2012	4263359	750527	
2013	4729070	809068	
2014	5163290	931557	

16—3　分旗区社会消费品零售总额(2014年)

单位:万元

指　标	东胜区	达拉特旗	准格尔旗	鄂托克前旗	鄂托克旗	杭锦旗	乌审旗	伊金霍洛旗
社会消费品零售总额	2952829.7	540502.6	910126.0	190240.7	361236.0	340500.3	352388.6	447023.1
同比上年增速(%)	8.9	8.1	8.3	18.9	12.8	12.8	16.8	10.1
按销售单位所在地分								
城镇的零售额	2914391.8	348078.2	600076.3	126699.2	251577.7	230715.2	282522.8	292125.6
乡村的零售额	38487.9	192424.4	310049.7	63541.5	109658.3	109785.1	69865.8	154897.5
按消费形态分								
商品零售	2795648.0	469570.0	653104.9	134948.0	285989.4	284434.6	265638.8	397068.9
餐饮收入	157181.7	70932.6	257021.1	55292.7	75246.6	56065.7	86749.8	49954.2

16－4 限额以上批发和零售业商品销售分类情况(2014年)

单位:万元

指 标	批发业		零售业	
	销售额	零售额	销售额	零售额
合 计	4953963.1	6487.7	3153079.7	2872420.8
粮油、食品、饮料、烟酒类	386507.5		134418.9	120412.8
服装、鞋帽、针纺织品类			85700.1	85700.1
化妆品类			14615.4	14615.4
金银珠宝类			22082.4	22082.4
日用品类			41507.5	41507.5
五金、电料类	4530.0	4400.2	3105.2	3105.2
体育、娱乐用品类			1085.4	1085.4
书报杂志类			5481.8	5481.8
电子出版物及音像制品类			1364.0	1364.0
家用电器和音像器材类			32529.6	32529.6
中西药品类	2232.6		36129.9	36129.9
文化办公用品类			3132.8	3132.8
家具类			86371.1	86371.1
通讯器材类			25.3	25.3
煤炭及制品类	4546586.8	2087.5	406291.2	197780.7
木材及制品类				
石油及制品类			1352311.0	1352311.0
化工材料及制品类				
金属材料类	7747.7			
建筑及装潢材料类			4849.8	4849.8
机电产品及设备类			12793.7	12793.7
汽车类			846597.5	788455.2
种子饲料类				
其他类	6358.5		62687.1	62687.1

16－5 限额以上批发零售贸易业商品销售情况

（2014 年，按登记注册类型分）

单位：万元

指　　标	法人企业（个）	从业人数（人）	销售合计	批　发	零　售
总　计	210	12717	8948732.9	6006184.6	2942548.3
批发业	29	1917	5608343.7	5550582.6	57761.1
内资企业	29	1917	5608343.7	5550582.6	57761.1
国有企业	2	564	386398.3	386398.3	
股份合作企业					
有限责任公司	17	1031	5123932	5073858.6	50073.4
其他有限责任公司	15	936	665531.2	615457.8	50073.4
股份有限公司	2	58	13730.8	12530.8	1200
私营企业	8	264	84282.6	77794.9	6487.7
私营独资企业					
私营有限责任公司	8	264	84282.6	77794.9	6487.7
零售业	181	10800	3340389.2	455602	2884787.2
内资企业	178	10589	3286939.7	442074.7	2844865
国有企业	3	1106	1249154.3		1249154.3
有限责任公司	72	3176	534695.6	125281.3	409414.3
其他有限责任公司	72	3176	534695.6	125281.3	409414.3
股份有限公司	3	270	112145.1		112145.1
私营企业	100	6037	1390944.7	316793.4	1074151.3
私营独资	3	62	2452.3		2452.3
私营合伙					
私营有限责任公司	95	5812	1377929.7	316793.4	1061136.3
私营股份有限公司	2	163	10562.7		10562.7
其他企业					

16－6 限额以上批发、零售业企业商品销售情况

（2014年，按行业分）

单位：万元

指标	法人企业（个）	从业人员（人）	销售合计	批发	零售
总 计	210	12717	8948732.9	6006184.6	2942548.3
批发业	29	1917	5608343.7	5550582.6	57761.1
农畜产品批发	1	5	1200		1200
食品、饮料及烟草制品批发	3	728	391847	391847	
医药及医疗器材批发	1	21	2232.7	2232.7	
中药材及中成药批发					
矿产品、建材及化工产品批发	22	1050	5202175.5	5150014	52160.9
煤炭及制品批发	20	999	5171987.5	5119826.6	52160.9
建材批发	1	21	7747.7	7747.7	
机械设备、五金交电及电子产品批发	1	66	4530	129.8	4400.2
五金、交电批发	1	66	4530	129.8	4400.2
其他批发	1	47	6358.5	6358.5	
零售业	181	10800	3340389.2	455602	2884787.2
综合零售业	29	2521	226124.9	15815.5	210309.4
百货零售业	24	2206	205243.7	15815.5	189428.2
超级市场零售业	4	290	20188.7		20188.7
食品、饮料及烟草制品专门零售业	4	459	42265.2	24634.9	17630.3
纺织、服装及日用品专门零售业					
文化、体育用品及器材专门零售业	5	72	5595.4		5595.4
#图书零售业	3	36	4733.5		4733.5
医药及医疗器材专门零售业	6	339	36784.8		36784.8
#药品零售业	6	339	36785.8		36785.8
汽车、摩托车、燃料及零配件专门	94	5137	2373500.9	152851	2220649.9
#汽车零售业	75	3133	621439.7	7363.1	614076.6
机动车燃料零售业	17	1984	1521861.4	88337.8	1433523.6
家用电器及电子产品专门零售业	15	345	34742.3	101.8	34640.5
#家用电器零售业	8	247	28577	101.8	28475.2
计算机、软件及辅助设备零售业	6	68	4193.9		4193.9
通讯设备零售业	1	30	1971.4		1971.4
五金、家具及室内装修材料专门零	12	472	121902.9	15911.1	105991.8
无店铺及其他零售	16	1455	499472.8	246287.7	253185.1

16－7 限额以上批发、零售业企业资产及负债情况

（2014年，按登记注册类型分）

单位：万元

指　标	资产合计	#流动资产	负债合计	实收资本
总　计	4665211.4	3722430.9	3711332.1	636985.3
批发业	2304050.8	2057122.4	1957659.3	109170.5
内　资	2304050.8	2057122.4	1957659.3	109170.5
国　有	137236.7	127351.0	15658.1	2205.3
有限责任公司	1718605.8	1633480.7	1510955.2	92783.8
股份有限公司	1188.4	200.0	387.6	1160.0
私营企业	447019.9	296090.7	430658.4	13021.4
#私营独资				
私营有限责任公司	447019.9	296090.7	430658.4	13021.4
零售业	2361160.6	1665308.5	1753672.8	527814.8
内　资	2298030.1	1634837.5	1721242.6	510298.8
国　有	175189.8	79444.4	168855.9	28276.6
有限责任公司	519472.3	315032.3	359900.2	113266.4
股份有限公司	6633.0	1715.5	4000.3	961.1
私营企业	1596734.0	1238644.3	1188485.2	367793.7
#私营独资	4887.1	4620.7	1520.1	3003.5
私营合伙				
私营有限责任公司	1585597.8	1231747.3	1184895.8	362677.9
私营股份有限公司	6249.1	2276.3	2069.3	2112.3
其他企业				

16－8 限额以上批发、零售业企业资产及负债情况

（2014 年，按行业分）

单位：万元

指标	资产合计	#流动资产	负债合计	实收资本
总计	**4665211.4**	**3722430.9**	**3711332.1**	**636985.3**
批发业	**2304050.8**	**2057122.4**	**1957659.3**	**109170.5**
食品、饮料及烟草制品批发	144416.7	128507.0	17478.1	4205.3
医药及医疗器材批发	713.4	507.3	145.4	300.0
矿产品、建材及化工产品批发	2112687.5	1886299.5	1898625.9	99645.2
煤炭及制品批发	2091375.4	1869952.1	1890771.8	88645.2
建材批发	6129.1	5293.1	4399.6	1000.0
机械设备、五金交电及电子产品批发	5399.3	3176.4	4123.1	860.0
五金、交电批发	5399.3	3176.4	4123.1	860.0
其他机械设备及电子产品批发				
其他批发	40633.9	38432.2	37246.8	4000.0
零售业	**2361160.6**	**1665308.5**	**1753672.8**	**527814.8**
综合零售业	191025.9	123247.8	164238.6	33429.2
百货零售业	176292.4	113128.2	146177.6	26629.2
超级市场零售业	10170.7	5620.7	17920.4	1800.0
食品、饮料及烟草制品专门零售业	106064.5	71388.8	79836.5	7199.7
纺织、服装及日用品专门零售业				
文化、体育用品及器材专门零售业	12334.4	10740.2	9424.6	2800.4
图书零售业	2985.4	2153.5	2088.3	741.5
医药及医疗器材专门零售业	18212.6	13469.4	12981.1	5071.8
药品零售业	18212.6	13469.4	12981.1	5071.8
医疗用品及器材零售				
汽车、摩托车、燃料及零配件专门	916617.3	604440.4	702137.3	352841.5
汽车零售	274531.6	401550.0	280522.5	83946.2
汽车零配件零售	160530.4	159486.4	162095.6	178107.1
机动车燃料零售	354536.9	170422.4	259519.2	90788.2
家用电器及电子产品专门零售业	91616.4	75317.4	73834.4	18099.2
家用电器零售业	79872.0	65810.9	65765.8	14656.0
计算机、软件及辅助设备零售业	10782.9	8562.9	7183.5	3383.2
通讯设备零售业	961.5	943.6	885.1	60
五金、家具及室内装修材料专门零	75728.2	42858.9	51266.4	19761.8
无店铺及其他零售	949561.3	723845.6	659953.9	88611.2

16－9 限额以上批发、零售贸易企业主要财务指标情况

（2014 年，按登记注册类型分）

单位：万元

指 标	主营业务收入	主营业务成本	利润总额	本年应交增值税	全部从业人员年平均人数（人）
总 计	8575414.8	7874420.6	312899.5	313309.0	12717
批发业	5440413.3	5157017.2	151161.6	102627.0	1917
内 资	5440413.3	5157017.2	151161.6	102627.0	1917
国 有	330763.2	242549.4	54928.2	9970.0	564
有限责任公司	5014109.3	4839920.0	97067.4	89938.0	1031
股份有限公司	12530.9	11172.5		2130.0	58
私营企业	83009.9	63375.3	-834.0	588.0	264
# 私营独资企业					
私营有限责任公司	83009.9	63375.3	-834.0	588.0	264
零售业	3135001.5	2717403.4	161737.9	210682.0	10800
内 资	3084098.6	2674805.1	159520.2	209803.0	10589
国 有	1063915.0	1013274.9	-10666.9	130636.0	1106
有限责任公司	528977.3	459072.7	25325.0	34412.0	3176
股份有限公司	112145.1	83782.2	69468.7	12.0	270
私营企业	1379061.2	1118675.3	75393.4	44742.0	6037
# 私营独资	2273.3	2058.0	53.6	9.0	62
私营合伙					
私营有限责任公司	1366225.2	1108749.5	73264.1	44734.0	5812
私营股份有限公司	10562.7	7867.8	2075.7		163
其他企业					

16－10　限额以上批发、零售业主要财务指标情况

（2014年，按行业分）

单位：万元

指　　标	主营业务收入	主营业务成本	利润总额	本年应交增值税	全部从业人员年平均人数（人）
总　计	8575414.8	7874420.6	312899.5	313309.0	12717
批发业	5440413.3	5157017.2	151161.6	102627.0	1917
农畜产品批发					
食品、饮料及烟草制品批发	336211.9	247969.4	54876.5	9970.0	728
医药及医疗器材批发	2232.7	2001.4	111.0	21.0	21
中药材及中成药批发					
矿产品、建材及化工产品批发	5090530.2	4900329.8	96129.2	96129.2	1050
煤炭及制品批发	5060342.2	4871520.3	95559.5	92327.0	999
建材批发	7747.7	7352.7	168.5	47.0	21
其他化工产品批发	22440.3	22440.3	21456.8	203.0	30
机械设备、五金交电及电子产品批发	5080.0	2540.0	32.1	60.0	66
五金、交电批发	5080.0	2540.0	32.1	60.0	66
其他机械设备及电子产品批发					
其他批发	6358.5	4176.6	12.8		47
零售业	3135001.5	2717403.4	161737.9	210682.0	10800
综合零售业	204747.5	161020.0	7112.0	4881.0	2521
百货零售业	186334.6	146295.9	7750.9	1003.6	2206
超级市场零售业	18013.3	14379.6	–581.6	70.0	290
食品、饮料及烟草制品专门零售业	43392.0	40412.2	–685.1	224.4	459
纺织、服装及日用品专门零售业					
文化、体育用品及器材专门零售业	5650.4	7704.2	–3830.1	453.0	72
#图书零售业	4701.0	3412.0	753.1	6.0	36
医药及医疗器材专门零售业	25675.2	22762.3	–1152.2	537.0	339
#药品零售业	25675.2	22762.3	–1152.2	537.0	339
汽车、摩托车、燃料及零配件专门	2252113.8	2095444.6	71470.2	184249.0	5137
#汽车零售业	598317.9	551730.6	860.0	53045.0	3133
机动车燃料零售业	1336288.8	1235913.5	73084.8	131204.0	1984
家用电器及电子产品专门零售业	35862.1	31032.7	–120.4	568.0	345
#家用电器零售业	29779.9	25573.1	–136.7	472.0	247
计算机、软件及辅助设备零售业	4110.8	3666.1	16.3	87.0	68
通讯设备零售业	1971.4	1793.5		10	30
五金、家具及室内装修材料专门零	123067.7	104772.6	4131.0	746.0	472
无店铺及其他零售	444492.8	254254.8	84812.5	19080.0	1455

16－11 限额以上住宿业销售情况(2014年)

单位:万元

指　标	营业额	客房收入	餐费收入	商品销售收入	其他收入
总　计	34764.1	10606.7	23420.2	262.9	474.3
旅游饭店	29932.4	8381.6	21153.4	230.3	167.1
一般旅馆	485.6	308.9	176.7		
其他住宿服务	4346.1	1916.2	2090.1	32.6	307.2

16－12 限额以上餐饮业销售情况(2014年)

单位:万元

指　标	营业额	商品销售收入
总　计	95296.2	4753.6
正　餐	89938.0	608.4
快　餐	5358.2	4145.2
其　他		

16—13 限额以上住宿、餐饮

（2014年，按登记

指 标	资产合计	#流动资产	负债合计	实收资本
总 计	482837.8	185738.9	382395.8	78930.5
住宿业	91782.0	34472.4	68335.7	22584.8
按登记注册类型分组：				
内 资	91782.0	34472.4	68335.7	22584.8
国 有	688.2	633.2	630.7	10.0
有限责任公司	16646.1	2702.9	5023.3	4049.1
其他有限责任公司	16646.1	2702.9	5023.3	4049.1
股份有限公司	2100.0	1095.8	1380.5	
私营企业	71762.7	29787.9	61269.0	17972.9
私营独资	120.0	2.0	10.0	110.0
私营有限责任公司	69025.9	29523.5	58777.3	16602.9
其 他	585.0	252.6	32.2	552.8
按行业小类分组				
旅游饭店	59689.2	17348.5	37340.6	19512.0
一般旅馆	177.0	485.0	168.5	310.0
其他住宿服务	16946.9	31607.8	30826.6	2762.8
餐饮业	391055.8	151266.5	314060.1	56345.7
按登记注册类型分组：				
内 资	380241.4	145059.6	305645.1	54345.7
国 有	17806.0	1897.2	3820.5	10.0
股份合作企业				
联营企业				
有限责任公司	122364.7	49903.2	107370.3	18336.6
股份有限公司	144.0	144.0	143.9	0.1
私营企业	238660.8	92913.7	193284.7	35795.0
#私营独资	5787.0	2702.0	4401.5	1159.0
私营合伙	428.8	31.2		
私营有限责任公司	232445.0	90180.5	188883.2	34626.0
私营股份有限任公司				
其 他	1265.9	201.5	1025.7	204.0
外商投资企业	10814.4	6206.9	8415.0	8415.0
按行业小类分组				
正 餐	379689.8	144566.8	302374.8	54145.7
快 餐	11366.0	6699.7	11685.3	2200.0

企业主要财务指标情况

注册和行业分）

单位：万元

主营业务收入	主营业务成本	利润总额	应交所得税	全部从业人员年平均人数(人)
126236.4	51652.9	−3230.2	2123.2	8298
34486.4	9188.3	−55.9	120.6	1454
34486.4	9188.3	−55.9	120.6	1454
429.4	214.1	7.9		40
5517.4	2876.0	200.0	2.9	268
5517.4	2876.0	200.0	2.9	268
658.3	376.2	139.7		45
27428.6	5495.5	−406.9	114.7	1061
16623.7	295.0	63.3		77
10517.9	5099.4	−340.9	114.7	940
452.7	226.5	3.4	3.0	40
29534.5	7183.4	−457.6	3.2	1105
495.7	255.0	25.2		39
4456.2	1749.9	376.5	117.4	310
91750.0	42464.6	−3174.3	2002.6	6844
86965.0	40341.3	−2622.9	2002.6	6716
2021.3	495.1	−676.5		212
23522.9	11695.6	2946.2	1526.0	2343
285.9	122.5	−49.8		42
60223.8	27474.5	−4881.5	476.6	3949
1770.1	990.0	435.0	195.0	135
240.8	109.2	4.7		34
58212.9	26375.3	−5321.2	281.6	3780
911.1	553.6	38.7		170
4785.0	2123.3	−551.4		128
86378.7	40131.1	−2105.8	2002.6	6618
5371.3	2333.5	−1068.5		226

16－14　亿元以上商品交易市场成交情况(2014年)

单位:个、万元

指　　标	摊位数量	总成交额
合　计	795	110452
粮油、食品类	127	22037
#粮油类	15	3737
饮料类	20	1450
烟酒类	20	7300
服装鞋帽、针、纺织品类	33	600
化妆品类	10	500
金银珠宝类		
日用品类	15	1800
五金、电料类		
体育、娱乐用品类	4	500
书报杂志类		
电子出版物及音像制品类		
家用电器和音像器材类	6	405
中西药品类		
文化办公用品类		
家具类		
建筑及装潢材料类	14	860
其他类	546	75000

主要统计指标解释

社会消费品零售总额　指各种经济类型的批发零售贸易业、餐饮业、制造业和其他行业的零售额和农民对非农业居民零售额的总和。

商品购进总额　指各种经济类型的批发零售贸易企业从本企业以外的单位和个人购进或进口作为转卖或加工后转卖的商品。

商品销售总额　指各种经济类型的批发零售贸易企业对本企业以外的单位和个人出售或出口的商品。

期末库存　指报告期末各种经济类型的批发零售贸易企业已取得商品所有权的全部商品。

商品销售收入(营业收入)　指批发零售贸易企业商业销售收入接受其他单位委托代销商品的收入和餐饮企业的营业收入(包括餐费收入、冷热饮收入、服务收入和其他收入)。

商品销售成本（营业成本）　指批发零售贸易企业已销商品应负担的进货原价和餐饮企业的原材料成本、商品进价成本。

十七、对外经济贸易和旅游

资料整理员：乌日娜

■ 成吉思汗陵

17—1 对外经济贸易和旅游情况

指　　标	2013	2014	2014 年比 2013 年增长 (%)
对外经济贸易			
进出口总额(万美元)	113600	72179.7	-36.5
出口额	34577.5	47455.3	37.2
进口额	79100	24724.7	-68.8
外商投资基本情况			
利用外商直接投资合同数量(个)	15	6	-60.0
实际利用外资金额(万美元)	160000	168500	5.3
旅　游			
国内旅游人数(万人)	647.6	748.1	15.5
旅游总收入(亿元)	152.4	197.1	29.3
旅游外汇收入(万美元)	2139.0	2507.0	17.2

17－2 主要年份进出口贸易总额

单位:万美元

年 份	进出口总额	出口总额	进口总额
1989	3051	3051	
1990	1093	1093	
1991	3010	3010	
1992	3159	3155	4
1993	1939	1915	24
1994	4310	3643	667
1995	8163	6723	1440
1996	6466	6111	355
1997	6042	5401	641
1998	7919	6634	1285
1999	11805	10952	853
2000	18354	17202	1152
2001	24765	23374	1391
2002	34437	32898	1539
2003	51256	49179	2077
2004	60040	58685	1355
2005	58332	55087	3245
2006	48693	37037	11656
2007	60618	52401	7767
2008	86352	69578	16774
2009	44768	22298	22470
2010	43068	31668	11400
2011	61500	31026	30474
2012	42260	22903	19357
2013	113600	34578	79100
2014	72180	47455	24725

17－3 对外贸易出口总值

单位：万美元

国 别 名 称	2013	2014	2014 年比 2013 年增长(%)
出口总值	34577.5	47455.3	37.2
按国别(地区)分:			
亚 洲	14085.9	21939.1	55.8
# 香 港	232.5	790.5	240.1
越 南	18.6	106.3	470.3
日 本	7112.5	639.7	-10.1
菲律宾	1.0	31.1	3178.7
台 湾	45.6	79.2	73.6
印 度	696.8	714.9	2.6
印度尼西亚	-		
巴基斯坦	66.2	65.9	-0.5
韩 国	586.7	2057.4	250.7
蒙 古	573.9	557.9	-2.8
泰 国	482.4	549.2	13.9
非 洲	326.7	394.1	20.6
# 南 非	268.9	133.2	-50.5
马达加斯加			
欧 洲	9885.0	8735.6	-11.6
# 德 国	248.0	395.8	59.6
法 国	1720.2	1846.8	7.4
意大利	4399.8	2674.0	-39.2
英 国	691.1	816.3	18.1
俄罗斯	1472.0	1290.9	-12.3
北美洲	5825.4	10285.1	76.6
# 美 国	5764.6	9791.3	69.9
加拿大	60.8	493.8	711.7
大洋洲	1245.3	1204.9	-3.3
# 澳大利亚	1231.4	1129.7	-8.3
新西兰	-	75.2	
拉丁美洲	3214.8	4896.4	52.3
# 墨西哥	-	49.0	
巴 西	347.1	1847.5	432.3
智 利	1531.6	1048.8	-31.5

17－4 对外贸易出口商品总值

单位：万美元

指　标	2013	2014	2014 年比 2013 年增长(%)
山羊绒	4399.1	2371.0	–46.1
硅铁	13415.6	16607.3	23.80
服装及衣着附件	5304.6	5598.2	5.5
纺织纱线、织物及制品	185.4	285.8	54.20
黏土及其他耐火矿物	337.0	241.0	–28.50
机电产品	8866.1	13791.3	55.60

17－5 对外贸易进出口商品总值

单位：万美元

指　标	2013	2014	2014 年比 2013 年增长(%)
煤	330.3		
锰矿砂及其精矿	7719.8	3771.8	–51.1
机械设备	62252.2	16227.1	–73.9
高新技术产品	64561.4	13012.7	–79.8
计算机集成制造技术	81.8	62.3	–23.8
纺织机械及零件	76.5	421.1	450.1

17－6 旅游事业发展情况

指　　标	单位	2012	2013	2014
旅行社总数	个	121	116	93
国际旅行社	个	20	17	14
国内旅行社	个	101	99	79
旅行社从业人员	人	597	348	310
国际旅行社	人	96	85	56
国内旅行社	人	501	263	254
星级饭店总数	个	31	31	33
高 A 级旅游景区和全国工农业旅游示范点	个	43	44	47
# 国家 5A 级旅游景区	个	2	2	2
国家 4A 级旅游景区	个	11	17	21
全国工农业旅游示范点	个	4	4	4
旅游人数	万人	592.91	650.70	751.20
# 入境旅游人数	万人	3.43	3.10	3.10
旅游总收入	亿元	125.39	152.40	197.10
# 国际旅游收入	万美元	1912	2139	2507

主要统计指标解释

进出口总额 海关进出口总额指实际进出我国国境的货物总金额。包括对外贸易实际出口货物,来料加工装配进出口货物,国家间、联合国及国际组织无偿援助物资和赠送品,华侨、港澳台同胞和外籍华人捐赠品,租赁期满归承租人所有的租赁货物,进料加工进出口物,边境地方贸易及边境地区小额贸易进出口货物(边民互市贸易除外),中外合资经营企业,中外合作经营企业、外商独资企业进出口货物和公用物品,到日离岸价格在规定限额以上的进出口货样和广告品(无商业价值、无使用价值和免费提供出口的除外),从保税仓库提取在中国境内销售的进口货物,以及其他进出口货物。进出口总额用以观察一个国家在对外贸易方面的总规模。我国规定出口货物按离岸价格统计进口货物按到岸价格统计。

利用外资 指我国各级政府、部门、企业和其他经济组织通过对外借款、吸收外商直接投资以及用其他方式筹措的境外现汇、设备、技术等。

对外借款 是我国利用外资的重要部分。指通过对外正式签订借款协议,从境外筹措的资金,包括外国政府贷款、国际金融组织贷款、外国银行商业贷款、出口信贷以及对外发行债券等。1996 年及以前还包括对外发行股票。

外商直接投资 指外国企业和经济组织或个人(包括华侨、港澳台胞以及我国在境外注册的企业)按我国有关政策、法规,用现汇、实物技术等在我国境内开办外商独资企业,与我国境内的企业或经济组织共同举办中外合资经营企业,合作经营企业或合作开发资源的投资(包括外商投资收益的再投资),以及经政府有关部门批准的项目投资总额内企业从境外借入的资金。

外商其他投资 指除对外借款和外商直接投资以外的各种利用外资的形式。包括企业在境内外股票市场公开发行的以外币计价的股票(目前主要是香港证券市场发行的 H 股和在境内证券市场发行的 B 股)发行价总额,国际租赁进口设备的应付款。补偿贸易中外商提供的进口设备,技术、物料的价款、加工装配贸易中外商提供的进口设备、物料的价款。

旅游人数 包括入境国际旅游者人数、出境居民人数和国内旅游者人数。

入境国际旅游者人数 指来中国参观、访问、旅行、探亲、访友、休养、考察、参加会议和从事经济、科技、文化、教育、宗教等活动的外国人、华侨、港澳同胞和台湾同胞的人数。不包括外国在我国的常驻机构,如使领馆、通讯社、企业办事处的工作人员;来我国常住的外国专家、留学生以及在岸逗留不过夜人员。

国内旅游者人数 指我国大陆居民和在我国常住 1 年以上的外国人、华侨、港澳台同胞离开常住于地在境内其他地方的旅游设施内至少停留一夜,最长不超过 6 个月的人数。

国际旅游(外汇)收入 指入境旅游的外国人、华侨、港澳同胞和台湾同胞在中国大陆旅游过程中发生的一切旅游支出,对于国家来说就是国际旅游(外汇)收入。

国际旅行社 指经营对外招徕并接待外国人、华侨、港澳同胞和台湾同胞来中国、归国或回内地旅游业务的旅行社。

国内旅行社 指负责经营招徕、组团、接待国内旅客的旅游业务,以及不对外招徕,负责经营接待国际旅行社或其他涉外部门组织的外国人、华侨、港澳同胞和台湾同胞来中国、归国或回内地的旅游业务的旅行社。

星级饭店 指已评定星级的饭店。

十八、金融和保险

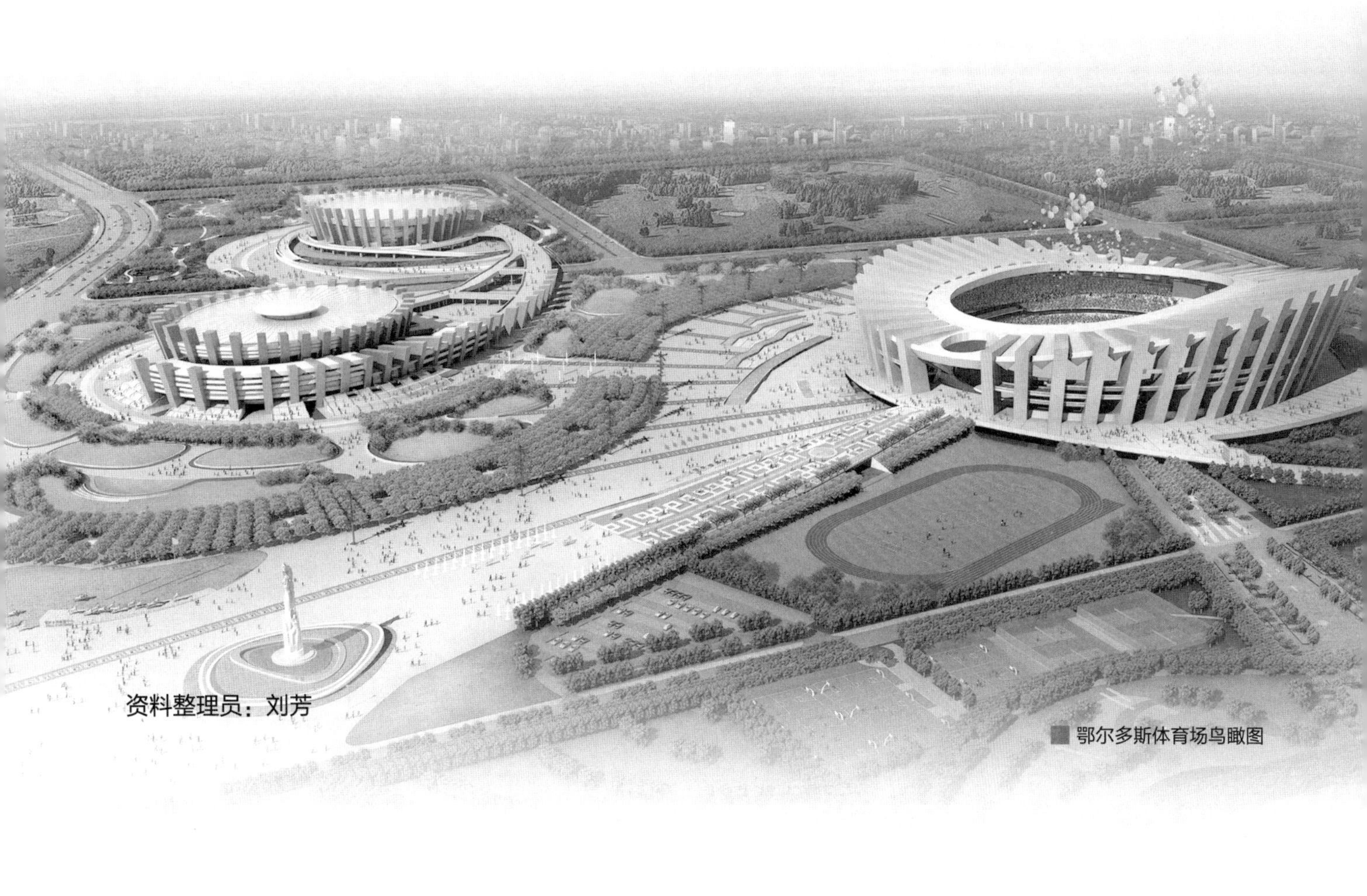

资料整理员：刘芳

鄂尔多斯体育场鸟瞰图

18－1 银行系统机构、人员数(2014年)

单　　位	机构数(个)	年末人数(人)
总　　计	660	10382
中国人民银行	8	328
中国农业发展银行	7	154
中国工商银行	48	1100
中国农业银行	57	1051
中国银行	23	523
中国建设银行	32	789
#准旗建行	9	278
交通银行	3	99
#准旗建行	1	28
中信银行	6	133
华夏银行	1	68
招商银行	1	43
浦发银行	2	63
兴业银行	1	113
民生银行	1	70
光大银行	1	48
鄂尔多斯银行	81	1170
包商银行	9	244
乌海银行	1	51
农村商业银行	113	1463
农村信用社	167	1678
村镇银行	28	553
邮储银行	60	335

注:2012年7月份伊旗联社改制为伊旗农商行。

18—2 金融机构信贷资金平衡表(2014年,本外币)

单位:万元

负债项目	2014	资产项目	2014
资金来源合计	29840313	资金运用合计	29840313
各项存款	25002282	各项贷款	25887421
单位存款	11448958	境内贷款	25887421
个人存款	13292401	短期贷款	10699821
# 储蓄存款	12706459	# 个人贷款及透支	2248680
财政性存款	201253	单位普通贷款及透支	8292071
临时性存款	11611	银团贷款	8610
委托类存款	35913	贸易融资	150461
其它存款	12145	中长期贷款	14661364
金融债券		# 个人贷款	2613979
中长期借款	27000	单位普通贷款	11278178
应付及暂收款	509018	普通并购贷款	217293
其中:应付利息	184765	银团贷款	453153
同业往来(来源方)	1836	境外贷款	
系统内资金往来(来源方)	4576023	有价证券	627768
外汇买卖(来源方)	711754	股权及其他投资	1445896
其中:结售汇	711627	应收及预付款	403922
各项准备	1048721	# 应收利息	103710
其中:贷款损失准备金	1025255	同业往来(运用方)	7470
所有者权益	1951548	系统内资金往来(运用方)	
其中:实收资本	550915	外汇买卖(运用方)	711051
其 他	-3987869	其中:结售汇	710924
		固定资产	603197
		库存现金	153552

18－3 主要年份金融机构各项存贷款余额

单位:万元

年 份	存款合计	单位存款	财政性存款	城乡居民储蓄存款	贷款合计
1985	21019	6806	3059	12080	41926
1986	29309	10626	2912	16137	53149
1987	41487	14710	632	21661	67938
1988	43221	15591	-275	26189	93998
1989	53638	14386	2948	34381	109630
1990	74930	19625	2772	48604	143161
1991	88649	22578	2910	61943	171116
1992	104118	28614	1542	77808	211409
1993	129394	27771	4100	106795	310386
1994	235550	48678	6710	161611	369942
1995	292183	76751	7236	206482	722482
1996	355320	87572	5049	254704	917974
1997	458997	119371	15656	321407	1087352
1998	559156	153912	18183	384535	760242
1999	672455	184425	17476	462956	1370963
2000	775576	204541	7857	536251	939224
2001	912011	193655	25156	641132	1124423
2002	1101722	265105	24189	737339	1372344
2003	1410017	349144	22071	916967	1699646
2004	1883683	475954	58092	1192606	2068540
2005	3059224	934526	175188	1620865	2755548
2006	3918887	1221523	217146	1992452	3884105
2007	4821628	1455271	307102	2270020	5035518
2008	7866729	2326805	359342	3244386	6402016
2009	13491676	5248712	534423	4647989	12056728
2010	17608770	6471195	667028	5863378	15621280
2011	20215390	11888820	448955	7807046	19613277
2012	21949177	11215550	244214	10316736	22181093
2013	23256906	10794922	135013	11815797	23685646
2014	25002282	11448958	201253	12706459	25887421

注:1.本表自2006年开始部分数据按本外币计算。

2.2011年企业存款更名单位存款,指企业、事业、机关、部队和社会团体的存款。

18－4 房地产贷款基本情况

单位：万元

指 标	2014	2014年比2013年增长(%)
合 计	2440439	
房地产开发贷款	300749	-21.9
地产开发贷款		
其中：政府土地储备机构贷款		
房产开发贷款	300749	-21.9
住房开发贷款	175215	-21.4
其中：保障性住房开发贷款	132882	28.1
商业用房开发贷款	62735	-22.8
其他房产开发贷款	62800	-22.3
购房贷款	2139690	-15.8
#企业购房贷款	59994	-12.5
商业用房贷款	59994	-12.5
住房贷款		
个人购房贷款	2079696	-15.9
个人商业用房贷款	384588	-24.2
个人住房贷款	1695109	-13.7
新建房贷款	1653137	-14.0
其中：抵押贷款	1632261	-13.7
再交易房贷款	41971	-1.9

18－5 保险收入和赔付

指　　标	2014	2014年比2013年增长(%)
机构总计(家)	218	4.8
#地区级	218	4.8
保险保费收入(万元)	339612	4.9
财产险	169695	-2.6
人身险	169917	13.7
人寿保险	138203	11.2
健康保险	24573	30.5
意外伤害保险	7138	12.7
赔付支出(万元)	109580	-4.5
财产险	74104	-13.6
人身险	35476	22.5
人寿保险	20716	5.4
健康保险	13003	68.1
意外伤害保险	1757	12.2

主要统计指标解释

信贷资金　指金融机构以信用方式积聚和分配的货币资金。金融机构信贷资金的来源有关各项存款、金融债券、对国际金融机构负责、流通中现金、其他项目等；信贷资金的运用有各项贷款、有价证券及投资、金银占款、外汇占款、财政借款及在国际金融机构中的资产等。

贷款　指企业、机关、团体或居民根据资金必须收回的原则，把货币存入银行或其他信贷机构保管并取得一定利息的一种信用活动形式。根据存款对象性质的不同可划分为单位存款、个人存款、财政性存款、委托存款、其他存款等科目。它是银行信贷资金的主要来源。

贷款　指银行或其他信贷机构根据资金必须归还的原则，按一定利率，为企业、个人等提供资金的一种信用活动形式。我国银行贷款分为短期贷款、中长期贷款、融资租赁、票据融资、各项垫款、境外贷款。

保险金额　指保险人承担赔偿或者给付保险金责任的最高限额。

保费　指投保人为取得保险人在约定范围内所承担赔偿责任而支付给保险人的费用。

赔款　指保险人根据保险合同的规定，向被保险人支付的赔偿保险责任损失的金额。

给付　包括死伤医疗给付和满期给付。死伤医疗给付是指保险人根据人寿保险及长期健康保险合同的规定，因被保险人在保险期内发生保险责任范围内的保险事故支付给被保险人（或受益人）的金额。满期给付是指被保险人生存期满，保险人按人寿保险合同规定支付给被保险人的满期保险金额。

十九、教育、科技和文化

资料整理员：白紫馨 贾永平

鄂尔多斯婚庆文化园

19－1 教育事业基本情况(2014年)

单位:所、人

项　　目	学校数	毕业生数	招生数	在校学生数	教职工数	
					合　计	#专任教师
中等专业学校(普通)	3	2815	2993	8059	410	291
中等技术学校	3	1824	2178	5618	410	291
中等师范学校		991	815	2441		
普通高等教育	3			5024	890	616
成人中等专业学校	3				141	125
普通中学	66	28428	28206	83748	10209	7558
高　中	22	11180	10509	32131	4729	2801
初　中	44	17248	17697	51617	5480	4757
职业中学	8	3305	3324	10359	1284	985
小　学	122	18009	23130	116065	9459	7588
学前教育	286	24466	29584	81570	8599	5989
特殊教育	3	9	49	249	113	101

19－2 主要年份各类学校概况

单位：所、人

年份	学校总数			在校学生数			教职工数		
	中专	中学	小学	中专	中学	小学	中专	中学	小学
1952		1	304		226	20458		44	708
1957		4	283		1456	33251		187	1282
1965	2	11	801	187	4585	70940	70	462	2880
1970	1	19	719		15610	91339	38	2194	2733
1975	1	66	2290	600	40388	160496	58	2486	8393
1978	3	445	1614	1338	72491	157239	208	3959	7810
1980	4	247	1491	2154	60459	139701	341	4244	8455
1981	5	166	1381	2077	53097	134154	425	3950	8058
1982	5	175	1320	2008	46895	127834	483	3944	8131
1983	5	138	1277	2123	44022	128863	532	3654	8232
1984	6	122	1221	2275	45385	142131	584	3394	8086
1985	6	109	1256	2388	48106	148242	598	3643	8403
1986	6	101	1267	2320	48324	154655	854	4070	9977
1987	6	101	1239	2336	53075	153553	684	4455	10002
1988	6	103	1192	2982	53537	148824	808	4633	10018
1989	6	105	1146	3578	55054	145375	870	4810	10034
1990	6	104	1023	3319	57557	143224	886	4987	10050
1991	6	110	995	3336	61194	142076	883	5164	10066
1992	6	103	929	3274	61815	145193	877	5245	10071
1993	6	101	915	3659	55285	145014	867	5335	9928
1994	6	99	898	2726	57894	143048	854	5357	10036
1995	6	90	854	2859	60212	141073	878	5307	9767
1996	6	84	751	2983	60793	139376	884	5353	9749
1997	6	74	601	3361	59240	134471	873	5284	9501
1998	6	69	472	4020	63545	126309	718	4726	7780
1999	6	64	435	4781	64104	120247	746	4992	7891
2000	4	67	407	5227	66832	114255	636	5347	7861
2001	4	89	354	5376	71282	107983	772	5661	7811
2002	4	68	297	4805	75027	101496	734	5398	7566
2003	4	73	266	5199	83033	97290	761	6020	7767
2004	4	76	230	6944	89664	94189	743	6619	7747
2005	6	85	204	7991	97769	96361	779	7668	8260
2006	7	77	167	9387	100435	98125	772	8302	8220
2007	7	75	147	9724	104387	97711	773	8743	8381
2008	8	82	139	9585	101034	107381	726	9257	8452
2009	6	75	130	10827	98420	106324	720	9323	8770
2010	4	69	117	14588	96350	103193	723	9533	8992
2011	4	72	117	10734	98260	106216	775	10674	8702
2012	5	72	122	8822	97736	107485	870	11044	9220
2013	4	74	121	8620	95877	111939	680	11306	9407
2014	6	66	122	8059	83748	116065	551	10209	9459

19－3 少数民族学校基本情况(2014年)

单位:所、人

项　　目	学校数	毕业生数	招生数	在校学生数	教职工数	
					合　计	#专任教师
普通中学	10	2151	2112	6302	1203	866
初　中	3	1541	1431	4264	642	558
高　中	7	610	681	2038	561	308
职业中学	3	559	551	1745	351	239
小　学	12	1500	1944	9465	1218	908
学前教育	28	3837	4377	11653	1183	833

19－4 各类学校在校学生数

单位:人、%

项　　目	2013	2014	2014年比2013年增长
普通中等专业学校	8620	8059	-6.5
普通中学	85301	83748	-1.8
高　中	33259	32131	-3.4
初　中	52042	51617	-0.8
小　学	111939	116065	3.6
学前教育	78231	81570	4.3
职业中学	10576	10359	-2.0
特殊教育学校	238	249	4.6

19－5 分旗区各类学校概况(2014 年)

项　目	市直属	东胜区	康巴什	达拉特旗	准格尔旗	鄂托克前旗	鄂托克旗	杭锦旗	乌审旗	伊金霍洛旗
各类学校数(个)	9	111	20	114	76	17	34	23	37	50
普通中等专业学校	2	1								
普通中学	4	13	3	9	12	3	5	5	5	7
高　中	4	2	1	2	3	2	2	2	2	2
初　中		11	2	7	9	1	3	3	3	5
职业中学	1	1		1	1	1	1		1	1
小　学	1	28	6	23	23	5	8	4	7	17
学前教育		68	11	80	39	8	19	13	23	25
各类学校在校学生数(人)	18416	69307	11058	52495	57084	11680	20654	14572	18227	26557
普通中等专业学校	6928	1131								
普通中学	10333	16348	3390	14588	15997	3188	5125	4647	4097	6035
高　中	10063	2971	898	5427	5344	961	1509	1529	1374	2055
初　中	270	13377	2492	9161	10653	2227	3616	3118	2723	3980
职业中学	543	774			2798	1173	232	109	340	549
小　学	422	30877	4246	19536	23169	4690	9218	5773	7749	10385
学前教育		20177	3422	14490	15120	2629	6079	4043	6022	9588

19－6　国有各类独立科研机构、人员、经费(2014年)

项　　目	合　　计	县以上部门属科技机构合计	自然科学与技术领域	科学信息与文献机构	旗区属科技机构
机构数(个)	9	8	7	1	1
从业人员数(人)	500	452	441	11	48
从事科技活动人员(人)	410	372	363	9	38
# 高级专业人员	109	109	107	2	
中级专业人员	65	65	62	3	
初级专业人员	128	128	128		
经费支出总额(万元)	11607	11064	10730	334	543
人员费(万元)	6917	6462	6301	161	455
固定资产(万元)	4980	4893	4837	56	87
课题数(个)	29	29	29		
课题经费支出(万元)	1277	1277	1277		
专利受权(件)					
科技论文(篇)	35	35	31	4	

19－7 全市政府科技拨款情况（2014年）

单位：万元

项 目	总 额（决算数）	# 科技厅（委、局）管理
地方财政科技拨款合计	24306	4359
科技技术拨款	24306	4359
# 科学技术管理事务	2339	439
基础研究	195	152
应用研究	309	164
技术研究与开发	3294	435
科技条件与服务	588	544
社会科学	638	385
科学技术普及	1496	508
科技交流与合作	340	80
科技重大专项	2855	425
其他科学技术支出	12252	1227

19－8 科技成果情况（2014年）

单位：个

项 目	合 计	独立科研机构	大专院校	企 业	科研机构专制企业	其 他
登记成果数	49	1		36		12
鉴定项目	30	1		17		12
验收项目数						
评审项目数						
行业准入数						
其 他						19

19—9 专利情况(2014 年)

单位:项

项　目	合 计	发 明	实用新型	外观设计
专利申请	689	149	431	109
专利授权	437	28	302	107

19—10 技术贸易情况(2014 年)

单位:个、万元

项　目	合同数	合同成交额	
		合 计	# 技术交易额
合 计	11	1467	1464
技术开发合同	6	628	625
技术转让合同	1	700	700
技术咨询合同	1	60	60
技术服务合同	3	79	79

19－11 各类科技计划项目情况(2014 年,工业类)

单位:个、万元

项目	项目数	级别	投资			
			总额	拨款	自筹	其他
合计	14		7566	1794	5772	
科技型中小型企业技术创新基金	2	国家	539	154	385	
科技型中小型企业技术创新基金	1	自治区	15	15		
科技创新引导奖励资金	1	自治区	600	60	540	
应用研究与开发资金	6	自治区	3172	475	2697	
科技合作	3	自治区	240	90	150	
科技重大专项	1	自治区	3000	1000	2000	

19－12 各类科技计划项目情况(2014 年,农社类)

单位:个、万元

项目	项目数	级别			投资				
		国家	自治区	市	总额	科技拨款	地方匹配	自筹	其他
合计	29	2	18	9	28590	4142	2190	21416	
特派员项目	12		3	9	12856	120	190	11704	
科技富民强县计划	2		2		40	40			
应用研究与开发资金	7		7		2590	700		1890	
科技能力建设	1		1		30	30			
自然科学基金	4		4		23	20		3	
科技重大专项	1		1		8000	2000	2000	4000	

19－13 国家高新技术企业基本情况(2014年)

单位:万元、人

企业名称	认定时间	工业总产值	总收入	利税	年末就业人员	大专以上人员	科技活动经费支出总额
内蒙古蒙西高新技术集团有限公司							
中科合成油内蒙古有限公司	2014	4937	10064	778	196	162	15991
鄂尔多斯市隆圣矿山机电有限责任公司	2012	229	276	12	42	39	150
内蒙古博源工程有限责任公司	2014		2423	-339	97	97	833
内蒙古鄂尔多斯联合化工有限公司	2013	164126	186872	13076	270	181	8437
神东天隆化工有限责任公司	2014	19190	19190	2209	230	98	782
内蒙古鄂托克旗盛安九二九有限责任公司	2014	12617	12617	4929	60	18	505
内蒙古双欣环保材料股份有限公司	2012	182990	186377	3153	1095	621	5585
内蒙古康宁爆破有限责任公司	2012		21857	951	182	60	1153
鄂尔多斯市陶尔斯陶瓷有限责任公司	2012		457	-945	210	186	7000
内蒙古鄂尔多斯资源股份有限公司	2012	121704	147710	859	1739	1067	4927
鄂尔多斯市天骄资源发展有限责任公司	2012	33523	33223	9490	178	80	1328
内蒙古伊泰煤制油有限责任公司	2013	113576	114145	28169	931	763	7939
鄂尔多斯市中轩生化有限公司	2013	79034	68537	4635	877	393	2714
内蒙古久和能源科技有限公司	2013	55370	41868	-2682	156	122	1260
内蒙古乌审召生态产业发展有限公司	2013	416	416	83	53	41	109
内蒙古莱福士光电科技有限公司	2014		3526	166	99	66	501
久泰能源内蒙古有限公司	2014	221461	200670	58187	1270	787	6670
鄂尔多斯市金诚泰化工有限责任公司	2014	52876	50488	-9440	468	279	1810
内蒙古久科康瑞环保科技有限公司	2014	7250	5002	139	48	46	1094
内蒙古金种种业科技有限公司	2014		4674	889	35	25	380
鄂尔多斯市君正能源化工有限公司	2014	258210	204164	501	1763	703	6552
鄂尔多斯市阿西诺文化科技有限公司	2014	50	61	1	7	6	51

19—14 规模以上工业企业办科技机构情况(2014年)

项目	机构数(个)	机构人员合计(人)	#博士毕业	#硕士毕业	机构经费支出(万元)	仪器和设备原价(万元)
总计	30	1952	94	339	84367.3	99218.2
#国有控股企业	3	103	14	55	2611.2	1458.5
按企业规模分组						
大型企业	15	992	34	184	23521.6	35096.4
中型企业	5	454	17	69	21121.6	26997.8
小型企业	10	506	43	86	39724.1	37124.0
微型企业						
按登记注册类型分组						
内资企业	28	1536	88	300	79161.3	93020.5
国有企业	1	57	12	33	876.9	1430.0
股份合作企业						
有限责任公司	18	969	41	128	41731.2	57204.7
国有独资公司	1	26	2	19	575.3	23.5
其他有限责任公司	17	943	39	109	41155.9	57181.2
股份有限公司	8	289	25	83	34033.2	23297.7
私营企业	1	221	10	56	2520.0	11088.1
港、澳、台商投资企业						
外商投资企业	2	416	6	39	5206.0	6197.7
按国民经济行业大类分组						
煤炭开采和洗选业	5	113	15	58	7405.6	2562.9
食品制造业						
酒、饮料和精制茶制造业	1	221	10	56	2520.0	11088.1
纺织业	3	219	4	56	9807.0	3915.5
石油加工、炼焦和核燃料加工业						
化学原料和化学制品制造业	13	690	50	110	36223.8	56567.6
医药制造业						
非金属矿物制品业						
金属制品						
黑色金属冶炼和压延加工业	2	416	6	39	5206.0	6197.7
汽车制造业	3	215	5	7	19392.6	18702.7
通用设备制造业	1	20		3	1159.0	5.0
电气机械和器材制造业	1	43	2	6	2603.3	148.7
电力、热力、燃气及水生产和供应业						

19－15 规模以上工业企业研究与试验发展(R&D)人员情况(2014年)

项　　目	R&D人员合计(人)	按职能分组		按工时分组		
		参加项目人员	管理和服务人员	全时人员	非全时人员	#研究人员
总　　计	7705	6949	756	4191	3514	1413
#国有控股企业	1796	1719	77	298	1498	201
按企业规模分组						
大型企业	4453	4232	221	1980	2473	587
中型企业	1625	1302	323	974	651	377
小型企业	1477	1272	205	1178	299	413
微型企业	150	143	7	59	91	36
按登记注册类型分组						
内资企业	6896	6154	742	3574	3322	1271
国有企业	1168	1159	9	75	1093	139
股份合作企业						
有限责任公司	3890	3441	449	2246	1644	604
国有独资公司	196	176	20	48	148	32
其他有限责任公司	3694	3265	429	2198	1496	572
股份有限公司	1503	1265	238	1049	454	341
私营企业	335	289	46	204	131	187
港、澳、台商投资企业						
外商投资企业	809	795	14	617	192	142
按国民经济行业大类分组						
煤炭开采和洗选业	1683	1646	37	188	1495	137
食品制造业	90	90		65	25	1
酒、饮料和精制茶制造业	308	267	41	177	131	176
纺织业	498	427	71	473	25	97
石油加工、炼焦和核燃料加工业	544	531	13	92	452	142
化学原料和化学制品制造业	2867	2397	470	2207	660	488
医药制造业	8	6	2		8	8
非金属矿物制品业	55	50	5		55	
金属制品	87	87		12	75	3
黑色金属冶炼和压延加工业	523	516	7	523		115
汽车制造	312	278	34	228	84	137
通用设备制造业	90	90			90	2
电气机械和器材制造业	36	28	8	36		33
电力、热力、燃气及水生产和供应业	487	439	48	137	350	51

19—16 规模以上工业企业研究与

项目	R&D经费内部支出合计(万元)	按活动类型分组			按支出用途分组	
		基础研究支出	应用研究支出	试验发展支出	经常费支出	#人员劳务费
总计	352038.9		2510.3	349528.6	323297.0	59659.7
#国有控股企业	72914.9		155.7	72759.2	70308.2	8815.5
按企业规模分组						
大型	186778.4		1222.7	185555.7	173552.6	36833.9
中型	84628.3		29.5	84598.8	80286.6	7955.5
小型	79755.6		1256.0	78499.6	68769.9	14410.8
微型	876.6		2.1	874.5	687.9	459.5
按登记注册类型分组						
内资企业	321634.1		2510.3	319123.8	297928.1	55067.1
国有企业	41956.5		123.0	41833.5	41927.7	5915.4
股份合作企业						
有限责任公司	180241.2		1316.1	178925.1	162914.3	31123.6
国有独资公司	8561.0		30.6	8530.4	8191.0	998.5
其他有限责任公司	171680.2		1285.5	170394.7	154723.3	30125.1
股份有限公司	76758.4		1071.2	75687.2	71208.1	17025.4
私营企业	22678.0			22678.0	21878.0	1002.7
港、澳、台商投资企业						
外商投资企业	30404.8			30404.8	25368.9	4592.6
按国民经济行业大类分组						
煤炭开采和洗选业	70423.1		153.6	70269.5	65409.9	12582.4
食品制造业	2500.0			2500.0	2500.0	2500.0
酒、饮料和精制茶制造业	21678.0			21678.0	21128.0	652.7
纺织业	32097.0		1069.1	31027.9	32010.7	6632.0
石油加工、炼焦和核燃料加工业	34359.5			34359.5	34039.5	2427.4
化学原料和化学制品制造业	133559.1		625.5	132933.6	116611.0	25332.5
医药制造业	75.0			75.0	75.0	35.0
非金属矿物制品业	1140.0			1140.0	1140.0	900.0
金属制品	9374.0			9374.0	8600.0	313.2
黑色金属冶炼和压延加工业	7933.4			7933.4	5206.2	2876.4
汽车制造业	19592.5			19592.5	18916.2	2312.7
通用设备制造业	8881.7			8881.7	7927.7	270.0
电气机械和器材制造业	2654.6			2654.6	2482.5	600.0
电力、热力、燃气及水生产和供应业	5899.0		2.1	5896.9	5710.3	1851.4

试验发展(R&D)经费情况(2014 年)

按支出用途分组			按资金来源分组				R&D 经费外部支出（万元）
资产性支出	土建工程	仪器设备	政府资金	企业资金	境外资金	其他资金	
28741.9	82.4	28659.5	2259.9	335430.8		14348.2	19458.2
2606.7	28.8	2577.9	246.0	68296.1		4372.8	12973.6
13225.8	28.2	13197.6	501.4	185360.6		916.4	15193.7
4341.7	2.0	4339.7	246.0	80064.4		4317.9	660.0
10985.7	23.4	10962.3	1512.5	69129.2		9113.9	3270.0
188.7	28.8	159.9		876.6			334.5
23706.0	82.4	23623.6	2259.9	305026.0		14348.2	18741.5
28.8	28.8			41956.5			3411.4
17326.9	25.4	17301.5	1108.5	165700.9		13431.8	6365.2
370.0		370.0		8561.0			1536.2
16956.9	25.4	16931.5	1108.5	157139.9		13431.8	4829.0
5550.3	28.2	5522.1	1151.4	74690.6		916.4	8964.9
800.0		800.0		22678.0			
5035.9		5035.9		30404.8			716.7
5013.2	27.1	4986.1		69561.6		861.5	4790.1
				2500.0			
550.0		550.0		21678.0			
86.3	1.1	85.2	301.4	31795.6			30.9
320.0		320.0		34304.6		54.9	7372.0
16948.1		16948.1	1052.5	123557.7		8948.9	4840.2
				75.0			
				1140.0			
774.0		774.0		9374.0			
2727.2		2727.2		7933.4			666.7
676.3		676.3		19592.5			763.8
954.0		954.0	246.0	4317.8		4317.9	
172.1	23.4	148.7	300.0	2354.6			
188.7	28.8	159.9	30.0	5869.0			984.5

19－17 规模以上工业企业研究与试验发展(R&D)项目情况(2014年)

项　　目	项目数(项)	参加项目人员(人)	项目人员折合全时当量(人年)	全部项目经费内部支出(万元)
总　计	318	6949	5653.2	322687.5
#国有控股企业	94	1719	1374.1	67008.1
按企业规模分组				
大型企业	164	4232	3457.9	169631.2
中型企业	40	1302	1001.4	82113.2
小型企业	92	1272	1117.2	70349.3
微型企业	22	143	76.7	593.8
按登记注册类型分组				
内资企业	306	6154	5063.7	298255.4
国有企业	53	1159	975.8	38204.4
股份合作企业				
有限责任公司	165	3441	2783.3	170548.7
国有独资公司	12	176	171.3	7754.3
其他有限责任公司	153	3265	2612.0	162794.4
股份有限公司	85	1265	1021.3	66824.3
私营企业	3	289	283.3	22678.0
港、澳、台商投资企业				
外商投资企业	12	795	589.5	24432.1
按国民经济行业大类分组				
煤炭开采和洗选业	73	1646	1309.0	65633.8
食品制造业	8	90	9.0	2500.0
酒、饮料和精制茶制造业	2	267	267.0	21678.0
纺织业	36	427	420.0	29421.0
石油加工、炼焦和核燃料加工业	20	531	496.7	32878.7
化学原料和化学制品制造业	104	2397	2047.8	118755.5
医药制造业	1	6	6.0	75.0
非金属矿物制品业	1	50	1.1	880.0
金属制品	5	87	40.3	8600.0
黑色金属冶炼和压延加工业	6	516	359.2	4334.7
汽车制造	25	278	240.9	19439.6
通用设备制造业	2	90	66.7	8881.7
电气机械和器材制造业	1	28	25.9	2603.3
电力、热力、燃气及水生产和供应业	31	439	303.3	5596.2

19－18　文化事业基本情况(2014年)

项　　目	2014	项　　目	2014
一、文化部门艺术表演团体		总收入(千元)	39783
单位数(个)	9	固定资产原值(千元)	53475
年末职工人数(人)	691	**四、文化站**	
演出场次(次)	1082	机构数(个)	69
# 农村演出(次)	718	从业人员(人)	564
观众人数(千人次)	660	举办展览个数(个)	173
总收入(千元)	73157	组织文艺活动次数(次)	2141
# 财政补助(千元)	72516	举办训练班次(次)	376
上级补助(千元)	60	**五、公共图书馆**	
事业收入(千元)	216	单位数(个)	9
# 演出收入(千元)	216	职工人数(人)	295
总支出(千元)	79573	发放借书证书(个)	42124
固定资产原值(千元)	49976	总流通人次(千人次)	822
公用房屋建筑面积(平方米)	35763	# 书刊外借人次(千人次)	407
二、文化部门艺术表演场所		总收入(千元)	37746
单位数(个)	4	**六、文物保护管理机构**	
职工人数(人)	50	机构数(个)	8
坐席数(个)	5399	从业人员(人)	71
三、群艺馆、文化馆		**七、博物馆**	
单位数(个)	9	机构数(个)	6
职工人数(人)	254	从业人员(人)	111
举办展览个数(个)	51		
组织文艺活动次数(次)	817		
举办训练班次(次)	488		
训练班结业人数(人次)	26010		

19－19 广播电视播出情况(2014年)

项　　目	单位	2014	项　　目	单位	2014
广　播			电　视		
广播电台	座	8	电视台	座	8
调频广播发射台	座	134	电视转播发射台	座	73
中短波转播发射台	座		有线电视用户数	万户	37
广播人口覆盖率	%	98.65	电视人口覆盖率	%	97.96
节目套数	套	11	节目套数	套	11
全年广播节目制作情况	时	14871	全年电视节目制作情况	时	8666
新闻资讯类节目	时	4965	新闻资讯类节目	时	4740
专题服务类节目	时	5725	专题服务类节目	时	1841
综艺类节目	时	1070	综艺类节目	时	200
广播剧类节目	时		影视剧类节目	时	
广告类节目	时	2116	广告类节目	时	1885
其他类节目	时	995	其他类节目	时	
全年公共广播节目播出时间	时	62613	全年公共电视节目播出时间	时	61776
按节目类型分			按节目类型分		
新闻资讯类节目	时	16933	新闻资讯类节目	时	12762
专题服务类节目	时	14272	专题服务类节目	时	9574
综艺类节目	时	18870	综艺类节目	时	4139
广播剧类节目	时		影视剧类节目	时	23320
广告类节目	时	4943	广告类节目	时	6272
其他类节目	时	7595	其他类节目	时	5709

主要统计指标解释

普通高等学校 指按照国家规定的设置标准和审批程序批准举办,通过国家统一招生考试,招收高中毕业生为主要培养对象,实施高等教育的全日制大学、独立设置的学院和高等专科学校、短期职业大学。成人高等学校:指按照国家有关规定审批,招收通过全国成人高教统一招生考试的具有高中毕业或同等学历的在职从业人员,利用脱产、半脱产、业余或函授等多种形式对其实施高等学历教育,培养高等教育专科或本科毕业水平的专门人才,修业年限,课程设置和总学时数均按高等学历教育要求付诸实施的学校。包括广播电视大学、职工高等学校、农民高等学校、管理干部学院、教育学院、独立设备的函授学院等。

小学学龄儿童入学率 指调查范围内已入小学学习的学龄儿童占校内外学龄儿童总数(包括弱智儿童,不包括盲聋哑儿童)的比重。计算公式为:

小学学龄儿童入学率 = 已入学的小学学龄儿童数 / 校内外小学学龄儿童总数 × 100%

科技活动 指在自然科学、农业科学、医药科学、工程与技术科学、人文与社会科学领域(简称科学技术领域)中,与科技知识的产生、发展、传播和应用密切相关的有组织的活动。可分为研究与试验发展(R&D)、研究与试验发展成果应用及相关的科技服务三类活动。该定义是联合国教科文组织考虑成员国特别是发展中国家开展科技统计工作的需要,而对科技活动所作的统计界定。

科技活动人员 指直接从事科技活动,以及专门从事科技活动管理和为科技活动提供直接服务,累计的实际工作时间占全年制度工作时间 10%及以上的人员。(1)直接从事科技活动的人员包括:在独立核算的科学研究与技术开发机构、高等学校、各类企业及其他事业单位内设的研究室、实验室、技术开发中心及中试车间(基地)等机构中从事科技活动的研究人员、工程技术人员、技术工人及其他人员;虽不在上述机构工作,但编入科技活动项目(课题)组的人员;科技信息与文献机构中的专业技术人员;从事论文设计的研究生等。(2)专门从事科技活动管理和为科技活动提供直接服务的人员,包括:独立核算的科学研究与技术开发机构、科技信息与文献机构、高等学校、各类企业及其他事业单位主管科技工作的负责人,专门从事科技活动的计划、行政、人事、财务、物资供应、设备维护、图书资料管理等工作的各类人员,但不包括保卫、医疗保健人员、司机、食堂人员、茶炉工、水暖工、清洁工等为科技活动提供间接服务的人员。该指标用来反映投入科技活动人力的规模。

专业技术人员 指从事专业技术工作和专业技术管理工作的人员,即企事业单位中已经聘任专业技术职务从事专业技术工作和专业技术管理工作的人员,以及未聘任专业技术职务,现在专业技术岗位上工作的人员。包括工程技术人员,农业技术人员,科学研究人员,卫生技术人员,教学人员,经济人员,会计人员,统计人员,翻译人员,图书资料、档案、文博人员,新闻出版人员,律师、公证人员,广播电视播音人员,工艺美术人员,体育人员,艺术人员及企业政治思想工作人员,共十七个专业技术职务类别。用来反映科技人力资源情况。

科技活动经费筹集 指从各种渠道筹集到的计划用于科技活动的经费,包括政府资金、企业资金、事业单位资金、金融机构贷款、国外资金和其他资金等。反映各社会经济主体对促进科技进步所做的努力。

专利 是专利权的简称,是对发明人的发明创造经审查合格后,由专利局依据专利法授予发明人和设计人对该项发明创造享有的专有权。包括发明、实用新型和外观设计。反映拥有自主知识产权的科技和设计成果情况。

文化事业机构 指从事专业文化工作和为专业文化工作服务的独立建制的单位。不包括这些单位另外举办独立核算的其他机构和各部门的业余文化组织。

艺术表演团体 指从事戏曲、音乐、舞蹈、杂技等专业艺术表演,有独立账户的单位,不包括半工半艺、半农半艺和民间职业剧团。

二十、体育、卫生、社会福利、环境保护和其他

资料整理员：辛悦

■ 康城社区

20－1 体育事业基本情况

指　标	单位	2013	2014
运动员和裁判情况			
等级运动员	人	229	110
# 二级	人		110
三级	人	229	
等级裁判	人	122	326
# 二级	人	122	326
三级	人		
体育场地和人员情况			
# 体育场地		2570	3863
体育场	个	4	55
体育馆	个	112	8
游泳馆	个	25	25
网球场	个	24	82
排球场	个	174	284
篮球馆、篮球场	个	487	895
乒乓球场	个	294	326
羽毛球馆	个	56	26
群众活动馆	个	97	185
健身路径	个	565	1786
非标准场地	个	137	19
举办运动会次数	次	3	172
国际	次		
国内	次		
区内	次		33
市内		3	139
《国家体育锻炼标准》达标人数	万人		
参加运动会运动员人数	万人	926	496
奖牌情况			
国家级比赛			
金牌	枚		
银牌	枚		
铜牌	枚		
自治区级比赛			
金牌	枚	95	110
银牌	枚	73	67
铜牌	枚	124	94

20－2　医疗卫生事业基本情况

指　标	2013	2014
卫生机构(个)	1760	1849
#医　院	81	82
市	35	37
县	43	44
乡镇卫生院	94	94
妇幼保健所	9	9
诊　所	691	714
村卫生室	713	718
社区卫生服务中心	35	36
社区卫生服务站	58	58
疾病预防控制中心	9	9
卫生监督所	9	9
其　他	2	2
床位数(张)	9872	10193
#医　院	8262	8273
市	3700	3512
县	4562	4467
卫生技术人员(人)	15028	16695
执业医师	5775	6073
执业助理医师	1118	1154
注册护士	5525	6236
药剂人员	910	954
检验人员	654	646
其　他	1046	1632

注:1.卫生机构、职工人数含诊所、村卫生室、社区卫生服务中心、站;
2.床位数不含诊所。

20－3 主要年份卫生机构、人员、床位数

年份	卫生机构(个)			
	合计	#医院	#卫生院	#防疫站
1957	56	8	11	1
1965	242	13	107	8
1970	195	9	126	3
1975	251	16	131	8
1978	245	17	138	8
1980	262	12	141	9
1981	280	16	136	9
1982	284	15	140	9
1983	287	16	141	9
1984	285	17	142	9
1985	281	17	140	9
1986	284	17	136	9
1987	283	18	137	9
1988	290	19	133	9
1989	300	18	136	9
1990	293	18	137	9
1991	297	18	136	10
1992	298	18	136	10
1993	307	20	136	10
1994	306	20	136	9
1995	306	20	136	9
1996	496	21	137	9
1997	503	21	137	9
1998	489	21	135	9
1999	508	22	132	10
2000	763	21	128	10
2001	1205	22	117	9
2002	450	23	110	9
2003	418	24	110	9
2004	410	23	107	9
2005	542	24	108	9
2006	648	25	105	9
2007	657	23	108	9
2008	1103	26	109	9
2009	1254	26	109	9
2010	1851	50	106	9
2011	1746	53	105	9
2012	1734	65	105	9
2013	1760	81	94	9
2014	1849	82	94	9

20—3 续表

年 份	卫生技术人员(人)					床位数(张)
	合 计	# 中医师	# 西医师	# 医 士	# 护 士	
1957	335	9	14	64	56	115
1965	1525	552	110	298	102	1073
1970	1537	354	395	320	240	1301
1975	2221	357	326	482	268	2495
1978	2605	462	347	485	252	2559
1980	3245	567	504	482	291	2743
1981	3683	295	501	751	272	2695
1982	3885	195	510	895	378	2727
1983	4048	198	540	894	428	2806
1984	4208	206	539	1041	449	2834
1985	4191	201	538	1065	452	2801
1986	4304	205	527	1094	512	2897
1987	4436	196	577	1045	598	3133
1988	4705	255	799	888	582	3128
1989	4680	308	966	846	653	3170
1990	4781	333	1102	782	628	3198
1991	4948	340	1124	812	643	3237
1992	5110	362	1126	879	700	3327
1993	5089	345	1160	959	616	3568
1994	5161	331	1211	937	577	3400
1995	5221	350	1241	1022	547	3537
1996	5543	376	1476	861	611	3614
1997	5829	383	1528	970	619	3814
1998	5490	361	1463	900	503	3997
1999	5970	491	1560	952	502	4113
2000	6504	561	1661	828	558	4025
2001	6688	550	2201	755	618	3970
2002	5528				1335	3915
2003	5657				1276	4057
2004	5385				1312	4170
2005	5646				1405	4613
2006	6295				1612	4749
2007	6596				1584	4778
2008	7969				1726	9260
2009	8858				2099	9260
2010	11263				3206	7287
2011	12513				3799	7191
2012	13674				4595	8669
2013	15028				5525	9872
2014	16695			7227	6236	10193

注:2002年(包括2002年)以后卫生技术人员不分中医师、西医师、医士。

20－4 分旗区卫生机构、病床数(2014年)

地 区	卫生机构(个)				床位数(张)
		#医 院	#卫生院	#妇幼保健院(所、站)	
东胜区	443	38	6	2	3964
达拉特旗	314	8	22	1	1410
准格尔旗	271	8	14	1	1619
鄂托克前旗	120	3	7	1	359
鄂托克旗	175	7	10	1	731
杭锦旗	182	2	12	1	440
乌审旗	125	6	8	1	553
伊金霍洛旗	219	10	15	1	1122

注：市直和康巴什纳入东胜区统计。

20－5 分旗区卫生技术人员(2014年)

地 区	卫生技术人员(人)				
		#执业医师	#执业助理医师	#注册护士	#药技人员
东胜区	7002	2447	263	2999	778
达拉特旗	2218	800	227	679	113
准格尔旗	2668	943	181	1078	283
鄂托克前旗	637	266	60	175	52
鄂托克旗	1010	413	101	305	113
杭锦旗	842	386	66	243	71
乌审旗	867	280	86	292	72
伊金霍洛旗	1451	538	170	465	118

20－6　交通事故情况

项　　目	2013	2014	2014 年比 2013 年增加(%)
发生数(起)	220	235	6.8
死亡人数(人)	123	124	0.8
受伤人数(人)	212	221	4.2
损失折款(万元)	108.15	106.88	-1.2

注:损失折款指直接损失。

20－7　火灾事故情况

项　　目	2013	2014	2014 年比 2013 年增长(%)
发生数(起)	1139	978	-14.1
死亡人数(人)	1	0	
受伤人数(人)	0	1	
损失折款(万元)	202.35	372.54	84.0

注:损失折款指直接损失。

20－8 社会福利事业基本情况

项　　目	2012	2013	2014
城乡居民最低生活保障人数(人)	78365	72171	68151
城镇居民最低生活保障人数	23551	21949	18259
农村居民最低生活保障人数	54814	50222	49892
城镇低保标准(元/月)	493	480	495
农村低保标准(元/月)	356	390	402
农村五保供养服务			
农村散居五保户人数	4661	4479	4409
单位数(个)	42	39	29
工作人员(人)	352	251	131
床位(张)	3354	5033	2963
年末收养人数(人)	2176	1900	1240

20－9 农村牧区医疗救助情况(2014年)

地　　区	救助人数(人)	救助资金发放(万元)
总　　计	63746	3072
东 胜 区	8759	450
达拉特旗	11555	446
准格尔旗	25371	1060
鄂托克前旗	4031	234
鄂托克旗	1927	90
杭 锦 旗	6236	260
乌 审 旗	496	223
伊金霍洛旗	5371	310

20—10 社会保险情况

项　目	2012	2013	2014
养老保险情况			
参加基本养老保险人数(万人)	24.89	26.07	27.62
离退休(职)人数(万人)	3.86	4.30	4.78
实缴养老保险费(万元)	260123	310031	370734
当年基金支出(万元)	98291	110313	138271
城镇居民养老参保人数(万人)	2.50	2.70	2.64
享受待遇人数(万人)	0.86	0.91	1.73
农牧民养老保险参保人数(万人)	48.63	50.83	47.94
享受待遇人数(万人)	16.42	16.50	31.91
城乡居民养老保险基金			
当年基金总收入(万元)	200142	65331	59470
#个人缴纳	15207	20249	19970
基金当年支出	59917	65226	65823
工伤保险情况			
参保职工(万人)	17.63	21.34	25.02
实缴工伤保险费(万元)	12400	15196	16733
工伤保险费支出(万元)	5328	7564	9680
生育保险情况			
参保职工(万人)	20.06	20.95	22.21
# 女性(万人)	7.10	7.43	7.58
实缴生育保险费(万元)	5723	7282	8045
生育保险费支出(万元)	5551	8569	10317

注:从2013年起城乡居民养老保险基金合并实施。

20－10 续表

项 目	2012	2013	2014
失业保险情况			
参保人数(万人)	16.10	16.90	19.50
失业保险费收入(万元)	21422.11	24421.66	29776.10
单 位	14271.10	16311.85	19592.90
个 人	7151.00	8109.81	10183.20
失业保险金支出合计(万元)	2391.85	12824.74	10687.49
# 失业保险金支出	1019.13	980.21	2164.76
医疗补助金支出	15.39	16.93	42.89
职业培训和职业介绍补贴支出	19.00	36.40	54.48
其他促进就业支出	70.18	9648.91	8425.36
医疗保险情况			
城镇基本医疗保险人数(万人)	60.25	64.07	66.45
职工基本医疗保险	31.67	33.06	34.13
在 职	25.73	27.01	27.62
退休人员	5.94	6.05	6.51
居民基本医疗保险	28.58	31.01	32.32
实缴基本医疗保险(万元)	109690.78	134142.95	143296
职工基本医疗保险	96770.12	118709.54	125865
统筹基金	67689.63	61628.55	62604
个人账户	29080.49	57072.99	63261
居民医疗保险(万元)	12920.66	15441.41	17431
农村新型合作医疗参合人数(万人)	90.3	92.09	93.58
基金收入额(万元)	49321	59781	64357
基金支出额(万元)	43038	58757	64157

20－11　工业“三废”排放及治理情况

项　　目	2014
工业废水	
工业用水总量(万吨)	113252.94
工业用水重复利用率(%)	83.22
废水治理设施数(套)	311
废水治理设施处理能力(万吨/日)	65.66
废水治理设施运行费用(万元)	38210.2
工业废水排放量(万吨)	2387.86
化学需氧量排放量(吨)	2991.37
氨氮排放量(吨)	170.48
工业废气	
煤炭消费总量(万吨)	9126.987
燃料油消费量(不含车船用)(万吨)	2.883
废气治理设施数(套)	1319
废气治理设施处理能力(万标立方米/时)	12037.7
废气治理设施设备运行费用(万元)	168090.7
工业废气排放总量(万标立方米)	48020585.83
二氧化硫去除量(吨)	451667.915
二氧化硫排放量(吨)	195448.93
氮氧化物排放量(吨)	196785.83
烟尘去除量(吨)	8542679.049
烟(粉)尘排放量(吨)	124340.13

20－11 续表

项目	2014
工业固体废物	
工业固体废物产生量(万吨)	5753.35
工业固体废物丢弃量(万吨)	
工业固体废物贮存量(万吨)	314.89
工业固体废物处置量(万吨)	3000.83
工业固体废物综合利用量(万吨)	2437.63
工业固体废物综合利用率(%)	42.37
污染治理	
本年安排污染治理项目数(个)	30
城市环境保护投资(万元)	914121.85
#工业污染源治理投资	183236.91
项目“三同时”投资	260350.93
污染治理设施运行费用	232356.41
城市环境基础设施建设投资	236480.00
环境管理与污染防治科技投入	1697.60
排放收费及使用	
排污费缴纳单位(个)	32
排污费征收额(万元)	11037.0991

20－12 全市重点调查工业

指　标	工业废气排放量（万标立方米）	废气治理设施数（套）	二氧化硫去除量（吨）	二氧化硫排放量（吨）
煤炭开采和洗选业	1202016.99	277	203.909	7578.185
黑色金属矿采选业				
农副食品加工业	9812.6	1		80.06
食品制造业	175222	7	1908.28	1321.72
饮料制造业	13596.46	5		63.223
纺织业	3013.93			62.984
化学原料及化学制品制造业	10920947.92	333	25136.122	37132.54
医药制造业	324.14			5.04
非金属矿物制品业	5534051.26	291	1700.73	6218.449
黑色金属冶炼及压延加工业	137904.9	20	400	3660.79
有色金属冶炼及压延加工业	672471.26	47	325	1142.706
专业设备制造业				
电器机械及器材制造业				
通信设备、计算机及其他电子设备制造业				
电力、热力的生产和供应业	26570514.65	248	404320.02	114964.701
水的生产和供应业				

污染排放及处理利用情况(2014 年)

烟(粉)尘去除量(吨)	烟尘(粉)排放量(吨)	工业粉尘去除量(吨)	工业粉尘排放量(吨)	工业固体废物产生量(万吨)	工业固体废物综合利用量(万吨)
	2836.745	138575.279	19754.908	3764.734781	1430.597512
	23.18	203.09	164.98	0.067997	0.067997
422	419	24396.2	1703.8	7.2148	7.2148
	28.186	226.29	139.303	0.079692	0.052881
	10.214		126.522	0.03852	0.03852
	19253.224	374057.004	27215.315	317.541642	226.983185
	0.926		9.84	0.007276	0.007276
	8363.405	405380.249	3596.534	57.43298	57.427876
	512.68	11697	1159.968	26.526668	26.526668
	722.358	54009.63	2082.68	104.171428	39.710069
45986.58	137500.311	7107446.001	50905.377	1341.640906	569.657652

20－13 城市环境质量情况

项　　目	单位	2011	2012	2013	2014
可吸入颗粒物浓度年均值	mg/m^3	0.058	0.072	0.085	0.072
二氧化硫浓度年均值	mg/m^3	0.046	0.034	0.027	0.022
二氧化氮浓度年均值	mg/m^3	0.043	0.033	0.027	0.026
区域环境噪声平均值	dB(A)	51.4	51.5	49.4	50.2
交通干线噪声平均值	dB(A)	62.6	62.7	61.3	63.5

主要统计指标解释

卫生机构 包括医疗机构、疾病预防控制中心(防疫站)、采供血机构、卫生监督及监测(检验)机构、医学科研和在职培训机构、健康教育所等。医疗机构包括医院、社区卫生服务中心(站)、疗养院、卫生院、门诊部、诊所(卫生所、医务室)、妇幼保健院(所、站)、专科疾病防治院(所、站)、急救中心(站)和临床检验中心。医疗机构分为非赢利性医疗机构和赢利性医疗机构。

医院 包括综合医院、中医医院、中西医结合医院、民族医院、各类专科医院和护理院。

卫生技术人员 指卫生机构中医生、护理人员、药剂人员、检验人员等卫生技术人员。

医生 指在医疗、预防保健机构工作且取得《执业医师证书》的执业医师和执业助理医师。

社会福利事业单位 指集中收养社会孤老、残、幼的机构,包括由民政部门管理的社会福利院、儿童福利院、精神病人福利院和城镇集体举办的福利院及农村集体举办的敬老院以及优抚医院和具有收养能力的社区服务中心等。该指标主要反映我国在社会福利性单位投入的水平。

农村五保户 指农村中既无劳动能力,又无经济来源的老、弱、孤、残的农民,其生活由集体供养,实行保吃、保穿、保住、保医、保葬(孤儿保教),简称"五保"。享受五保待遇的家庭叫五保户。

基本养老保险 1.参加保险人数:指报告期末按照国家法律、法规和有关政策规定参加基本养老保险的职工人数。包括不能正常缴费、已中断缴费但未终止保险关系的职工人数。2.离休、退休、退职人员;指正式办理了离休、退休、退职手续,并享受相应的离休、退休、退职待遇的人员。

基本医疗保险 1.参加保险人数:指报告期末按国家有关规定参加基本医疗保险的人数。包括参加保险的职工人数和退休人员人数。2. 社会统筹基金收入:指根据国家有关规定,由纳入基本医疗保险范围的缴费单位,按国家规定的缴费基数和缴费比例缴纳的社会统筹基金,以及通过其他方式取得的形成基金来源的款项,包括:单位缴纳的社会统筹基金收入、财政补贴收入、利息收入、其他收入。

失业保险 1.参加保险人数:指报告期末按照国家法律、法规和有关政策规定参加了失业保险的城镇企业事业单位的职工及地方政府规定参加失业保险的其他人员的人数。2.失业保险金:指为保障失业人员的基本生活而按规定支付的失业保险金金额。保险福利费用总额指各单位在工资以外支付给职工和离休、退休、退职人员个人和用于集体的保险福利费用,不包括用于职工的劳动保护费用,由保险福利费用开支的医务人员工资,集体福利机构工作人员和病伤休息期满6个月以上人员的工资。

工伤保险 参加保险人数;指报告期末依据国家有关规定参加工伤保险的职工人数。

生育保险 参加保险人数;指报告期末依据有关规定参加生育保险的职工人数。

工业废水排放量 指经过企业厂区所有排放口排到企业外部的工业废水量。包括生产废水、外排的直接冷却水、超标排放的矿井地下水和与工业废水混排的厂区生活污水,不包括外排的间接冷却水(清污不分流的间接冷却水应计算在内)。

工业二氧化硫排放量 指企业在燃料燃烧和生产工艺过程中排入大气的二氧化硫数量。

烟尘排放量 指企业厂区内燃料燃烧产生的烟气中夹带的颗粒物数量。

工业固体废物产生量 指企业在生产过程中产生的固体状、半固体状和高浓度液体状废弃物的总量,包括危险废物、冶炼废渣、粉煤灰、炉渣、煤矸石、尾矿、放射性废物和其他废物等;不包括矿山开采的剥离废石和掘进废石(煤矸石和呈酸性或碱性的废石除外)。酸性或碱性废石指采掘的废石其流经水、雨淋水的PH值小于4或PH值大于10.5者。

危险废物 指列入国家危险废物名录或根据国家规定的危险废物鉴别标准和鉴别方法认定的,具有爆炸性、易燃性、易氧化性、毒性、腐蚀性、易传染疾病等危险特性之一的废物。

工业固体废物综合利用量 指通过回收、加工、循环、交换等方式,从固体废物中提取或者使其转化为可以利用的资源、能源和其他原材料的固体废物量

(包括当年利用往年的工业固体废物累计贮存量),如用作农业肥料、生产建筑材料、筑路等。综合利用量由原产生固体废物的单位统计。

工业固体废物处置量 指将固体废物焚烧或者最终置于符合环境保护规定要求的场所,并不再回取的工业固体废物量(包括当年处置往年的工业固体废物累计贮存量)。处置方法有填埋(其中危险废物应安全填埋)、焚烧、专业贮存场(库)封场处理、深层灌注、回填矿井等。

二十一、旗县（区）资料

资料整理员：王欣宇　郝东娜　王蕾　奇特

■ 东胜区金三角

21－1 东胜区主要经济指标

指　　标	2013	2014	2014年比上年增长(%)
行政区域土地面积(平方公里)	2526	2526	
人口和就业			
年末总人口(人)	268908	274148	1.9
#男性(人)	134972	137531	1.9
#乡村人口(人)	42126	40927	-2.8
年末总户数(户)	93330	98100	5.1
#乡村户数(户)	14291	14512	1.5
出生人口(人)	3402	4149	22.0
死亡人口(人)	654	1100	68.2
全社会就业人员(人)	281544	282732	0.4
第一产业(人)	5744	8485	47.7
第二产业(人)	108644	103389	-4.8
第三产业(人)	167156	170858	2.2
在岗职工人数(人)	84296	88093	4.5
乡村劳动力(人)	22256	26597	19.5
#农林牧渔业(人)	6656	7558	13.6
国民经济综合指标			
生产总值(万元)	8802777	8567700	6.3
第一产业(万元)	14800	14500	4.9
第二产业(万元)	3282877	3239700	7.4
#工业(万元)	2701600	2667935	7.7
第三产业(万元)	5505100	5313500	5.5
人均生产总值(元)	145742	153502	5.7
全社会固定资产投资(万元)	4119862	4404133	6.9
按登记注册类型分			
#国有(万元)	809562	544173	-32.8
集体(万元)			
有限责任公司(万元)	2115852.363	3032537	43.3
股份有限公司(万元)	163106	60365	-63.0
私营企业(万元)	31293	110331	252.6
外商及港澳台投资企业(万元)		46401	
按城乡渠道分			
城镇(万元)	4119862	4404133	6.9
农村(万元)			
公共财政预算收入(万元)	966700	891717	-7.8
公共财政预算支出(万元)	930501	1059268	13.8
个人储蓄存款余额(万元)	5555529	5860420	5.5
在岗职工工资总额(万元)	614388	655419	6.7

21－1 续表1

指　　标	2013	2014	2014年比上年增长(%)
在岗职工平均工资(元)	71123	74499	4.7
全体居民人均可支配收入(元)	28601	34156	19.4
城镇常住居民人均可支配收入(元)	33707	36302	7.7
农村牧区常住居民人均可支配收入(元)			
农村牧区经济			
农作物总播种面积(公顷)	2019	2267	12.3
#粮食作物播种面积(公顷)	2022	2100	3.9
农牧业机械总动力(万千瓦)	11.00	11.27	2.5
化肥施用折纯量(吨)	716	712	-0.6
农村用电量(万千瓦小时)	752	731	-2.8
农林牧渔业总产值(万元)	25703	26386	3.0
粮食产量(吨)	11687	12188	4.3
油料产量(吨)	30	20	-33.3
甜菜产量(吨)			
猪牛羊肉产量(吨)	1930	1714	-11.2
#猪肉产量(吨)	820	720	-12.2
牛肉产量(吨)	181	190	5.0
羊肉产量(吨)	929	804	-13.5
羊毛产量(吨)	121	120	-0.8
年末牲畜存栏头数(万头只)	8.00	11.28	41.0
#大牲畜(万头只)	0.41	0.40	-2.4
羊(万只)	6.68	9.97	49.3
猪(万头)	0.92	0.91	-1.1
规模以上工业			
工业企业单位数(个)	62	57	-8.1
#内资企业(个)	59	55	-6.8
工业总产值(万元)	4711281	4523937	-4.0
内资企业(万元)	3783294	3762681	-0.5
国有企业(万元)	495834	174761	-64.8
集体企业(万元)			
股份合作企业(万元)			
联营企业(万元)			
有限责任公司(万元)	2610167	2852079	9.3
股份有限公司(万元)	477735	407992	-14.6
私营企业(万元)	43638	20368	-53.3
其他企业(万元)	155922	307483	97.2
港澳台商投资企业(万元)	5987	3396	-43.3
外商投资企业(万元)	922000	757860	-17.8

21－1 续表2

指　　标	2013	2014	2014年比上年增长(%)
工业企业增加值(万元)			6.1
工业企业资产总计(万元)	12353200	16381891	32.6
工业企业负债合计(万元)	7574100	10557969	39.4
工业企业产品销售收入(万元)	6464700	6351049	-1.8
工业企业利润总额(万元)	1267100	387563	-69.4
建筑业			
建筑企业单位数(个)	166	157	-5.4
建筑企业从业人员(人)	68727	52557	-23.5
建筑业总产值(万元)	3665478	2838252	-22.6
交通运输邮电通信业			
公路里程(公里)	1135	1208	6.4
邮电业务总量(万元)	139352	140745	1.0
本地电话用户(户)	85045	86700	1.9
国内贸易			
社会消费品零售总额(万元)	2709798	2952829	9.0
城镇(万元)	2709798	2952829	9.0
乡村(万元)			
科技教育卫生			
各类专业技术人员(人)	9257	9209	-0.5
幼儿园数(所)	62	79	27.4
学龄儿童入学率(%)	100.0	100.0	
小学学校数(所)	34	35	2.9
小学专任教师数(人)	1914	2103	9.9
小学在校学生数(人)	33230	35545	7.0
普通中学学校数(所)	16	20	25.0
普通中学专任教师数(人)	2427	2507	3.3
初中在校学生数(人)	15526	16139	3.9
高中在校学生数(人)	13942	13932	-0.1
卫生机构数(所)	431	427	-0.9
#医院(所)	36	38	5.6
卫生院(所)	6	8	33.3
床位数(张)	4101	3964	-3.3
#医院(张)	4000	3811	-4.7
卫生院(张)	73	69	-5.5
卫生技术人员(人)	6192	7002	13.1
#医院(人)	4061	5773	42.2
卫生院(人)	81	73	-9.9

21－2 达拉特旗主要经济指标

指　　标	2013	2014	2014年比上年增长(%)
行政区域土地面积(平方公里)	8241	8241	
人口和就业			
年末总人口(人)	362444	363746	0.4
#男性(人)	184933	185199	0.1
#乡村人口(人)	144784	153984	6.4
年末总户数(户)	156936	159703	1.8
#乡村户数(户)	51035	55125	8.0
出生人口(人)	5644	4678	-17.1
死亡人口(人)	1884	2158	14.5
全社会就业人员(人)	237639	242770	2.2
第一产业(人)	66702	66731	
第二产业(人)	51830	53133	2.5
第三产业(人)	119107	122906	3.2
在岗职工人数(人)	31188	31384	0.6
乡村劳动力(人)	99442	105760	6.4
#农林牧渔业(人)	74131	79992	7.9
国民经济综合指标			
生产总值(万元)	4802980	4950000	6.0
第一产业(万元)	313000	323900	4.7
第二产业(万元)	2978099	3022000	6.8
#工业(万元)	2745188	2781300	7.0
第三产业(万元)	1511881	1604300	4.5
人均生产总值(元)	145943	149689	5.5
全社会固定资产投资(万元)	1682458	1899832	12.9
按登记注册类型分			
#国有(万元)	631559	648388	2.7
集体(万元)	6313	6313	
有限责任公司(万元)	856639	887725	3.6
股份有限公司(万元)	129537	192086	48.3
私营企业(万元)	15641	24774	58.4
外商及港澳台投资企业(万元)			
按城乡渠道分			
城镇(万元)	1680373	1882521	12.0
农村(万元)	2085	17311	730.3
公共财政预算收入(万元)	190800	201919	5.8
公共财政预算支出(万元)	374465	388069	3.6
个人储蓄存款余额(万元)	895841	1007149	12.4
在岗职工工资总额(万元)	174054	180092	3.5

21－2 续表1

指　　标	2013	2014	2014年比上年增长(%)
在岗职工平均工资(元)	55628	57539	3.4
全体居民人均可支配收入(元)	20642	22768	10.3
城镇常住居民人均可支配收入(元)	28928	31589	9.2
农村牧区常住居民人均可支配收入(元)	12020	13378	11.3
农村牧区经济			
农作物总播种面积(公顷)	124507	132015	6.0
#粮食作物播种面积(公顷)	81620	82273	0.8
农牧业机械总动力(万千瓦)	86.00	92.29	7.3
化肥施用折纯量(吨)	39788	47234	18.7
农村用电量(万千瓦小时)	23852	24152	1.3
农林牧渔业总产值(万元)	527425	552058	5.0
粮食产量(吨)	609500	586923	-3.7
油料产量(吨)	18734	25240	34.7
甜菜产量(吨)	94068	97000	3.1
猪牛羊肉产量(吨)	38430	37442	-2.6
#猪肉产量(吨)	12076	12000	-0.6
牛肉产量(吨)	3296	2091	-36.6
羊肉产量(吨)	23058	23351	1.3
羊毛产量(吨)	4867	4528	-7.0
年末牲畜存栏头数(万头只)	201.07	204.27	1.6
#大牲畜(万头只)	5.87	5.93	1.0
羊(万只)	189.05	192.41	1.8
猪(万头)	6.15	5.93	-3.6
规模以上工业			
工业企业单位数(个)	56	55	-1.8
#内资企业(个)	53	52	-1.9
工业总产值(万元)	6092084	6243048	2.5
内资企业(万元)	5866450	6086818	3.8
国有企业(万元)	29173		
集体企业(万元)			
股份合作企业(万元)			
联营企业(万元)			
有限责任公司(万元)	3975044	3951662	-0.6
股份有限公司(万元)	603105	530992	-12.0
私营企业(万元)	1081528	1338395	23.8
其他企业(万元)	177599	265769	49.6
港澳台商投资企业(万元)	18686	10182	-45.5
外商投资企业(万元)	206948	146048	-29.4

21－2 续表2

指　　标	2013	2014	2014年比上年增长(%)
工业企业增加值(万元)			16.1
工业企业资产总计(万元)	4627900	5797646	25.3
工业企业负债合计(万元)	2721100	3193486	17.4
工业企业产品销售收入(万元)	6141100	6174982	0.6
工业企业利润总额(万元)	1609700	1330069	-17.4
建筑业			
建筑企业单位数(个)	13	13	
建筑企业从业人员(人)	2703	2441	-9.7
建筑业总产值(万元)	508961	384939	-24.4
交通运输邮电通信业			
公路里程(公里)	2376	2517	5.9
邮电业务总量(万元)	33408	28540	-14.6
本地电话用户(户)	24000	22261	-7.2
国内贸易			
社会消费品零售总额(万元)	500002	540503	8.1
城镇(万元)	314949	348078	10.5
乡村(万元)	185052	192425	4.0
科技教育卫生			
各类专业技术人员(人)	6095	5916	-2.9
幼儿园数(所)	70	80	14.3
学龄儿童入学率(%)	100.0	100.0	
小学学校数(所)	22	23	4.5
小学专任教师数(人)	1094	1147	4.8
小学在校学生数(人)	19344	19536	1.0
普通中学学校数(所)	9	9	0.0
普通中学专任教师数(人)	1104	1068	-3.3
初中在校学生数(人)	9369	9161	-2.2
高中在校学生数(人)	5866	5427	-7.5
卫生机构数(所)	298	314	5.4
# 医院(所)	8	8	
卫生院(所)	22	23	4.5
床位数(张)	1260	1410	11.9
# 医院(张)	901	974	8.1
卫生院(张)	308	353	14.6
卫生技术人员(人)	1933	2218	14.7
# 医院(人)	882	930	5.4
卫生院(人)	231	302	30.7

21－3 准格尔旗主要经济指标

指　　标	2013	2014	2014年比上年增长(%)
行政区域土地面积(平方公里)	7551	7551	
人口和就业			
年末总人口(人)	314673	320396	1.8
#男性(人)	159925	162422	1.6
#乡村人口(人)	98216	98512	0.3
年末总户数(户)	137741	142529	3.5
#乡村户数(户)	35113	35618	1.4
出生人口(人)	4966	4592	-7.5
死亡人口(人)	1163	1412	21.4
全社会就业人员(人)	192134	195322	1.7
第一产业(人)	35104	35001	-0.3
第二产业(人)	67329	68419	1.6
第三产业(人)	89701	91902	2.5
在岗职工人数(人)	62020	59209	-4.5
乡村劳动力(人)	79599	79656	0.1
#农林牧渔业(人)	45184	45216	0.1
国民经济综合指标			
生产总值(万元)	10505364	11066700	8.0
第一产业(万元)	92600	93600	3.8
第二产业(万元)	6573939	6930000	9.9
#工业(万元)	6042271	6360000	10.0
第三产业(万元)	3838825	4043400	4.7
人均生产总值(元)	285511	298790	7.3
全社会固定资产投资(万元)	3889999	4451373	14.4
按登记注册类型分			
#国有(万元)	743440	458696	-38.3
集体(万元)			
有限责任公司(万元)	2680258	3868475	44.3
股份有限公司(万元)	52078	52078	
私营企业(万元)			
外商及港澳台投资企业(万元)			
按城乡渠道分			
城镇(万元)	3879990	4431100	14.2
农村(万元)	10050	20273	101.7
公共财政预算收入(万元)	738600	767109	3.9
公共财政预算支出(万元)	726677	874444	20.3
个人储蓄存款余额(万元)	2222063	2399648	8.0
在岗职工工资总额(万元)	469733	453803	-3.4

21－3 续表1

指　　标	2013	2014	2014年比上年增长(%)
在岗职工平均工资(元)	74589	74721	0.2
全体居民人均可支配收入(元)	25768	28061	8.9
城镇常住居民人均可支配收入(元)	33612	36234	7.8
农村牧区常住居民人均可支配收入(元)	12128	13450	10.9
农村牧区经济			
农作物总播种面积(公顷)	65123	65287	0.3
#粮食作物播种面积(公顷)	37510	37587	0.2
农牧业机械总动力(万千瓦)	28.00	28.40	1.4
化肥施用折纯量(吨)	9785	9790	0.1
农村用电量(万千瓦小时)	3689	3752	1.7
农林牧渔业总产值(万元)	156273	160912	3.3
粮食产量(吨)	87669	85429	-2.6
油料产量(吨)	3012	3254	8.0
甜菜产量(吨)	517	543	5.0
猪牛羊肉产量(吨)	11620	12358	6.4
#猪肉产量(吨)	6681	5800	-13.2
牛肉产量(吨)	305	323	5.9
羊肉产量(吨)	4634	6235	34.5
羊毛产量(吨)	543	448	-17.6
年末牲畜存栏头数(万头只)	54.15	48.61	-10.2
#大牲畜(万头只)	1.30	1.20	-7.7
羊(万只)	47.63	42.37	-11.0
猪(万头)	5.22	5.04	-3.4
规模以上工业			
工业企业单位数(个)	114	102	-10.5
#内资企业(个)	108	97	-10.2
工业总产值(万元)	11336948	10770944	-5.0
内资企业(万元)	11203769	10616187	-5.2
国有企业(万元)	2488316	2556621	2.7
集体企业(万元)	9918	8022	-19.1
股份合作企业(万元)			
联营企业(万元)			
有限责任公司(万元)	4841480	4366706	-9.8
股份有限公司(万元)	3414203	3264454	-4.4
私营企业(万元)	449853	420385	-6.6
其他企业(万元)			
港澳台商投资企业(万元)	83199	95453	14.7
外商投资企业(万元)	49980	59304	18.7

21－3 续表2

指　　标	2013	2014	2014年比上年增长(%)
工业企业增加值(万元)			10.5
工业企业资产总计(万元)	23140700	24975760	7.9
工业企业负债合计(万元)	12563000	13716211	9.2
工业企业产品销售收入(万元)	11860900	10020165	-15.5
工业企业利润总额(万元)	2926600	1803539	-38.4
建筑业			
建筑企业单位数(个)	12	12	
建筑企业从业人员(人)	3091	2542	-17.8
建筑业总产值(万元)	72356	75141	3.8
交通运输邮电通信业			
公路里程(公里)	2675	2863	7.0
邮电业务总量(万元)	107800	145300	34.8
本地电话用户(户)	60265	60265	
国内贸易			
社会消费品零售总额(万元)	840374	910126	8.3
城镇(万元)	562463	600076	6.7
乡村(万元)	277912	310050	11.6
科技教育卫生			
各类专业技术人员(人)	7188	7328	1.9
幼儿园数(所)	53	39	-26.4
学龄儿童入学率(%)	100.0	100.0	
小学学校数(所)	25	23	-8.0
小学专任教师数(人)	1390	1465	5.4
小学在校学生数(人)	22755	23169	1.8
普通中学学校数(所)	12	12	
普通中学专任教师数(人)	1431	1453	1.5
初中在校学生数(人)	10676	10653	-0.2
高中在校学生数(人)	5557	5344	-3.8
卫生机构数(所)	257	271	5.4
#医院(所)	9	8	-11.1
卫生院(所)	14	15	7.1
床位数(张)	1716	1619	-5.7
#医院(张)	1455	1350	-7.2
卫生院(张)	255	254	-0.4
卫生技术人员(人)	2459	2668	8.5
#医院(人)	836	1381	65.2
卫生院(人)	274	250	-8.8

21－4 鄂托克前旗主要经济指标

指　　标	2013	2014	2014 年比上年增长(%)
行政区域土地面积(平方公里)	12221	12221	
人口和就业			
年末总人口(人)	77147	78320	1.5
#男性(人)	39059	39534	1.2
#乡村人口(人)	35587	37853	6.4
年末总户数(户)	27799	27836	0.1
#乡村户数(户)	12407	13299	7.2
出生人口(人)	1214	1641	35.2
死亡人口(人)	381	438	15.0
全社会就业人员(人)	50785	52953	4.3
第一产业(人)	19847	24056	21.2
第二产业(人)	13114	13134	0.2
第三产业(人)	17824	15763	-11.6
在岗职工人数(人)	10707	7972	-25.5
乡村劳动力(人)	23792	25323	6.4
#农林牧渔业(人)	19675	20207	2.7
国民经济综合指标			
生产总值(万元)	1182505	1273400	7.7
第一产业(万元)	111100	113200	4.0
第二产业(万元)	740809	803200	9.3
#工业(万元)	597510	645500	8.8
第三产业(万元)	330597	357000	5.9
人均生产总值(元)	170390	180624	6.1
全社会固定资产投资(万元)	1649831	2001245	21.3
按登记注册类型分			
#国有(万元)	1300130	1495149	15.0
集体(万元)			
有限责任公司(万元)	245784	177702	-27.7
股份有限公司(万元)	9180		
私营企业(万元)			
外商及港澳台投资企业(万元)			
按城乡渠道分			
城镇(万元)	1649831	2001245	21.3
农村(万元)			
公共财政预算收入(万元)	116600	146998	26.1
公共财政预算支出(万元)	264972	235305	-11.2
个人储蓄存款余额(万元)	193303	218262	12.9
在岗职工工资总额(万元)	59158	48822	-17.5

21－4 续表 1

指　　标	2013	2014	2014 年比上年增长(%)
在岗职工平均工资(元)	53551	61551	14.9
全体居民人均可支配收入(元)	21813	24082	10.4
城镇常住居民人均可支配收入(元)	30225	33096	9.5
农村牧区常住居民人均可支配收入(元)	12163	13477	10.8
农村牧区经济			
农作物总播种面积(公顷)	26327	26974	2.5
#粮食作物播种面积(公顷)	17321	17621	1.7
农牧业机械总动力(万千瓦)	25.00	25.76	3.0
化肥施用折纯量(吨)	19056	19154	0.5
农村用电量(万千瓦小时)	3822	4083	6.8
农林牧渔业总产值(万元)	188656	195343	3.9
粮食产量(吨)	104464	99464	-4.8
油料产量(吨)	2974	3260	9.6
甜菜产量(吨)			
猪牛羊肉产量(吨)	18384	17855	-2.9
#猪肉产量(吨)	4012	3800	-5.3
牛肉产量(吨)	2783	3066	10.2
羊肉产量(吨)	11589	10989	-5.2
羊毛产量(吨)	1768	1900	7.5
年末牲畜存栏头数(万头只)	90.06	113.14	25.6
#大牲畜(万头只)	3.50	2.70	-22.9
羊(万只)	80.68	106.41	31.9
猪(万头)	5.87	4.03	-31.3
规模以上工业			
工业企业单位数(个)	15	15	
#内资企业(个)	15	15	
工业总产值(万元)	1454480	1643405	13.0
内资企业(万元)	1454480	1643405	13.0
国有企业(万元)			
集体企业(万元)			
股份合作企业(万元)			
联营企业(万元)			
有限责任公司(万元)	848218	774782	-8.7
股份有限公司(万元)	29126	22665	-22.2
私营企业(万元)	577135	845959	46.6
其他企业(万元)			
港澳台商投资企业(万元)			
外商投资企业(万元)			

21－4 续表2

指　　标	2013	2014	2014年比上年增长(%)
工业企业增加值(万元)			9.2
工业企业资产总计(万元)	1744100	1521783	-12.7
工业企业负债合计(万元)	990500	1036278	4.6
工业企业产品销售收入(万元)	1310400	1477086	12.7
工业企业利润总额(万元)	27700	-52591	-289.9
建筑业			
建筑企业单位数(个)	6	6	
建筑企业从业人员(人)	4815	3267	-32.1
建筑业总产值(万元)	151472	136557	-9.8
交通运输邮电通信业			
公路里程(公里)	2031	2025	-0.3
邮电业务总量(万元)	7743	7635	-1.4
本地电话用户(户)	6284	7200	14.6
国内贸易			
社会消费品零售总额(万元)	160001	190241	18.9
城镇(万元)	103777	126699	22.1
乡村(万元)	56224	63542	13.0
科技教育卫生			
各类专业技术人员(人)	2251	2269	0.8
幼儿园数(所)	8	8	
学龄儿童入学率(%)	100.0	100.0	
小学学校数(所)	5	5	
小学专任教师数(人)	356	304	-14.6
小学在校学生数(人)	4561	4690	2.8
普通中学学校数(所)	3	3	
普通中学专任教师数(人)	319	274	-14.1
初中在校学生数(人)	2333	2227	-4.5
高中在校学生数(人)	981	961	-2.0
卫生机构数(所)	112	120	7.1
# 医院(所)	3	3	
卫生院(所)	7	8	14.3
床位数(张)	365	359	-1.6
# 医院(张)	240	265	10.4
卫生院(张)	105	74	-29.5
卫生技术人员(人)	622	637	2.4
# 医院(人)	178	189	6.2
卫生院(人)	79	76	-3.8

21－5　鄂托克旗主要经济指标

指　　标	2013	2014	2014年比上年增长(%)
行政区域土地面积(平方公里)	20367	20367	
人口和就业			
年末总人口(人)	97023	97697	0.7
#男性(人)	48958	49219	0.5
#乡村人口(人)	35382	38882	9.9
年末总户数(户)	40221	40716	1.2
#乡村户数(户)	11217	11244	0.2
出生人口(人)	1234	1993	61.5
死亡人口(人)	435	516	18.6
全社会就业人员(人)	93291	84096	-9.9
第一产业(人)	25696	28799	12.1
第二产业(人)	36318	24133	-33.6
第三产业(人)	31277	31164	-0.4
在岗职工人数(人)	40090	41282	3.0
乡村劳动力(人)	24389	27833	14.1
#农林牧渔业(人)	21304	21151	-0.7
国民经济综合指标			
生产总值(万元)	4301329	4594200	10.1
第一产业(万元)	75100	76100	4.0
第二产业(万元)	3382307	3619200	11.5
#工业(万元)	382712	3306000	12.1
第三产业(万元)	843923	898900	4.6
人均生产总值(元)	272408	287857	8.9
全社会固定资产投资(万元)	2260553	2650724	17.3
按登记注册类型分			
#国有(万元)	120302	298951	148.5
集体(万元)			
有限责任公司(万元)	2044472	2234608	9.3
股份有限公司(万元)	21871	9798	-55.2
私营企业(万元)	96473	106707	10.3
外商及港澳台投资企业(万元)			
按城乡渠道分			
城镇(万元)	2169140	2613592	20.5
农村(万元)	91413	37132	-59.4
公共财政预算收入(万元)	271700	330475	21.6
公共财政预算支出(万元)	366247	410089	12.0
个人储蓄存款余额(万元)	618256	695652	6.7
在岗职工工资总额(万元)	240665	244765	1.7

21－5 续表 1

指　　标	2013	2014	2014 年比上年增长(%)
在岗职工平均工资(元)	59790	59101	-1.2
全体居民人均可支配收入(元)	23465	25882	10.3
城镇常住居民人均可支配收入(元)	31205	34294	9.9
农村牧区常住居民人均可支配收入(元)	12084	13437	11.2
农村牧区经济			
农作物总播种面积(公顷)	23159	24557	6.0
#粮食作物播种面积(公顷)	17913	18071	0.9
农牧业机械总动力(万千瓦)	18.00	18.12	0.7
化肥施用折纯量(吨)	4458	4359	-2.2
农村用电量(万千瓦小时)	930	892	-4.1
农林牧渔业总产值(万元)	132829	136433	3.1
粮食产量(吨)	110465	104465	-5.4
油料产量(吨)	6243	6260	0.3
甜菜产量(吨)			
猪牛羊肉产量(吨)	20789	21360	2.7
#猪肉产量(吨)	4638	4326	-6.7
牛肉产量(吨)	2102	2530	20.4
羊肉产量(吨)	14049	14504	3.2
羊毛产量(吨)	601	674	12.1
年末牲畜存栏头数(万头只)	109.92	113.14	2.9
#大牲畜(万头只)	2.80	2.70	-3.6
羊(万只)	103.06	106.41	3.3
猪(万头)	4.06	4.03	-0.7
规模以上工业			
工业企业单位数(个)	51	49	-3.9
#内资企业(个)	47	45	-4.3
工业总产值(万元)	5410084	6016458	11.2
内资企业(万元)	3544256	4237869	19.6
国有企业(万元)	138381	387029	179.7
集体企业(万元)	1795	1988	10.7
股份合作企业(万元)			
联营企业(万元)			
有限责任公司(万元)	2143524	2612645	21.9
股份有限公司(万元)	746008	566367	-24.1
私营企业(万元)	476840	659714	38.4
其他企业(万元)	37709	10128	-73.1
港澳台商投资企业(万元)			
外商投资企业(万元)	1865828	1778589	-4.7

21－5 续表2

指　　标	2013	2014	2014年比上年增长(%)
工业企业增加值(万元)			13.2
工业企业资产总计(万元)	10076500	12412007	23.2
工业企业负债合计(万元)	6686500	8585805	28.4
工业企业产品销售收入(万元)	4952200	5541928	11.9
工业企业利润总额(万元)	215700	136753	-36.6
建筑业			
建筑企业单位数(个)	5	5	
建筑企业从业人员(人)	1231	1245	1.1
建筑业总产值(万元)	46270	31611	-31.7
交通运输邮电通信业			
公路里程(公里)	3642	3822	4.9
邮电业务总量(万元)	20932	17919	-14.4
本地电话用户(户)	18000	18000	
国内贸易			
社会消费品零售总额(万元)	320245	361236	12.8
城镇(万元)	205439	251578	22.5
乡村(万元)	114806	109658	-4.5
科技教育卫生			
各类专业技术人员(人)	3580	3580	
幼儿园数(所)	21	19	-9.5
学龄儿童入学率(%)	100.0	100.0	
小学学校数(所)	8	8	
小学专任教师数(人)	735	729	-0.8
小学在校学生数(人)	8926	9218	3.3
普通中学学校数(所)	5	5	
普通中学专任教师数(人)	587	553	-5.8
初中在校学生数(人)	3731	3616	-3.1
高中在校学生数(人)	1650	1509	-8.5
卫生机构数(所)	163	175	7.4
# 医院(所)	7	7	
卫生院(所)	11	11	
床位数(张)	827	731	-11.6
# 医院(张)	666	606	-9.0
卫生院(张)	126	105	-16.7
卫生技术人员(人)	943	1010	7.1
# 医院(人)	429	487	13.5
卫生院(人)	101	93	-7.9

21－6 杭锦旗主要经济指标

指　　标	2013	2014	2014年比上年增长(%)
行政区域土地面积(平方公里)	18814	18814	
人口和就业			
年末总人口(人)	143264	142613	-0.5
#男性(人)	73252	72811	-0.6
#乡村人口(人)	75044	72870	-2.9
年末总户数(户)	63477	63903	0.7
#乡村户数(户)	26212	25017	-4.6
出生人口(人)	1839	1785	-2.9
死亡人口(人)	1221	911	-25.4
全社会就业人员(人)	82125	82809	0.8
第一产业(人)	49163	47683	-3.0
第二产业(人)	14708	16258	10.5
第三产业(人)	18254	18868	3.4
在岗职工人数(人)	10723	10807	0.8
乡村劳动力(人)	59005	56931	-3.5
#农林牧渔业(人)	49163	47683	-3.0
国民经济综合指标			
生产总值(万元)	770320	842300	10.0
第一产业(万元)	172800	177200	3.8
第二产业(万元)	290946	316500	12.7
#工业(万元)	205145	239000	16.5
第三产业(万元)	306573	348600	6.3
人均生产总值(元)	68748	74540	9.1
全社会固定资产投资(万元)	1246245	1357909	9.0
按登记注册类型分			
#国有(万元)	61169	94614	54.7
集体(万元)			
有限责任公司(万元)	1175447	1254206	6.7
股份有限公司(万元)			
私营企业(万元)			
外商及港澳台投资企业(万元)			
按城乡渠道分			
城镇(万元)	1221861	1281303	4.9
农村(万元)	24384	76606	214.2
公共财政预算收入(万元)	96400	120201	24.7
公共财政预算支出(万元)	274239	279264	1.8
个人储蓄存款余额(万元)	282371	314716	11.5
在岗职工工资总额(万元)	60923	63719	4.6

21—6 续表 1

指　　标	2013	2014	2014 年比上年增长(%)
在岗职工平均工资(元)	55893	58841	5.3
全体居民人均可支配收入(元)	20301	22433	10.5
城镇常住居民人均可支配收入(元)	28829	31510	9.3
农村牧区常住居民人均可支配收入(元)	11951	13313	11.4
农村牧区经济			
农作物总播种面积(公顷)	68501	74308	8.5
#粮食作物播种面积(公顷)	41980	42307	0.8
农牧业机械总动力(万千瓦)	44.00	46.53	5.8
化肥施用折纯量(吨)	21918	23302	6.3
农村用电量(万千瓦小时)	4722	5384	14.0
农林牧渔业总产值(万元)	287783	298239	4.0
粮食产量(吨)	398800	388616	-2.6
油料产量(吨)	54960	63232	15.1
甜菜产量(吨)			
猪牛羊肉产量(吨)	19484	20300	4.2
#猪肉产量(吨)	2230	2100	-5.8
牛肉产量(吨)	1459	1500	2.8
羊肉产量(吨)	15795	16700	5.7
羊毛产量(吨)	4845	4900	1.1
年末牲畜存栏头数(万头只)	147.14	140.27	-4.7
#大牲畜(万头只)	2.09	1.97	-5.7
羊(万只)	141.61	135.10	-4.6
猪(万头)	3.44	3.20	-7.0
规模以上工业			
工业企业单位数(个)	20	17	-15.0
#内资企业(个)	20	17	-15.0
工业总产值(万元)	157683	208336	32.1
内资企业(万元)	157683	208336	32.1
国有企业(万元)	17687	23885	35.0
集体企业(万元)			
股份合作企业(万元)			
联营企业(万元)			
有限责任公司(万元)	42209	70472	67.0
股份有限公司(万元)	48163	55506	15.2
私营企业(万元)	37101	58473	57.6
其他企业(万元)	12523		
港澳台商投资企业(万元)			
外商投资企业(万元)			

21－6 续表2

指　　标	2013	2014	2014年比上年增长(%)
工业企业增加值(万元)			
工业企业资产总计(万元)	465600	605973	30.1
工业企业负债合计(万元)	389400	511644	31.4
工业企业产品销售收入(万元)	173800	221434	27.4
工业企业利润总额(万元)	17100	1312	-92.3
建筑业			
建筑企业单位数(个)	4	4	
建筑企业从业人员(人)	437	353	-19.2
建筑业总产值(万元)	10761	25068	133.0
交通运输邮电通信业			
公路里程(公里)	2786	3822	37.2
邮电业务总量(万元)	11936	17919	50.1
本地电话用户(户)	12430	18000	44.8
国内贸易			
社会消费品零售总额(万元)	300000	340500	13.5
城镇(万元)	197234	230715	17.0
乡村(万元)	102767	109785	6.8
科技教育卫生			
各类专业技术人员(人)	3646	3487	-4.4
幼儿园数(所)	14	13	-7.1
学龄儿童入学率(%)	100.0	100.0	
小学学校数(所)	4	4	
小学专任教师数(人)	470	461	-1.9
小学在校学生数(人)	5726	5773	0.8
普通中学学校数(所)	5	5	0.0
普通中学专任教师数(人)	585	570	-2.6
初中在校学生数(人)	3389	3118	-8.0
高中在校学生数(人)	1553	1529	-1.5
卫生机构数(所)	173	182	5.2
# 医院(所)	2	2	
卫生院(所)	12	13	8.3
床位数(张)	440	440	
# 医院(张)	230	230	
卫生院(张)	180	180	
卫生技术人员(人)	787	842	7.0
# 医院(人)	223	302	35.4
卫生院(人)	161	149	-7.5

21－7 乌审旗主要经济指标

指　　标	2013	2014	2014年比上年增长(%)
行政区域土地面积(平方公里)	11674	11674	
人口和就业			
年末总人口(人)	109706	110523	0.7
#男性(人)	55772	56075	0.5
#乡村人口(人)	50325	50925	1.2
年末总户数(户)	41429	42239	2.0
#乡村户数(户)	18149	18349	1.1
出生人口(人)	1908	1925	0.9
死亡人口(人)	1394	619	-55.6
全社会就业人员(人)	85825	88977	3.7
第一产业(人)	37035	38261	3.3
第二产业(人)	13938	14874	6.7
第三产业(人)	34852	35842	2.8
在岗职工人数(人)	13415	14274	6.4
乡村劳动力(人)	39869	40069	0.5
#农林牧渔业(人)	32584	32684	0.3
国民经济综合指标			
生产总值(万元)	3780018	4035200	9.8
第一产业(万元)	124600	127300	4.2
第二产业(万元)	3013616	3127800	11.3
#工业(万元)	2737375	2922600	11.6
第三产业(万元)	641802	780100	5.6
人均生产总值(元)	285177	300798	8.5
全社会固定资产投资(万元)	2735642	3304655	20.8
按登记注册类型分			
#国有(万元)	1945735	2624761	34.9
集体(万元)			
有限责任公司(万元)	720537	369049	-48.8
股份有限公司(万元)	47978	35505	-26.0
私营企业(万元)	143290	268386	87.3
外商及港澳台投资企业(万元)			
按城乡渠道分			
城镇(万元)	2720288	3285796	20.8
农村(万元)	15354	18859	22.8
公共财政预算收入(万元)	185400	239903	29.4
公共财政预算支出(万元)	285124	356431	25.0
个人储蓄存款余额(万元)	341850	395568	15.7
在岗职工工资总额(万元)	76616	88183	15.1

21－7 续表 1

指　　标	2013	2014	2014 年比上年增长(%)
在岗职工平均工资(元)	56731	61727	8.8
全体居民人均可支配收入(元)	21726	23942	10.2
城镇常住居民人均可支配收入(元)	30316	33287	9.8
农村牧区常住居民人均可支配收入(元)	12122	13437	10.8
农村牧区经济			
农作物总播种面积(公顷)	42364	42366	
#粮食作物播种面积(公顷)	21750	21750	
农牧业机械总动力(万千瓦)	50.00	51.69	3.4
化肥施用折纯量(吨)	6842	6854	0.2
农村用电量(万千瓦小时)	1563	1587	1.5
农林牧渔业总产值(万元)	215411	223262	4.0
粮食产量(吨)	133341	126341	-5.2
油料产量(吨)	1501	1501	
甜菜产量(吨)			
猪牛羊肉产量(吨)	37000	36314	-1.9
#猪肉产量(吨)	24607	24821	0.9
牛肉产量(吨)	4912	5565	13.3
羊肉产量(吨)	7481	5928	-20.8
羊毛产量(吨)	3201	3285	2.6
年末牲畜存栏头数(万头只)	108.01	112.21	3.9
#大牲畜(万头只)	8.61	8.69	0.9
羊(万只)	85.14	89.27	4.9
猪(万头)	14.27	14.25	-0.1
规模以上工业			
工业企业单位数(个)	15	21	40.0
#内资企业(个)	14	19	35.7
工业总产值(万元)	5659708	6310919	11.5
内资企业(万元)	5530873	6168895	11.5
国有企业(万元)	27363	35903	31.2
集体企业(万元)			
股份合作企业(万元)			
联营企业(万元)			
有限责任公司(万元)	238383	261868	9.9
股份有限公司(万元)	5242793	5810574	10.8
私营企业(万元)	22335	60550	171.1
其他企业(万元)			
港澳台商投资企业(万元)		29611	
外商投资企业(万元)	128835	112413	-12.7

21－7 续表 2

指 标	2013	2014	2014 年比上年增长(%)
工业企业增加值(万元)			11.6
工业企业资产总计(万元)	1824500	4334543	137.6
工业企业负债合计(万元)	1202400	4250691	253.5
工业企业产品销售收入(万元)	5812100	6407366	10.2
工业企业利润总额(万元)	805700	767908	-4.7
建筑业			
建筑企业单位数(个)	5	5	
建筑企业从业人员(人)	1319	1252	-5.1
建筑业总产值(万元)	54370	35334	-35.0
交通运输邮电通信业			
公路里程(公里)	2018	2605	29.1
邮电业务总量(万元)	15624	14076	-9.9
本地电话用户(户)	11800	15890	34.7
国内贸易			
社会消费品零售总额(万元)	301703	352389	16.8
城镇(万元)	252859	282523	11.7
乡村(万元)	48844	69866	43.0
科技教育卫生			
各类专业技术人员(人)	2874	3029	5.4
幼儿园数(所)	16	23	43.8
学龄儿童入学率(%)	100.0	100.0	
小学学校数(所)	6	7	16.7
小学专任教师数(人)	607	554	-8.7
小学在校学生数(人)	7152	7749	8.3
普通中学学校数(所)	5	5	
普通中学专任教师数(人)	449	438	-2.4
初中在校学生数(人)	2743	2723	-0.7
高中在校学生数(人)	1604	1374	-14.3
卫生机构数(所)	120	125	4.2
# 医院(所)	6	6	
卫生院(所)	8	8	
床位数(张)	390	385	-1.3
# 医院(张)	212	250	17.9
卫生院(张)	132	122	-7.6
卫生技术人员(人)	748	867	15.9
# 医院(人)	263	325	23.6
卫生院(人)	126	138	9.5

21－8　伊金霍洛旗主要经济指标

指　　标	2013	2014	2014年比上年增长(%)
行政区域土地面积(平方公里)	5487	5487	
人口和就业			
年末总人口(人)	170210	171561	0.8
#男性(人)	86330	86972	0.7
#乡村人口(人)	72575	78768	8.5
年末总户数(户)	73474	74138	0.9
#乡村户数(户)	30417	30500	0.3
出生人口(人)	2539	2580	1.6
死亡人口(人)	650	863	32.8
全社会就业人员(人)	178204	177181	-0.6
第一产业(人)	38883	48780	25.5
第二产业(人)	72640	67637	-6.9
第三产业(人)	66681	60764	-8.9
在岗职工人数(人)	52028	52208	0.3
乡村劳动力(人)	51921	61638	18.7
#农林牧渔业(人)	38883	49581	27.5
国民经济综合指标			
生产总值(万元)	6455676	6755200	7.5
第一产业(万元)	71000	70200	3.4
第二产业(万元)	3937476	4083800	9.1
#工业(万元)	3563900	3686300	9.2
第三产业(万元)	2447200	2601200	5.0
人均生产总值(元)	271363	148709	5.5
全社会固定资产投资(万元)	2966445	3452942	16.4
按登记注册类型分			
#国有(万元)	1184503	2314949	95.4
集体(万元)			
有限责任公司(万元)	997924	786746	-21.2
股份有限公司(万元)	248394	130868	-47.3
私营企业(万元)	32931	32791	-0.4
外商及港澳台投资企业(万元)			
按城乡渠道分			
城镇(万元)	2930425	3416922	16.6
农村(万元)	36020	36020	
公共财政预算收入(万元)	751100	750075	-0.1
公共财政预算支出(万元)	882568	737789	-16.4
个人储蓄存款余额(万元)	1684697	1829072	8.6
在岗职工工资总额(万元)	417564	413293	-1.0

21－8 续表 1

指　　标	2013	2014	2014 年比上年增长(%)
在岗职工平均工资(元)	78278	78580	0.4
全体居民人均可支配收入(元)	26164	28466	8.8
城镇常住居民人均可支配收入(元)	33605	36193	7.7
农村牧区常住居民人均可支配收入(元)	12128	13450	10.9
农村牧区经济			
农作物总播种面积(公顷)	31187	29824	-4.4
#粮食作物播种面积(公顷)	21818	21918	0.5
农牧业机械总动力(万千瓦)	28.00	28.76	2.7
化肥施用折纯量(吨)	3042	3404	11.9
农村用电量(万千瓦小时)	5818	5820	
农林牧渔业总产值(万元)	121023	123902	2.7
粮食产量(吨)	94574	92074	-2.6
油料产量(吨)	35	35	
甜菜产量(吨)			
猪牛羊肉产量(吨)	7882	5454	-30.8
#猪肉产量(吨)	3079	1500	-51.3
牛肉产量(吨)	534	270	-49.4
羊肉产量(吨)	4269	3684	-13.7
羊毛产量(吨)	177	181	2.3
年末牲畜存栏头数(万头只)	40.00	40.76	1.9
#大牲畜(万头只)	0.92	1.00	8.7
羊(万只)	36.23	36.96	2.0
猪(万头)	2.86	2.80	-2.1
规模以上工业			
工业企业单位数(个)	57	56	-1.8
#内资企业(个)	56	55	-1.8
工业总产值(万元)	7857086	8040224	2.3
内资企业(万元)	7750547	7961293	2.7
国有企业(万元)	1044428	969000	-7.2
集体企业(万元)	28636	552	-98.1
股份合作企业(万元)	9619	20511	113.2
联营企业(万元)			
有限责任公司(万元)	5786020	5903634	2.0
股份有限公司(万元)	178112	157699	-11.5
私营企业(万元)	672181	837944	24.7
其他企业(万元)	31551	71952	128.1
港澳台商投资企业(万元)	106539	78932	-25.9
外商投资企业(万元)			

21－8 续表 2

指 标	2013	2014	2014 年比上年增长(%)
工业企业增加值(万元)			9.0
工业企业资产总计(万元)	12759900	14820611	16.1
工业企业负债合计(万元)	3756500	4487818	19.5
工业企业产品销售收入(万元)	7358100	7445417	1.2
工业企业利润总额(万元)	2155100	1700297	-21.1
建筑业			
建筑企业单位数(个)	10	9	-10.0
建筑企业从业人员(人)	2269	2388	5.2
建筑业总产值(万元)	208353	106068	-49.1
交通运输邮电通信业			
公路里程(公里)	1812	2936	62.0
邮电业务总量(万元)	667	670	0.4
本地电话用户(户)	48755	47926	-1.7
国内贸易			
社会消费品零售总额(万元)	406016	447023	10.1
城镇(万元)	261271	292126	11.8
乡村(万元)	144745	154898	7.0
科技教育卫生			
各类专业技术人员(人)	6887	6892	0.1
幼儿园数(所)	25	25	
学龄儿童入学率(%)	100.0	100.0	
小学学校数(所)	16	17	6.3
小学专任教师数(人)	830	825	-0.6
小学在校学生数(人)	9832	10385	5.6
普通中学学校数(所)	7	7	
普通中学专任教师数(人)	690	695	0.7
初中在校学生数(人)	3949	3980	0.8
高中在校学生数(人)	2106	2055	-2.4
卫生机构数(所)	206	219	6.3
# 医院(所)	10	10	
卫生院(所)	14	15	7.1
床位数(张)	773	1122	45.1
# 医院(张)	558	657	17.7
卫生院(张)	190	380	100.0
卫生技术人员(人)	1344	1451	8.0
# 医院(人)	311	461	48.2
卫生院(人)	276	270	-2.2

21－9　各旗县(区)按年末总人口排序(2014年)

位次	旗县(区)名称	年末总人口(人)	位次	旗县(区)名称	年末总人口(人)
1	通辽市科尔沁区	843555	52	包头市九原区	216100
2	包头市昆都仑区	767900	53	乌兰察布市四子王旗	214823
3	赤峰市宁城县	615237	54	乌兰察布市察哈尔右翼后旗	213584
4	赤峰市敖汉旗	610723	55	锡林郭勒盟太仆寺旗	211843
5	赤峰市松山区	571291	56	乌兰察布市卓资县	211301
6	包头市东河区	541300	57	呼和浩特市托克托县	206900
7	巴彦淖尔市临河区	533495	58	呼和浩特市和林格尔县	204796
8	通辽市科尔沁左翼中旗	532546	59	呼和浩特市玉泉区	202488
9	包头市青山区	509800	60	赤峰市巴林右旗	186377
10	赤峰市翁牛特旗	482114	61	锡林郭勒盟锡林浩特市	183087
11	呼和浩特市赛罕区	449793	62	通辽市库伦旗	180095
12	通辽市奈曼旗	445052	63	呼和浩特市武川县	175490
13	呼伦贝尔市扎兰屯市	421528	64	乌兰察布市化德县	174125
14	通辽市科尔沁左翼后旗	408563	65	呼伦贝尔市满洲里市	173102
15	通辽市开鲁县	398081	66	鄂尔多斯市伊金霍洛旗	171561
16	兴安盟扎赉特旗	391989	67	包头市固阳县	170500
17	呼和浩特市新城区	385274	68	呼伦贝尔市根河市	150845
18	呼和浩特市土默特左旗	370335	69	呼和浩特市清水河县	144233
19	鄂尔多斯市达拉特旗	363746	70	巴彦淖尔市乌拉特中旗	144165
20	赤峰市红山区	360220	71	阿拉善盟阿拉善左旗	143347
21	赤峰市巴林左旗	357702	72	呼伦贝尔市鄂温克族自治旗	142967
22	赤峰市喀喇沁旗	353586	73	鄂尔多斯市杭锦旗	142613
23	呼伦贝尔市牙克石市	347061	74	乌海市乌达区	136200
24	巴彦淖尔市乌拉特前旗	344691	75	巴彦淖尔市磴口县	116779
25	乌兰察布市商都县	341258	76	鄂尔多斯市乌审旗	110523
26	乌兰察布市丰镇市	338457	77	锡林郭勒盟多伦县	110348
27	兴安盟科尔沁右翼前旗	337405	78	乌海市海南区	106700
28	呼伦贝尔市阿荣旗	331604	79	包头市达尔罕茂明安联合旗	97800
29	乌兰察布市兴和县	331257	80	鄂尔多斯市鄂托克旗	97697
30	呼伦贝尔市莫力达瓦达斡尔族自治旗	327757	81	呼伦贝尔市满洲里扎赉诺尔区	86017
31	赤峰市元宝山区	326392	82	锡林郭勒盟正蓝旗	83762
32	兴安盟乌兰浩特市	322360	83	呼伦贝尔市额尔古纳市	83166
33	鄂尔多斯市准格尔旗	320396	84	通辽市霍林郭勒市	81897
34	乌兰察布市集宁区	315428	85	锡林郭勒盟东乌珠穆沁旗	81014
35	兴安盟突泉县	313185	86	锡林郭勒盟西乌珠穆沁旗	80103
36	乌海市海勃湾区	311300	87	鄂尔多斯市鄂托克前旗	78320
37	巴彦淖尔市杭锦后旗	305467	88	锡林郭勒盟正镶白旗	72892
38	通辽市扎鲁特旗	304487	89	锡林郭勒盟苏尼特右旗	69006
39	赤峰市阿鲁科尔沁旗	301346	90	巴彦淖尔市乌拉特后旗	60041
40	包头市土默特右旗	286500	91	呼伦贝尔市陈巴尔虎旗	58711
41	巴彦淖尔市五原县	281408	92	兴安盟阿尔山市	48318
42	呼伦贝尔市海拉尔区	281298	93	锡林郭勒盟阿巴嘎旗	45116
43	鄂尔多斯市东胜区	274148	94	呼伦贝尔市新巴尔虎左旗	43043
44	呼伦贝尔市鄂伦春自治旗	261896	95	包头市石拐区	38100
45	兴安盟科尔沁右翼中旗	261159	96	呼伦贝尔市新巴尔虎右旗	35650
46	赤峰市克什克腾旗	252992	97	锡林郭勒盟苏尼特左旗	34610
47	乌兰察布市凉城县	243125	98	锡林郭勒盟镶黄旗	31353
48	赤峰市林西县	240879	99	锡林郭勒盟二连浩特市	29733
49	呼和浩特市回民区	240518	100	包头市白云矿区	27300
50	乌兰察布市察哈尔右翼中旗	222367	101	阿拉善盟阿拉善右旗	25531
51	乌兰察布市察哈尔右翼前旗	221245	102	阿拉善盟额济纳旗	18276

21－10　各旗县(区)按生产总值排序(2014年)

位次	旗县(区)名称	生产总值GDP(万元)	位次	旗县(区)名称	生产总值GDP(万元)
1	鄂尔多斯市准格尔旗	11066700	52	赤峰市巴林左旗	1188409
2	包头市昆都仑区	10580100	53	包头市固阳县	1161100
3	鄂尔多斯市东胜区	8567700	54	呼伦贝尔市鄂温克族自治旗	1090309
4	包头市青山区	8403600	55	巴彦淖尔市五原县	1076400
5	鄂尔多斯市伊金霍洛旗	6755200	56	锡林郭勒盟西乌珠穆沁旗	1038045
6	通辽市科尔沁区	6614482	57	呼伦贝尔市莫力达瓦达斡尔族自治旗	1036428
7	呼和浩特市新城区	6191455	58	赤峰市阿鲁科尔沁旗	1012728
8	呼和浩特市赛罕区	5730522	59	包头市石拐区	1009300
9	鄂尔多斯市达拉特旗	4950000	60	巴彦淖尔市乌拉特中旗	980685
10	包头市东河区	4913700	61	乌兰察布市察哈尔右翼前旗	897955
11	鄂尔多斯市鄂托克旗	4594200	62	呼伦贝尔市陈巴尔虎旗	890371
12	鄂尔多斯市乌审旗	4035200	63	兴安盟科尔沁右翼前旗	888182
13	阿拉善盟阿拉善左旗	3714830	64	锡林郭勒盟二连浩特市	883962
14	呼和浩特市回民区	3423469	65	鄂尔多斯市杭锦旗	842300
15	包头市土默特右旗	3343100	66	兴安盟扎赉特旗	840115
16	包头市九原区	3304000	67	呼和浩特市武川县	782477
17	赤峰市红山区	2845641	68	呼伦贝尔市新巴尔虎右旗	771554
18	呼伦贝尔市海拉尔区	2744229	69	乌兰察布市察哈尔右翼后旗	756229
19	巴彦淖尔市临河区	2733300	70	锡林郭勒盟多伦县	744641
20	呼和浩特市玉泉区	2721208	71	乌兰察布市凉城县	735273
21	通辽市霍林郭勒市	2652503	72	赤峰市巴林右旗	720589
22	乌海市海勃湾区	2454881	73	赤峰市林西县	708893
23	赤峰市元宝山区	2403693	74	赤峰市喀喇沁旗	672466
24	赤峰市松山区	2372400	75	锡林郭勒盟正蓝旗	671071
25	呼和浩特市托克托县	2364208	76	兴安盟突泉县	663594
26	呼伦贝尔市牙克石市	2271352	77	巴彦淖尔市乌拉特后旗	660700
27	呼和浩特市土默特左旗	2147954	78	通辽市库伦旗	656393
28	呼伦贝尔市满洲里市	2124403	79	呼和浩特市清水河县	644247
29	锡林郭勒盟锡林浩特市	2075007	80	呼伦贝尔市鄂伦春自治旗	642464
30	通辽市开鲁县	2058400	81	乌兰察布市商都县	625167
31	包头市达尔罕茂明安联合旗	2023900	82	乌兰察布市卓资县	614272
32	通辽市扎鲁特旗	1879976	83	锡林郭勒盟阿巴嘎旗	610151
33	乌海市乌达区	1866585	84	乌兰察布市兴和县	602079
34	呼伦贝尔市扎兰屯市	1780117	85	巴彦淖尔市磴口县	599600
35	乌海市海南区	1779584	86	呼伦贝尔市满洲里扎赉诺尔区	579635
36	乌兰察布市集宁区	1623769	87	兴安盟科尔沁右翼中旗	575523
37	赤峰市宁城县	1590307	88	锡林郭勒盟苏尼特右旗	542597
38	呼伦贝尔市阿荣旗	1571789	89	乌兰察布市四子王旗	535806
39	赤峰市敖汉旗	1565296	90	阿拉善盟额济纳旗	491896
40	通辽市科尔沁左翼后旗	1547400	91	锡林郭勒盟镶黄旗	483028
41	通辽市科尔沁左翼中旗	1522527	92	乌兰察布市察哈尔右翼中旗	478601
42	兴安盟乌兰浩特市	1475701	93	乌兰察布市化德县	470234
43	通辽市奈曼旗	1441800	94	锡林郭勒盟太仆寺旗	454053
44	呼和浩特市和林格尔县	1409811	95	锡林郭勒盟苏尼特左旗	448430
45	锡林郭勒盟东乌珠穆沁旗	1408020	96	呼伦贝尔市额尔古纳市	442736
46	赤峰市克什克腾旗	1399455	97	呼伦贝尔市根河市	400463
47	赤峰市翁牛特旗	1387946	98	阿拉善盟阿拉善右旗	372043
48	乌兰察布市丰镇市	1382038	99	包头市白云矿区	367000
49	巴彦淖尔市乌拉特前旗	1358503	100	呼伦贝尔市新巴尔虎左旗	349660
50	巴彦淖尔市杭锦后旗	1305841	101	锡林郭勒盟正镶白旗	278959
51	鄂尔多斯市鄂托克前旗	1273400	102	兴安盟阿尔山市	151419

21—11 各旗县(区)按粮食产量排序(2014年)

位次	旗县(区)名称	粮食产量(吨)	位次	旗县(区)名称	粮食产量(吨)
1	通辽市科尔沁左翼中旗	1693506	52	包头市达尔罕茂明安联合旗	97564
2	呼伦贝尔市莫力达瓦达斡尔族自治旗	1659500	53	乌兰察布市察哈尔右翼后旗	96901
3	呼伦贝尔市阿荣旗	1566000	54	鄂尔多斯市伊金霍洛旗	92074
4	兴安盟扎赉特旗	1112123	55	乌兰察布市丰镇市	91915
5	通辽市科尔沁区	1108223	56	乌兰察布市察哈尔右翼前旗	90678
6	呼伦贝尔市扎兰屯市	1083153	57	乌兰察布市察哈尔右翼中旗	89243
7	兴安盟科尔沁右翼前旗	1032542	58	鄂尔多斯市准格尔旗	85429
8	通辽市开鲁县	1020140	59	乌兰察布市商都县	82394
9	兴安盟突泉县	1007839	60	呼伦贝尔市新巴尔虎左旗	78261
10	通辽市科尔沁左翼后旗	1007520	61	乌兰察布市兴和县	75580
11	巴彦淖尔市乌拉特前旗	844087	62	锡林郭勒盟东乌珠穆沁旗	75569
12	赤峰市松山区	780189	63	呼伦贝尔市海拉尔区	71002
13	赤峰市敖汉旗	773482	64	乌兰察布市卓资县	70961
14	包头市土默特右旗	759532	65	呼和浩特市清水河县	70352
15	通辽市奈曼旗	750510	66	巴彦淖尔市乌拉特后旗	69965
16	赤峰市宁城县	740245	67	兴安盟阿尔山市	62565
17	巴彦淖尔市临河区	731507	68	呼和浩特市赛罕区	61704
18	赤峰市翁牛特旗	715068	69	包头市九原区	54858
19	兴安盟科尔沁右翼中旗	650031	70	赤峰市红山区	53187
20	鄂尔多斯市达拉特旗	586923	71	乌兰察布市化德县	49791
21	呼伦贝尔市牙克石市	568000	72	锡林郭勒盟多伦县	49480
22	呼伦贝尔市鄂伦春自治旗	561500	73	包头市东河区	34740
23	巴彦淖尔市杭锦后旗	535605	74	锡林郭勒盟锡林浩特市	33717
24	通辽市扎鲁特旗	525017	75	锡林郭勒盟正蓝旗	31500
25	呼和浩特市土默特左旗	524365	76	呼和浩特市玉泉区	27544
26	通辽市库伦旗	515024	77	乌海市海南区	27433
27	赤峰市阿鲁科尔沁旗	510502	78	呼伦贝尔市鄂温克族自治旗	20669
28	巴彦淖尔市五原县	498335	79	阿拉善盟阿拉善右旗	15537
29	赤峰市巴林左旗	445188	80	鄂尔多斯市东胜区	12188
30	呼伦贝尔市额尔古纳市	435000	81	乌海市海勃湾区	11400
31	鄂尔多斯市杭锦旗	388616	82	通辽市霍林郭勒市	10560
32	巴彦淖尔市乌拉特中旗	342738	83	乌兰察布市集宁区	9325
33	赤峰市喀喇沁旗	313500	84	包头市昆都仑区	9127
34	赤峰市林西县	255065	85	呼伦贝尔市新巴尔虎右旗	8556
35	乌兰察布市凉城县	254220	86	包头市石拐区	5994
36	呼和浩特市托克托县	253791	87	包头市青山区	3573
37	巴彦淖尔市磴口县	238375	88	呼和浩特市新城区	3150
38	兴安盟乌兰浩特市	234900	89	锡林郭勒盟正镶白旗	3088
39	呼和浩特市武川县	203852	90	呼伦贝尔市根河市	2797
40	赤峰市克什克腾旗	179500	91	呼和浩特市回民区	2580
41	呼和浩特市和林格尔县	174662	91	乌海市乌达区	2167
42	赤峰市巴林右旗	174500	93	阿拉善盟额济纳旗	1943
43	锡林郭勒盟太仆寺旗	166004	94	呼伦贝尔市满洲里市	1259
44	阿拉善盟阿拉善左旗	163020	95	锡林郭勒盟镶黄旗	299
45	赤峰市元宝山区	159574	96	锡林郭勒盟苏尼特右旗	298
46	鄂尔多斯市乌审旗	126341	97	呼伦贝尔市满洲里扎赉诺尔区	141
47	呼伦贝尔市陈巴尔虎旗	124701	98	锡林郭勒盟西乌珠穆沁旗	45
48	乌兰察布市四子王旗	113992	99	包头市白云矿区	
49	包头市固阳县	112826	100	锡林郭勒盟二连浩特市	
50	鄂尔多斯市鄂托克旗	104465	101	锡林郭勒盟阿巴嘎旗	
51	鄂尔多斯市鄂托克前旗	99464	102	锡林郭勒盟苏尼特左旗	

21－12 各旗县(区)按年末牲畜存栏头数排序(2014年)

位次	旗县(区)名称	年末牲畜存栏头数(万头、万只)	位次	旗县(区)名称	年末牲畜存栏头数(万头、万只)
1	兴安盟科尔沁右翼前旗	248.68	52	呼和浩特市和林格尔县	54.12
2	通辽市扎鲁特旗	243.95	53	乌兰察布市丰镇市	51.06
3	锡林郭勒盟东乌珠穆沁旗	217.47	54	乌兰察布市察哈尔右翼前旗	50.26
4	鄂尔多斯市达拉特旗	204.27	55	鄂尔多斯市准格尔旗	48.61
5	通辽市开鲁县	196.32	56	乌兰察布市商都县	46.35
6	巴彦淖尔市临河区	176.51	57	赤峰市宁城县	45.70
7	呼伦贝尔市阿荣旗	173.65	58	呼伦贝尔市鄂伦春自治旗	45.15
8	兴安盟科尔沁右翼中旗	172.70	59	巴彦淖尔市磴口县	44.80
9	通辽市科尔沁区	167.03	60	乌兰察布市凉城县	41.99
10	通辽市科尔沁左翼中旗	166.79	61	呼和浩特市托克托县	41.62
11	赤峰市敖汉旗	144.81	62	锡林郭勒盟正蓝旗	41.00
12	巴彦淖尔市五原县	141.79	63	鄂尔多斯市伊金霍洛旗	40.76
13	鄂尔多斯市杭锦旗	140.27	64	赤峰市喀喇沁旗	38.80
14	通辽市奈曼旗	137.42	65	乌兰察布市卓资县	37.65
15	赤峰市阿鲁科尔沁旗	136.39	66	呼伦贝尔市额尔古纳市	35.83
16	兴安盟扎赉特旗	136.24	67	巴彦淖尔市乌拉特后旗	34.41
17	呼伦贝尔市莫力达瓦达斡尔族自治旗	135.04	68	呼和浩特市武川县	33.52
18	巴彦淖尔市乌拉特中旗	134.53	69	呼伦贝尔市牙克石市	31.54
19	赤峰市翁牛特旗	134.12	70	兴安盟乌兰浩特市	30.08
20	呼伦贝尔市扎兰屯市	132.96	71	锡林郭勒盟太仆寺旗	29.71
21	巴彦淖尔市乌拉特前旗	125.44	72	锡林郭勒盟多伦县	27.67
22	巴彦淖尔市杭锦后旗	123.82	73	锡林郭勒盟正镶白旗	26.84
23	通辽市科尔沁左翼后旗	114.95	74	呼和浩特市清水河县	24.69
24	呼伦贝尔市新巴尔虎右旗	113.82	75	锡林郭勒盟镶黄旗	24.14
25	鄂尔多斯市鄂托克旗	113.14	76	包头市九原区	23.20
26	鄂尔多斯市乌审旗	112.21	77	乌兰察布市化德县	22.09
27	赤峰市巴林左旗	110.60	78	呼和浩特市赛罕区	21.16
28	赤峰市巴林右旗	106.41	79	阿拉善盟阿拉善右旗	21.11
29	包头市土默特右旗	104.09	80	赤峰市元宝山区	15.19
30	锡林郭勒盟西乌珠穆沁旗	103.44	81	兴安盟阿尔山市	14.96
31	赤峰市克什克腾旗	103.20	82	通辽市霍林郭勒市	14.62
32	阿拉善盟阿拉善左旗	102.74	83	呼伦贝尔市海拉尔区	12.71
33	呼伦贝尔市新巴尔虎左旗	102.43	84	鄂尔多斯市东胜区	11.28
34	鄂尔多斯市鄂托克前旗	91.16	85	阿拉善盟额济纳旗	9.62
35	锡林郭勒盟苏尼特右旗	88.11	86	呼伦贝尔市满洲里市	8.93
36	乌兰察布市四子王旗	86.96	87	乌海市海南区	6.68
37	锡林郭勒盟阿巴嘎旗	86.92	88	包头市东河区	6.06
38	赤峰市松山区	83.20	89	赤峰市红山区	5.83
39	通辽市库伦旗	78.36	90	呼和浩特市新城区	5.70
40	乌兰察布市察哈尔右翼后旗	77.00	91	呼和浩特市玉泉区	5.68
41	呼伦贝尔市鄂温克族自治旗	76.71	92	锡林郭勒盟二连浩特市	4.83
42	锡林郭勒盟苏尼特左旗	74.29	93	乌兰察布市集宁区	4.44
43	呼和浩特市土默特左旗	73.75	94	包头市昆都仑区	3.82
44	锡林郭勒盟锡林浩特市	71.05	95	乌海市海勃湾区	3.76
45	呼伦贝尔市陈巴尔虎旗	67.54	96	包头市石拐区	3.46
46	兴安盟突泉县	66.34	97	包头市青山区	2.80
47	赤峰市林西县	61.23	98	呼伦贝尔市满洲里扎赉诺尔区	2.50
48	包头市达尔罕茂明安联合旗	59.44	99	呼伦贝尔市根河市	1.94
49	乌兰察布市兴和县	57.62	100	乌海市乌达区	1.31
50	包头市固阳县	56.47	101	呼和浩特市回民区	0.96
51	乌兰察布市察哈尔右翼中旗	55.48	102	包头市白云矿区	0.16

21－13 各旗县(区)按全体居民人均可支配收入排序(2014年)

位次	旗县(区)名称	全体居民人均可支配收入(元)
1	包头市昆都仑区	38221
2	包头市青山区	38221
2	包头市白云矿区	38203
4	锡林郭勒盟二连浩特市	36580
5	鄂尔多斯市东胜区	34156
6	呼和浩特市新城区	32607
7	通辽市霍林郭勒市	32604
8	乌海市海勃湾区	31873
9	锡林郭勒盟锡林浩特市	31845
10	呼和浩特市回民区	31603
11	包头市东河区	30891
12	乌海市乌达区	30500
13	包头市九原区	30406
14	呼和浩特市赛罕区	30235
15	呼和浩特市玉泉区	29418
16	鄂尔多斯市伊金霍洛旗	28466
16	鄂尔多斯市准格尔旗	28061
18	呼伦贝尔市海拉尔区	27583
19	阿拉善盟额济纳旗	27525
20	呼伦贝尔市满洲里市	27337
21	乌海市海南区	27325
22	阿拉善盟阿拉善右旗	26583
23	包头市石拐区	25975
24	阿拉善盟阿拉善左旗	25933
25	鄂尔多斯市鄂托克旗	25882
26	锡林郭勒盟东乌珠穆沁旗	25416
27	赤峰市红山区	25325
28	呼伦贝尔市满洲里扎赉诺尔区	25316
29	呼伦贝尔市牙克石市	24114
30	鄂尔多斯市鄂托克前旗	24082
31	鄂尔多斯市乌审旗	23942
32	乌兰察布市集宁区	23476
33	锡林郭勒盟西乌珠穆沁旗	23253
34	锡林郭勒盟阿巴嘎旗	23036
35	鄂尔多斯市达拉特旗	22768
36	鄂尔多斯市杭锦旗	22433
37	呼伦贝尔市陈巴尔虎旗	22359
38	呼伦贝尔市鄂温克族自治旗	22357
39	赤峰市元宝山区	21966
40	锡林郭勒盟镶黄旗	21637
41	锡林郭勒盟苏尼特右旗	21273
42	兴安盟乌兰浩特市	21221
43	通辽市科尔沁区	21129
44	包头市达尔罕茂明安联合旗	21006
45	呼伦贝尔市额尔古纳市	20395
46	巴彦淖尔市临河区	20051
47	锡林郭勒盟多伦县	19668
48	巴彦淖尔市五原县	19558
49	锡林郭勒盟正蓝旗	19546
50	巴彦淖尔市杭锦后旗	19394
51	呼伦贝尔市新巴尔虎右旗	19241
52	锡林郭勒盟苏尼特左旗	19188
53	包头市土默特右旗	18940
54	兴安盟阿尔山市	17737
55	呼伦贝尔市扎兰屯市	17713
56	呼伦贝尔市根河市	17683
57	呼伦贝尔市新巴尔虎左旗	17579
58	呼和浩特市托克托县	17295
59	赤峰市松山区	17241
60	乌兰察布市丰镇市	16643
61	巴彦淖尔市乌拉特中旗	16463
62	巴彦淖尔市乌拉特后旗	16431
63	巴彦淖尔市乌拉特前旗	16183
64	巴彦淖尔市磴口县	16176
65	呼伦贝尔市阿荣旗	16057
66	呼和浩特市土默特左旗	15972
67	呼和浩特市和林格尔县	15304
68	呼伦贝尔市鄂伦春自治旗	15255
69	包头市固阳县	14677
70	锡林郭勒盟正镶白旗	14565
71	乌兰察布市化德县	14489
72	锡林郭勒盟太仆寺旗	14344
73	通辽市开鲁县	14018
74	赤峰市克什克腾旗	13996
75	乌兰察布市卓资县	13728
76	赤峰市林西县	13688
77	赤峰市巴林右旗	13687
78	通辽市扎鲁特旗	13378
79	乌兰察布市察哈尔右翼后旗	13358
80	乌兰察布市凉城县	12994
81	呼和浩特市武川县	12824
82	赤峰市喀喇沁旗	12751
83	乌兰察布市四子王旗	12172
84	通辽市科尔沁左翼后旗	12151
85	通辽市科尔沁左翼中旗	11742
86	赤峰市翁牛特旗	11725
87	乌兰察布市商都县	11559
88	通辽市库伦旗	11515
89	赤峰市巴林左旗	11407
90	呼和浩特市清水河县	11360
91	赤峰市宁城县	11230
92	通辽市奈曼旗	11139
93	兴安盟科尔沁右翼中旗	11103
94	赤峰市敖汉旗	10995
95	赤峰市阿鲁科尔沁旗	10968
96	乌兰察布市察哈尔右翼前旗	10930
97	兴安盟扎赉特旗	10766
98	呼伦贝尔市莫力达瓦达斡尔族自治旗	10617
99	兴安盟突泉县	10567
100	乌兰察布市兴和县	10334
101	乌兰察布市察哈尔右翼中旗	10071
102	兴安盟科尔沁右翼前旗	9463

21－14　各旗县(区)按城镇常住居民人均可支配收入排序(2014年)

位次	旗县(区)名称	城镇常住居民人均可支配收入(元)	位次	旗县(区)名称	城镇常住居民人均可支配收入(元)
1	呼和浩特市新城区	39253	52	赤峰市松山区	24339
2	呼和浩特市赛罕区	38355	53	呼伦贝尔市牙克石市	24114
3	包头市昆都仑区	38221	54	呼伦贝尔市陈巴尔虎旗	23635
4	包头市青山区	38221	55	包头市固阳县	23609
4	包头市白云矿区	38203	56	呼伦贝尔市鄂温克族自治旗	23226
6	包头市九原区	36711	57	巴彦淖尔市乌拉特中旗	23203
7	锡林郭勒盟二连浩特市	36580	58	巴彦淖尔市乌拉特后旗	23030
8	鄂尔多斯市东胜区	36302	59	呼伦贝尔市阿荣旗	23028
9	鄂尔多斯市准格尔旗	36234	60	巴彦淖尔市临河区	23012
10	鄂尔多斯市伊金霍洛旗	36193	61	呼伦贝尔市新巴尔虎右旗	22834
11	呼和浩特市回民区	34619	62	兴安盟乌兰浩特市	22667
12	鄂尔多斯市鄂托克旗	34294	63	巴彦淖尔市杭锦后旗	22635
13	乌兰察布市化德县	33737	64	巴彦淖尔市五原县	22533
14	呼和浩特市玉泉区	33561	65	赤峰市宁城县	22352
15	锡林郭勒盟锡林浩特市	33461	66	乌兰察布市卓资县	22203
16	鄂尔多斯市乌审旗	33287	67	巴彦淖尔市乌拉特前旗	22038
17	鄂尔多斯市鄂托克前旗	33096	68	巴彦淖尔市磴口县	22031
18	通辽市霍林郭勒市	32604	69	乌兰察布市凉城县	22005
19	包头市东河区	32490	70	乌兰察布市丰镇市	21789
20	乌海市海勃湾区	32190	71	乌兰察布市察哈尔右翼后旗	21736
21	鄂尔多斯市达拉特旗	31589	72	乌兰察布市察哈尔右翼前旗	21635
22	鄂尔多斯市杭锦旗	31510	73	通辽市开鲁县	21322
23	乌海市海南区	30594	74	呼伦贝尔市额尔古纳市	21205
24	阿拉善盟阿拉善右旗	30582	75	乌兰察布市四子王旗	21205
25	阿拉善盟额济纳旗	30566	76	呼和浩特市清水河县	21192
26	乌海市乌达区	30500	77	赤峰市克什克腾旗	21049
27	包头市石拐区	29843	78	通辽市扎鲁特旗	20857
28	阿拉善盟阿拉善左旗	29724	79	赤峰市喀喇沁旗	20657
28	包头市达尔罕茂明安联合旗	29687	80	赤峰市巴林左旗	20655
30	锡林郭勒盟西乌珠穆沁旗	28436	81	赤峰市敖汉旗	20620
31	呼伦贝尔市海拉尔区	28324	82	乌兰察布市察哈尔右翼中旗	20502
32	锡林郭勒盟东乌珠穆沁旗	28241	83	赤峰市翁牛特旗	20395
33	锡林郭勒盟镶黄旗	28218	84	兴安盟阿尔山市	20359
34	锡林郭勒盟多伦县	28171	85	赤峰市林西县	20328
35	呼和浩特市托克托县	28091	86	乌兰察布市商都县	20299
36	锡林郭勒盟苏尼特左旗	27761	87	呼和浩特市武川县	20144
37	锡林郭勒盟阿巴嘎旗	27702	88	乌兰察布市兴和县	20106
38	锡林郭勒盟正蓝旗	27690	89	呼伦贝尔市根河市	19896
39	包头市土默特右旗	27517	90	呼伦贝尔市新巴尔虎左旗	19795
40	呼伦贝尔市满洲里市	27337	91	通辽市科尔沁左翼后旗	19584
41	锡林郭勒盟苏尼特右旗	27184	92	通辽市奈曼旗	19407
42	呼和浩特市和林格尔县	26973	93	通辽市科尔沁左翼中旗	19354
43	呼和浩特市土默特左旗	26500	94	兴安盟扎赉特旗	19247
44	锡林郭勒盟太仆寺旗	25815	95	兴安盟科尔沁右翼前旗	19244
45	赤峰市红山区	25807	96	赤峰市阿鲁科尔沁旗	19026
46	通辽市科尔沁区	25492	97	赤峰市巴林右旗	19025
47	赤峰市元宝山区	25391	98	呼伦贝尔市鄂伦春自治旗	18891
48	呼伦贝尔市满洲里扎赉诺尔区	25316	99	兴安盟突泉县	18733
49	锡林郭勒盟正镶白旗	25058	100	通辽市库伦旗	18651
50	呼伦贝尔市扎兰屯市	24989	101	兴安盟科尔沁右翼中旗	18450
51	乌兰察布市集宁区	24550	102	呼伦贝尔市莫力达瓦达斡尔族自治旗	17458

21－15 各旗县(区)按农村牧区常住居民人均可支配收入排序(2014年)

位次	旗县(区)名称	农村牧区常住居民人均可支配收入(元)
1	锡林郭勒盟东乌珠穆沁旗	21935
2	呼伦贝尔市海拉尔区	20488
3	锡林郭勒盟锡林浩特市	19036
4	呼伦贝尔市额尔古纳市	18833
5	锡林郭勒盟西乌珠穆沁旗	18749
6	锡林郭勒盟阿巴嘎旗	18588
7	阿拉善盟额济纳旗	16800
8	包头市东河区	16525
9	呼伦贝尔市鄂温克族自治旗	16264
10	呼伦贝尔市陈巴尔虎旗	15868
11	阿拉善盟阿拉善右旗	15817
12	呼和浩特市回民区	15808
13	呼伦贝尔市新巴尔虎右旗	15671
14	呼伦贝尔市新巴尔虎左旗	15570
15	包头市九原区	15483
16	呼和浩特市新城区	15181
17	呼和浩特市玉泉区	15122
18	乌海市海勃湾区	14614
19	呼和浩特市赛罕区	14323
19	赤峰市红山区	13783
21	阿拉善盟阿拉善左旗	13701
22	赤峰市元宝山区	13593
23	鄂尔多斯市鄂托克前旗	13477
24	鄂尔多斯市准格尔旗	13450
25	鄂尔多斯市伊金霍洛旗	13450
26	鄂尔多斯市鄂托克旗	13437
27	鄂尔多斯市乌审旗	13437
28	鄂尔多斯市达拉特旗	13378
29	通辽市科尔沁区	13368
30	鄂尔多斯市杭锦旗	13313
31	巴彦淖尔市临河区	13250
32	巴彦淖尔市五原县	13156
33	巴彦淖尔市杭锦后旗	13129
34	呼伦贝尔市阿荣旗	12966
35	包头市土默特右旗	12832
36	巴彦淖尔市磴口县	12744
37	乌海市海南区	12726
38	锡林郭勒盟正蓝旗	12664
39	巴彦淖尔市乌拉特前旗	12459
40	呼和浩特市土默特左旗	12219
41	呼伦贝尔市扎兰屯市	12138
42	巴彦淖尔市乌拉特中旗	12064
43	呼和浩特市托克托县	11849
44	乌兰察布市集宁区	11844
45	通辽市开鲁县	11127
46	包头市达尔罕茂明安联合旗	10942
47	锡林郭勒盟苏尼特左旗	10919
48	巴彦淖尔市乌拉特后旗	10896
49	通辽市扎鲁特旗	10881
50	兴安盟乌兰浩特市	10645
51	赤峰市松山区	10557
52	包头市石拐区	10446
53	锡林郭勒盟镶黄旗	10382
54	锡林郭勒盟多伦县	10195
55	呼伦贝尔市根河市	10069
56	包头市固阳县	9967
57	呼和浩特市和林格尔县	9522
58	乌兰察布市丰镇市	9242
59	通辽市科尔沁左翼后旗	8798
60	乌兰察布市凉城县	8763
61	锡林郭勒盟太仆寺旗	8408
62	通辽市科尔沁左翼中旗	8304
63	乌兰察布市察哈尔右翼后旗	8156
64	乌兰察布市察哈尔右翼前旗	8055
65	通辽市奈曼旗	8043
66	赤峰市克什克腾旗	8021
67	赤峰市喀喇沁旗	8007
68	赤峰市敖汉旗	8005
69	乌兰察布市卓资县	7879
70	乌兰察布市四子王旗	7806
71	通辽市库伦旗	7796
72	赤峰市宁城县	7791
73	锡林郭勒盟苏尼特右旗	7739
74	锡林郭勒盟正镶白旗	7598
75	赤峰市巴林右旗	7436
76	呼伦贝尔市莫力达瓦达斡尔族自治旗	7419
77	赤峰市翁牛特旗	7406
78	乌兰察布市商都县	7330
79	兴安盟阿尔山市	7280
80	兴安盟科尔沁右翼前旗	7250
81	赤峰市巴林左旗	7240
82	兴安盟扎赉特旗	7172
83	乌兰察布市兴和县	7030
84	兴安盟突泉县	6976
85	呼伦贝尔市鄂伦春自治旗	6905
86	赤峰市阿鲁科尔沁旗	6830
87	赤峰市林西县	6818
88	兴安盟科尔沁右翼中旗	6751
89	乌兰察布市化德县	6522
90	乌兰察布市察哈尔右翼中旗	6403
91	呼和浩特市清水河县	6104
92	呼和浩特市武川县	5911
93	包头市昆都仑区	
94	包头市青山区	
95	包头市白云矿区	
96	呼伦贝尔市满洲里市	
97	呼伦贝尔市满洲里扎赉诺尔区	
98	呼伦贝尔市牙克石市	
99	通辽市霍林郭勒市	
100	锡林郭勒盟二连浩特市	
101	鄂尔多斯市东胜区	
102	乌海市乌达区	

21－16　各旗县(区)按在岗职工平均工资排序(2014年)

位次	旗县(区)名称	职工平均工资(元)	位次	旗县(区)名称	职工平均工资(元)
1	通辽市科尔沁区	97082	52	通辽市扎鲁特旗	52245
2	鄂尔多斯市伊金霍洛旗	78580	53	呼伦贝尔市新巴尔虎右旗	52235
3	鄂尔多斯市准格尔旗	74720	54	乌兰察布市卓资县	52220
4	鄂尔多斯市东胜区	74499	55	赤峰市阿鲁科尔沁旗	51881
5	锡林郭勒盟多伦县	73464	56	呼和浩特市新城区	50965
6	呼伦贝尔市鄂温克族自治旗	68815	57	呼伦贝尔市根河市	50811
7	包头市白云矿区	68609	58	呼伦贝尔市新巴尔虎左旗	50811
8	锡林郭勒盟西乌珠穆沁旗	67033	59	包头市固阳县	50794
9	呼伦贝尔市陈巴尔虎旗	66800	60	赤峰市翁牛特旗	50617
10	包头市石拐区	64228	61	赤峰市喀喇沁旗	50568
11	锡林郭勒盟二连浩特市	63829	62	乌兰察布市察哈尔右翼前旗	50495
12	鄂尔多斯市乌审旗	61727	63	巴彦淖尔市乌拉特中旗	50465
13	鄂尔多斯市鄂托克前旗	61551	64	赤峰市克什克腾旗	50160
14	阿拉善盟额济纳旗	60186	65	赤峰市林西县	49938
15	呼伦贝尔市满洲里市	60146	66	兴安盟阿尔山市	49649
16	包头市九原区	59963	67	呼和浩特市托克托县	49477
17	包头市达尔罕茂明安联合旗	59961	68	巴彦淖尔市临河区	49025
18	锡林郭勒盟苏尼特左旗	59960	69	呼和浩特市土默特左旗	48935
19	呼伦贝尔市满洲里扎赉诺尔区	59871	70	巴彦淖尔市乌拉特后旗	48855
20	包头市青山区	59728	71	呼伦贝尔市牙克石市	48810
21	锡林郭勒盟正蓝旗	59282	72	锡林郭勒盟东乌珠穆沁旗	48700
22	鄂尔多斯市鄂托克旗	59101	73	赤峰市宁城县	48492
23	鄂尔多斯市杭锦旗	58841	74	呼和浩特市清水河县	48435
24	乌兰察布市凉城县	58508	75	巴彦淖尔市乌拉特前旗	47826
25	锡林郭勒盟阿巴嘎旗	58387	76	呼和浩特市回民区	47774
26	呼伦贝尔市海拉尔区	58362	77	乌兰察布市集宁区	47762
27	乌兰察布市四子王旗	58155	78	乌海市乌达区	47743
28	赤峰市元宝山区	58036	79	乌兰察布市化德县	47116
29	乌海市海南区	57811	80	呼和浩特市玉泉区	46826
30	鄂尔多斯市达拉特旗	57539	81	通辽市奈曼旗	46783
31	包头市昆都仑区	57081	82	呼伦贝尔市阿荣旗	46682
32	通辽市霍林郭勒市	57059	83	巴彦淖尔市杭锦后旗	46362
33	锡林郭勒盟镶黄旗	56979	84	乌兰察布市察哈尔右翼后旗	46329
34	锡林郭勒盟正镶白旗	56020	85	呼和浩特市和林格尔县	46187
35	乌兰察布市察哈尔右翼中旗	55450	86	包头市东河区	45661
36	锡林郭勒盟锡林浩特市	55391	87	赤峰市巴林右旗	45432
37	阿拉善盟阿拉善左旗	55262	88	巴彦淖尔市五原县	45157
38	阿拉善盟阿拉善右旗	54672	89	兴安盟扎赉特旗	44791
39	乌海市海勃湾区	54567	90	通辽市科尔沁左翼后旗	44147
40	兴安盟乌兰浩特市	54467	91	呼伦贝尔市扎兰屯市	44080
41	呼伦贝尔市额尔古纳市	54371	92	通辽市科尔沁左翼中旗	43710
42	呼和浩特市赛罕区	53971	93	乌兰察布市兴和县	43393
43	赤峰市松山区	53835	94	呼伦贝尔市莫力达瓦达斡尔族自治旗	43241
44	锡林郭勒盟苏尼特右旗	53779	95	通辽市库伦旗	42988
45	包头市土默特右旗	53758	96	呼伦贝尔市鄂伦春自治旗	42751
46	乌兰察布市丰镇市	53582	97	通辽市开鲁县	42715
47	赤峰市红山区	52934	98	兴安盟突泉县	42684
48	赤峰市敖汉旗	52639	99	兴安盟科尔沁右翼前旗	41604
49	锡林郭勒盟太仆寺旗	52639	100	巴彦淖尔市磴口县	41343
50	乌兰察布市商都县	52334	101	呼和浩特市武川县	40830
51	赤峰市巴林左旗	52311	102	兴安盟科尔沁右翼中旗	40179

21－17 各旗县(区)按公共财政预算收入排序(2014 年)

位次	旗县(区)名称	公共财政预算收入(万元)	位次	旗县(区)名称	公共财政预算收入(万元)
1	鄂尔多斯市东胜区	891717	52	通辽市奈曼旗	50842
2	鄂尔多斯市准格尔旗	767109	53	呼伦贝尔市新巴尔虎右旗	48034
3	鄂尔多斯市伊金霍洛旗	750075	54	锡林郭勒盟正蓝旗	47205
4	包头市昆都仑区	415480	55	赤峰市巴林左旗	46538
5	通辽市科尔沁区	409052	56	阿拉善盟额济纳旗	46510
6	呼和浩特市赛罕区	398477	57	呼伦贝尔市扎兰屯市	45727
7	包头市青山区	392008	58	乌兰察布市丰镇市	44882
8	呼和浩特市新城区	365324	59	赤峰市喀喇沁旗	44018
9	鄂尔多斯市鄂托克旗	330475	60	锡林郭勒盟二连浩特市	43780
10	通辽市霍林郭勒市	304845	61	通辽市开鲁县	42265
11	乌海市海勃湾区	256149	62	包头市石拐区	41022
12	锡林郭勒盟锡林浩特市	245309	63	通辽市科尔沁左翼后旗	40142
13	鄂尔多斯市乌审旗	239903	64	赤峰市翁牛特旗	39490
14	阿拉善盟阿拉善左旗	203111	65	赤峰市巴林右旗	38748
15	鄂尔多斯市达拉特旗	201919	66	呼伦贝尔市满洲里扎赉诺尔区	36566
16	赤峰市红山区	200117	67	包头市固阳县	34218
17	包头市土默特右旗	193150	68	通辽市科尔沁左翼中旗	33795
18	巴彦淖尔市临河区	188285	69	赤峰市林西县	33500
19	锡林郭勒盟西乌珠穆沁旗	176426	70	乌兰察布市凉城县	33200
20	包头市九原区	174789	71	赤峰市阿鲁科尔沁旗	32500
21	乌兰察布市集宁区	152332	72	乌兰察布市察哈尔右翼前旗	31882
22	鄂尔多斯市鄂托克前旗	146998	73	乌兰察布市兴和县	31174
23	通辽市扎鲁特旗	146087	74	通辽市库伦旗	30232
24	包头市达尔罕茂明安联合旗	144147	75	锡林郭勒盟多伦县	30209
25	呼和浩特市回民区	143914	76	包头市白云矿区	30057
26	包头市东河区	142648	77	呼伦贝尔市莫力达瓦达斡尔族自治旗	28231
27	呼和浩特市玉泉区	141404	78	呼和浩特市清水河县	27918
28	呼伦贝尔市满洲里市	139291	79	锡林郭勒盟苏尼特右旗	27206
29	呼伦贝尔市海拉尔区	136556	80	兴安盟科尔沁右翼前旗	25129
30	锡林郭勒盟东乌珠穆沁旗	127912	81	乌兰察布市卓资县	25125
31	鄂尔多斯市杭锦旗	120201	82	呼和浩特市武川县	24513
32	呼和浩特市土默特左旗	113316	83	乌兰察布市察哈尔右翼后旗	23314
33	赤峰市元宝山区	112166	84	呼伦贝尔市额尔古纳市	22862
34	呼和浩特市托克托县	111890	85	巴彦淖尔市磴口县	22010
35	乌海市海南区	111551	86	锡林郭勒盟镶黄旗	21664
36	呼和浩特市和林格尔县	98425	87	锡林郭勒盟苏尼特左旗	20205
37	乌海市乌达区	93784	88	锡林郭勒盟阿巴嘎旗	18411
38	赤峰市松山区	91306	89	兴安盟科尔沁右翼中旗	17924
39	巴彦淖尔市乌拉特前旗	88490	90	乌兰察布市四子王旗	16870
40	巴彦淖尔市乌拉特中旗	84333	91	呼伦贝尔市根河市	16833
41	呼伦贝尔市鄂温克族自治旗	81065	92	呼伦贝尔市鄂伦春自治旗	16633
42	赤峰市克什克腾旗	72000	93	乌兰察布市化德县	16194
43	兴安盟乌兰浩特市	71722	94	兴安盟扎赉特旗	15612
44	巴彦淖尔市乌拉特后旗	69386	95	乌兰察布市商都县	15491
45	赤峰市宁城县	61887	96	呼伦贝尔市新巴尔虎左旗	12984
46	巴彦淖尔市杭锦后旗	60451	97	乌兰察布市察哈尔右翼中旗	12608
47	呼伦贝尔市牙克石市	56194	98	锡林郭勒盟正镶白旗	11432
48	呼伦贝尔市陈巴尔虎旗	55397	99	阿拉善盟阿拉善右旗	10393
49	巴彦淖尔市五原县	54248	100	锡林郭勒盟太仆寺旗	10338
50	赤峰市敖汉旗	51888	101	兴安盟突泉县	9344
51	呼伦贝尔市阿荣旗	51885	102	兴安盟阿尔山市	8975

二十二、盟市资料

资料整理员：郝东娜

鄂尔多斯文化艺术中心

22－1 各盟市地区生产总值及第一产业增加值(2014年)

单位:亿元、%

地　　区	地区生产总值			第一产业增加值		
	2014	位　次	比上年增长	2014	位　次	比上年增长
全　区	17769.51		7.8	1627.17		3.1
呼和浩特市	2894.05	3	8.0	125.46	6	3.1
包　头　市	3601.23	2	8.5	100.65	8	3.0
呼伦贝尔市	1522.2	6	8.4	261.92	3	4.0
兴　安　盟	460.51	11	8.6	122.46	7	5.7
通　辽　市	1803.89	4	8.4	267.61	2	4.3
赤　峰　市	1778.37	5	7.9	274.39	1	4.1
锡林郭勒盟	940.58	7	8.1	98.49	10	4.6
乌兰察布市	873.73	8	7.8	131.96	5	3.4
鄂尔多斯市	4055.49	1	8.0	99.59	9	4.1
巴彦淖尔市	838.56	9	7.7	168.47	4	4.6
乌　海　市	601.02	10	8.8	4.74	12	3.1
阿拉善盟	312.63	12	8.6	11.94	11	4.5

注:本表绝对额按当年价格计算,增长速度按可比价格计算。

22－2 各盟市第二产业增加值及全部工业增加值(2014年)

单位:亿元、%

地　　区	第二产业增加值			#全部工业增加值		
	2014	位　次	比上年增长	2014	位　次	比上年增长
全　区	9219.79		9.1	8004.40		9.5
呼和浩特市	848.19	5	8.0	667.29	5	9.3
包　头　市	1792.29	2	9.9	1579.84	2	10.4
呼伦贝尔市	693.84	6	8.8	594.2	6	10.5
兴　安　盟	177.9	12	11.0	142.58	12	11.1
通　辽　市	926.93	3	10.1	846.61	3	10.4
赤　峰　市	859.7	4	9.7	731.17	4	10.2
锡林郭勒盟	589.52	7	9.5	522.39	7	9.9
乌兰察布市	434.64	8	10.1	383.65	8	10.2
鄂尔多斯市	2356.26	1	9.8	2093.85	1	10.3
巴彦淖尔市	417.22	9	9.5	349.09	9	10.5
乌　海　市	381.07	10	9.3	341.3	10	11.6
阿拉善盟	215.54	11	10.0	195.17	11	10.5

注:本表绝对额按当年价格计算,增长速度按可比价格计算。

22－3 各盟市第三产业增加值及人均地区生产总值(2014年)

地区	第三产业增加值(亿元)			人均地区生产总值(元)		
	2014	位次	比上年增长(%)	2014	位次	比上年增长(%)
全区	**6922.55**		**6.7**	**71044**		**7.5**
呼和浩特市	1920.40	1	8.3	95961	5	6.5
包头市	1708.29	2	7.2	124586	3	7.2
呼伦贝尔市	566.44	6	7.2	60152	7	8.5
兴安盟	160.15	11	7.9	28741	12	8.8
通辽市	609.35	5	7.4	57727	8	8.6
赤峰市	644.28	4	6.6	41309	10	8.0
锡林郭勒盟	252.58	9	5.7	90471	6	8.2
乌兰察布市	307.13	7	6	41213	11	8.1
鄂尔多斯市	**1599.64**	**3**	**5.1**	**200152**	**1**	**7.2**
巴彦淖尔市	252.87	8	6.4	50170	9	7.6
乌海市	215.21	10	8	108556	4	8.2
阿拉善盟	85.15	12	5.4	130426	2	8.1

注:本表绝对额按当年价格计算,增长速度按可比价格计算。

22－4 各盟市农林牧渔业总产值(2014年)

单位:亿元、%

地区	农林牧渔业总产值	农业产值	林业产值	牧业产值	渔业产值	农林牧渔服务业	比上年增长
全区	**2779.81**	**1408.44**	**96.44**	**1205.65**	**29.07**	**40.21**	**3.1**
呼和浩特市	223.03	77.32	2.88	137.75	2.76	2.32	2.3
包头市	179.64	63.29	0.92	112.11	1.17	2.14	3.0
呼伦贝尔市	435.78	247.45	28.87	142.87	10.49	6.09	6.2
兴安盟	205.85	118.15	7.31	76.01	1.74	2.65	5.6
通辽市	449.11	263.88	12.09	166.32	2.06	4.76	4.7
赤峰市	456.41	285.02	18.73	143.23	2.65	6.78	3.7
锡林郭勒盟	181.92	39.50	23.35	137.10	0.29	2.70	4.0
乌兰察布市	230.18	104.52	7.00	112.85	1.00	4.81	2.7
鄂尔多斯市	**171.66**	**81.29**	**7.16**	**77.66**	**2.30**	**3.24**	**4.1**
巴彦淖尔市	282.98	165.73	7.57	101.34	4.32	4.02	4.8
乌海市	8.36	3.37	0.30	4.41	0.08	0.20	2.8
阿拉善盟	20.28	11.15	1.15	7.25	0.22	0.52	3.5

注:农林牧渔业总产值总量为现行价格,增长速度为可比价格。

22－5　各盟市粮食、油料产量及牲畜总头数(2014 年)

单位：万吨、万头(只)、%

地　区	粮食产量		油料产量		年末牲畜总头数		牧业年度牲畜总头数	
	2014	比上年增长	2014	比上年增长	2014	比上年增长	2014	比上年增长
全　区	**2753.0**	**-0.7**	**170.3**	**7.7**	**7078.58**	**5.0**	**12915.83**	**9.3**
呼和浩特市	132.20	-3.4	8.03	4.1	261.20	3.5	379.44	3.0
包 头 市	108.30	-3.1	7.34	39.6	261.60	2.8	426.40	5.8
呼伦贝尔市	615.65	2.5	32.56	5.2	908.75	6.0	1955.40	3.9
兴 安 盟	410.00	2.5	5.46	14.4	669.00	7.3	1201.02	22.0
通 辽 市	663.05	持平	10.93	-3.7	1119.44	3.7	2006.91	6.3
赤 峰 市	510.00	-2.8	14.25	10.9	985.51	4.5	2214.58	12.8
锡林郭勒盟	35.65	-2.7	2.01	3.6	677.28	-2.9	1476.89	14.6
乌兰察布市	102.50	-13.5	6.19	26.4	530.89	5.3	756.06	14.5
鄂尔多斯市	**149.55**	**-3.5**	**10.28**	**17.5**	**761.74**	**0.5**	**1227.75**	**0.3**
巴彦淖尔市	215.55	持平	71.12	5.3	781.29	6.2	1077.88	10.7
乌 海 市	4.10	持平	0.16	5.1	11.75	0.6	15.60	6.3
阿 拉 善 盟	18.00	-3.2	1.98	1.8	134.81	-0.1	168.93	-0.8

22－6　各盟市规模以上工业企业主要指标(2014 年)

地　区	工业企业单位数(个)		工业企业增加值比上年增长(%)	主营业务收入(亿元)		利税总额(亿元)	
	2014	比上年增加数(个)		2014	比上年增长(%)	2014	比上年增长(%)
全　区	**4353**	**-24**	**10.0**	**19064.05**	**7.0**	**2265.13**	**-12.9**
呼和浩特市	261	-23	10.0	1765.14	23.8	254.18	7.4
包 头 市	650	20	11.1	2911.84	6.7	222.91	-23.1
呼伦贝尔市	407	-2	10.9	1229.37	5.3	181.92	-7.5
兴 安 盟	179	2	11.6	340.48	16.5	52.88	17.9
通 辽 市	622	-19	10.9	2428.34	12.9	216.54	-2.1
赤 峰 市	571	22	10.7	1942.92	6.2	130.53	-10.2
锡林郭勒盟	380	20	10.7	882.43	2.4	72.77	-47.1
乌兰察布市	381	-18	10.9	84.91	1.5	26.85	-39.5
鄂尔多斯市	**364**	**-15**	**11.1**	**4352.65**	**4.2**	**969.49**	**-13.1**
巴彦淖尔市	272	-9	10.7	758.07	4.3	40.19	7.0
乌 海 市	154	-2	10.9	595.71	-6.0	58.31	-29.3
阿 拉 善 盟	110		10.7	444.79	-2.0	19.04	-32.4

22－7　各盟市社会消费品零售总额(2014年)

单位:亿元、%

地　区	社会消费品零售总额	比上年增长	按销售单位所在地分		
			城　镇	其中:城区	乡　村
全　区	5619.9	10.6	4955.0	3745.6	664.9
呼和浩特市	1256.1	10.0	1151.0	1070.5	105.1
包 头 市	1184.7	10.0	1163.8	1077.5	20.8
呼伦贝尔市	504.1	11.5	437.0	262.4	67.0
兴 安 盟	193.3	12.0	163.7	104.0	29.6
通 辽 市	435.4	11.2	309.8	162.2	125.6
赤 峰 市	588.4	11.6	508.2	444.1	80.1
锡林郭勒盟	208.0	11.5	167.4	89.6	40.6
乌兰察布市	269.2	11.0	199.7	95.6	69.4
鄂尔多斯市	609.5	10.1	510.4	387.0	99.0
巴彦淖尔市	216.1	11.4	190.1	89.9	26.0
乌 海 市	129.5	11.7	129.5	61.6	
阿拉善盟	63.3	11.0	57.3	33.7	6.0

22－8　各盟市固定资产投资(2014年)

单位:亿元、%

地　区	2014	比上年增长	城　镇	房地产开发	乡　村
全　区	11920.26	15.7	11230.24	1370.88	690.02
呼和浩特市	1397.76	15.8	1396.52	563.13	1.24
包 头 市	2239.80	15.0	2118.35	197.87	121.45
呼伦贝尔市	803.00	16.0	796.86	102.91	6.14
兴 安 盟	360.04	21.5	357.52	30.56	0.25
通 辽 市	1112.82	18.3	969.07	88.71	143.74
赤 峰 市	1101.28	16.0	919.17	128.59	182.10
锡林郭勒盟	522.51	16.8	514.86	51.79	7.64
乌兰察布市	570.16	16.8	570.16	25.16	
鄂尔多斯市	2390.43	15.8	2271.34	83.50	119.09
巴彦淖尔市	580.77	17.2	486.14	43.90	94.63
乌 海 市	352.20	17.1	352.20	48.73	
阿拉善盟	300.39	23.1	288.94	6.05	11.45

22－9 各盟市城乡收入及在岗职工平均工资(2014年)

单位:元、%

地区	城镇常住居民人均可支配收入			农村牧区常住居民可支配收入			在岗职工平均工资		
	2014	位次	比上年增长	2014	位次	比上年增长	2014	位次	比上年增长
全　区	26005		10.1	8985		12.9	51388		9.2
呼和浩特市	32003	3	9.1	11398	5	12.1	48635	7	9.5
包 头 市	32694	1	9.2	11547	4	12.1	53100	5	3.8
呼伦贝尔市	22616	7	10.2	9642	8	13.4	49810	6	8.5
兴 安 盟	18800	12	11.2	6382	12	13.8	42651	12	12.1
通 辽 市	21349	8	11.6	8924	9	13.2	42929	11	12.1
赤 峰 市	21148	9	11.4	7284	10	13.3	47751	8	7.2
锡林郭勒盟	25666	6	10.7	10050	7	13.3	56972	2	19.5
乌兰察布市	20895	10	10.4	6964	11	13.7	45588	9	10.3
鄂尔多斯市	32243	2	9.0	12107	2	12.1	68231	1	2.0
巴彦淖尔市	20674	11	10.1	11045	6	12.7	44272	10	9.6
乌 海 市	28802	4	10.2	11878	3	13.1	53191	4	11.9
阿拉善盟	27399	5	9.7	12869	1	12.8	55921	3	3.8

注:乌海市农牧民纯收入改为农村居民收入,与各盟市已没有可比性。

22－10 各盟市财政收支主要指标(2014年)

单位:亿元、%

地区	公共财政预算收入			公共财政预算支出		
	2014	位次	增长	2014	位次	增长
全　区	1843.18		7.1	3884.25		5.4
呼和浩特市	211.54	3	16.2	310.79	6	5.4
包 头 市	234.32	2	8.9	353.69	3	-0.4
呼伦贝尔市	96.03	6	10.2	349.71	4	11.4
兴 安 盟	21.88	12	16.8	178.62	10	7.1
通 辽 市	113.06	4	9.1	318.17	5	6.6
赤 峰 市	98.03	5	7.5	360.44	2	3.6
锡林郭勒盟	82.49	7	9.1	208.01	8	12.0
乌兰察布市	51.02	10	20.2	297.19	7	18.0
鄂尔多斯市	430.08	1	-2.3	541.75	1	4.4
巴彦淖尔市	62.02	9	7.0	193.77	9	0.8
乌 海 市	75.16	8	9.7	94.78	11	3.6
阿拉善盟	39.93	11	-11.6	85.62	12	-8.1

22－11 各盟市主要年份常住人口

单位：万人

地 区	2005	2006	2007	2008	2009	2010	2011	2012	2013	2014
全 区	2403.11	2415.05	2428.83	2444.33	2458.22	2472.18	2481.71	2489.85	2497.61	2504.81
呼和浩特市	263.70	267.84	271.78	277.03	282.16	287.36	291.19	294.88	300.11	303.06
包 头 市	244.88	248.37	252.56	256.63	261.09	265.61	269.29	273.16	276.62	279.92
呼伦贝尔市	259.36	258.43	257.15	256.13	255.35	254.62	253.97	253.47	253.19	252.95
兴 安 盟	161.50	161.49	161.35	161.42	161.35	161.32	160.99	160.73	160.34	160.12
通 辽 市	311.07	312.17	312.51	313.13	313.70	314.01	313.64	313.25	312.75	312.40
赤 峰 市	443.06	442.86	441.59	438.83	436.29	433.84	431.93	431.30	430.62	430.38
锡林郭勒盟	100.21	100.55	101.00	101.69	102.26	102.86	103.31	104.06	103.89	104.04
乌兰察布市	218.92	217.44	216.85	215.93	214.97	214.06	213.46	212.94	212.30	211.71
鄂尔多斯市	160.45	164.77	171.65	180.72	187.82	194.95	199.93	200.42	201.75	203.49
巴彦淖尔市	169.85	169.79	169.55	168.64	167.81	166.92	166.33	166.92	167.06	167.23
乌 海 市	48.70	49.65	50.80	51.78	52.61	53.45	54.14	54.84	55.31	55.42
阿 拉 善 盟	21.41	21.69	22.04	22.40	22.79	23.19	23.53	23.88	23.85	24.09